合并财务报表

编制难点与全程实战

胡继元 王亚宁 / 著

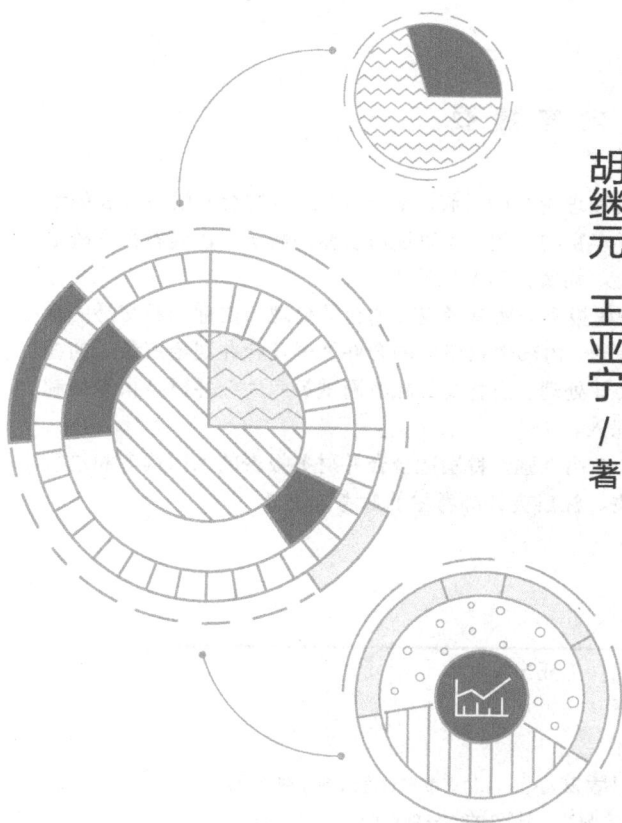

人民邮电出版社

北京

图书在版编目（CIP）数据

合并财务报表：编制难点与全程实战 / 胡继元，王
亚宁著. -- 北京：人民邮电出版社，2021.4（2023.3重印）
ISBN 978-7-115-55373-7

Ⅰ. ①合… Ⅱ. ①胡… ②王… Ⅲ. ①企业合并—会
计报表—基本知识 Ⅳ. ①F275.2

中国版本图书馆CIP数据核字(2020)第232313号

内 容 提 要

本书从合并财务报表的基本概念和理论基础讲起，逐步深入地讲解合并财务报表的编制方法和流程，在讲解过程中运用了丰富的实例，辅以通俗易懂的解析，让读者在系统地学习合并财务报表相关知识的基础上，切实提高实战能力。

本书分为 10 章，涵盖了长期股权投资与所有者权益的合并处理、内部商品交易的合并处理、内部长期资产交易的合并处理、内部债权债务的合并处理及合并现金流量表的编制、特殊交易在合并财务报表中的会计处理、商誉及其减值测试等六大合并财务报表编制中的重难点问题，结构清晰，层层深入。

本书内容通俗易懂，案例丰富，实用性强，特别适合合并财务报表的入门读者和进阶读者阅读，也适合作为会计职称考生、注册会计师考生的参考读物。

◆ 著　　　　胡继元　王亚宁
　　责任编辑　恭竟平
　　责任印制　彭志环

◆ 人民邮电出版社出版发行　　北京市丰台区成寿寺路 11 号
　　邮编　100164　　电子邮件　315@ptpress.com.cn
　　网址　https://www.ptpress.com.cn
　　北京七彩京通数码快印有限公司印刷

◆ 开本：700×1000　1/16
　　印张：19.75　　　　　　　　　2021 年 4 月第 1 版
　　字数：303 千字　　　　　　　2023 年 3 月北京第 11 次印刷

定价：69.80 元

读者服务热线：(010)81055296　印装质量热线：(010)81055316
反盗版热线：(010)81055315
广告经营许可证：京东市监广登字20170147号

随着我国社会经济的发展和相关法规制度的完善，越来越多的企业开始编制合并财务报表。合并财务报表的编制所涉及的内容、程序和方法非常复杂，特别是近年来我国陆续修订了不少企业会计准则，也发布了一些新的企业会计准则或企业会计准则解释，使得企业在编制合并财务报表过程中出现了一些新情况和新问题。为帮助读者系统地掌握合并财务报表的相关专业知识，使读者能够从容地应对合并财务报表编制过程中所遇到的问题，笔者特根据新的《企业会计准则》编写本书。

本书的主要特点

（1）本书依据新《企业会计准则》编写，以确保本书内容与时俱进，避免将过时的知识传授给读者。近年来，为了适应社会主义市场经济发展需要、提高会计信息质量、保持与国际财务报告准则持续全面趋同，财政部陆续修订发布了金融工具相关会计准则、收入准则和政府补助准则、非货币性资产交换准则、债务重组准则、租赁准则等；新制定了《企业会计准则第42号——持有待售的非流动资产、处置组和终止经营》等；发布了一些新的企业会计准则解释；同时，我国还基于上述准则变化修订了合并财务报表格式。本书对各章知识所作的阐述，均是基于上述新规定。

（2）本书以实践为导向，立足于会计实务，引入了大量的会计实务案例，理论结合实践，深入浅出地对合并财务报表的基本概念、基本原理和基本方法进行了讲解，以帮助读者提高编制合并财务报表的能力。

近年来，我国上市公司并购重组活动非常频繁，由此产生的合并商誉的总规模不断攀升，上市公司合并商誉总规模于 2016 年突破万亿元，并于 2019 年年底达到 1.26 万亿元。但是，有些上市公司不太注重严格按照企业会计准则的有关规定对合并商誉进行减值测试，严重影响合并财务报表所反映的会计信息的质量，由此导致合并商誉犹如一柄高悬于投资者头上的"达摩克利斯之剑"，商誉"暴雷"的隐忧频现。为此，本书特将合并财务报表编制过程中可能涉及的合并商誉及其减值测试的相关知识单独作为一章进行阐述。

此外，不少上市公司实施股权激励，将上市公司的股票授予子公司管理层，以将子公司管理团队的利益与公司的整体利益结合起来。这属于合并财务报表编制实务中的一种特殊事项，为帮助读者在编制合并财务报表过程中更好地应对这类特殊事项，本书结合相关企业会计准则解释等，对集团内成员企业之间的股份支付交易的相关合并处理进行了详细讲解。

（3）本书在章节内容的构架、形式等方面做了一些创新性的优化设计，以提高读者的学习兴趣、降低学习难度。

比如，本书在讲解长期股权投资相关内容时，根据投资企业对被投资企业影响程度的不同，将长期股权投资分为企业合并形成的长期股权投资和非企业合并形成的长期股权投资，分别讲解这两类长期股权投资的初始计量和后续计量等，思路更为清晰，更便于读者理解。

再比如，本书在讲解内部交易（如内部商品交易或内部固定资产交易等）的合并处理和内部债权债务的合并处理等业务时，分别循序渐进地阐述相关业务所涉及的合并财务报表层面的递延所得税影响等，而不是单独阐述合并财务报表编制过程中所涉及的全部所得税会计处理，这样更便于读者理解不同情形下的所得税处理思路。

（4）本书作者扎根教学一线，常年从事教学辅导工作，非常了解广大读者在合并财务报表编制过程中可能遇到的难点和痛点。因此，在编写本书的过程中，对于与合并财务报表相关的每一个知识点，力求直切要害、一语中的；对于合并财务报表编制过程中的每一个重点和难点，力求以最通俗易懂的语言、最贴切翔实的案例进行阐释，以便让广大读者快速理解、掌握与合并财务报表相关的知识。

本书的内容框架如下

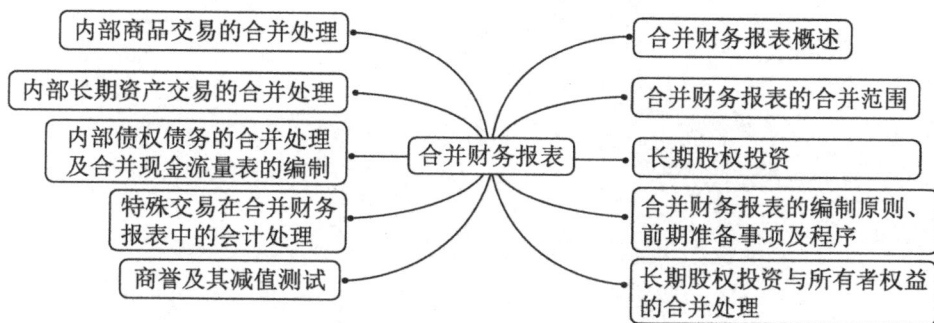

内部商品交易的合并处理

内部长期资产交易的合并处理

内部债权债务的合并处理
及合并现金流量表的编制

特殊交易在合并财务
报表中的会计处理

商誉及其减值测试

合并财务报表

合并财务报表概述

合并财务报表的合并范围

长期股权投资

合并财务报表的编制原则、
前期准备事项及程序

长期股权投资与所有者权益
的合并处理

本书适用于以下读者

● 各经济组织中想要提升会计能力的会计人员。

● 会计职称考试、注册会计师考试的考生、各类会计培训班学员。

● 各财经、非财经专业的大中专院校学生。

● 其他对会计工作有兴趣的人员。

读者在使用本书学习与合并财务报表相关知识的过程中，可以先仔细阅读本书每一章的"本章导读"栏目，从而对该章的主要内容与结构了然于心。对于每一章所列举的相关案例，读者可以先结合案例前面的相关知识讲解试着写出答案，然后再对照案例参考答案进行理解，以获得事半功倍的效果。

著书立说是一项讲求良心的工作，不可将就，不能凑合。因此，我们编写本书的过程，实际上就是一个不断"纠结"的过程：我们纠结于每一章的框架结构是否合理、纠结于每一个知识点是否详略得当、纠结于每一个案例是否贴切、纠结于每一句话是否通俗易懂、纠结于每处表述是否恰如其分。我们所做的一切，就只有一个目的，那就是想让读者能够在最短的时间内，花费最少的精力读懂、学会相关知识，掌握相关技能。

我们希望本书能够帮助读者轻松击败合并财务报表这只"拦路虎"，同时我们也相信本书定能给读者带来一种耳目一新、豁然开朗的感觉。

在本书编写与出版过程中，我们尽量做到精益求精，但由于水平有限，书中难免存在疏漏和不足之处，恳请广大读者批评指正。

编者

2020 年 6 月

第1章
合并财务报表概述

第2章

合并财务报表的合并范围

第3章

长期股权投资

第 8 章

内部债权债务的合并处理及合并现金流量表的编制

第 9 章

特殊交易在合并财务报表中的会计处理

第 10 章

商誉及其减值测试

第 1 章
合并财务报表概述

本章导读

本章是全书的基础，主要介绍合并财务报表的概念、构成、特点、作用，以及合并财务报表的三大理论基础。同时，由于合并财务报表与企业合并息息相关，所以本章还结合财政部新近发布的《企业会计准则解释第 13 号》介绍了企业合并的概念、分类及其界定思路等。

本章的内容和结构如下。

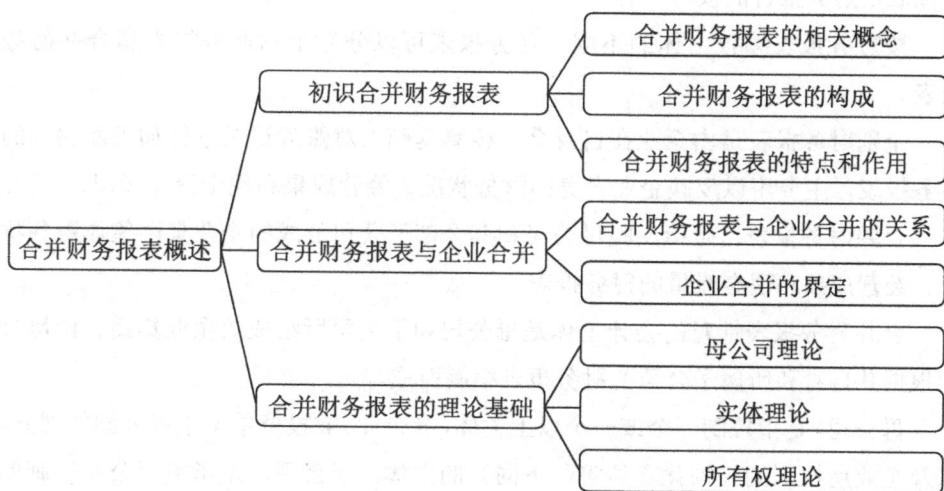

```
                                        ┌─ 合并财务报表的相关概念
                     ┌─ 初识合并财务报表 ├─ 合并财务报表的构成
                     │                  └─ 合并财务报表的特点和作用
                     │
合并财务报表概述 ──────┼─ 合并财务报表与企业合并 ┌─ 合并财务报表与企业合并的关系
                     │                        └─ 企业合并的界定
                     │
                     │                  ┌─ 母公司理论
                     └─ 合并财务报表的理论基础 ├─ 实体理论
                                        └─ 所有权理论
```

1.1 初识合并财务报表

合并财务报表属于财务报表的一种，其构成与个别财务报表基本一致。但是，由于合并财务报表针对的会计主体是母公司和子公司所组成的企业集团，所以合并财务报表又有其独特之处。本节将分别介绍与合并财务报表相关的概念、构成以及合并财务报表的特点和作用。

1.1.1 合并财务报表的相关概念

财务会计报告（又称财务报告）是指企业对外提供的反映企业某一特定日期的财务状况和某一会计期间的经营成果、现金流量等会计信息的文件。

财务报告包括财务报表和其他应当在财务报告中披露的相关信息和资料。财务报表是财务报告的核心内容。

按财务报表编报主体的不同，财务报表可以分为个别财务报表和合并财务报表。

个别财务报表是由企业在自身会计核算基础上对账簿记录进行加工而编制的财务报表，主要用以反映企业自身的财务状况、经营成果和现金流量情况。

合并财务报表，是指反映母公司和其全部子公司形成的企业集团整体财务状况、经营成果和现金流量的财务报表。

合并财务报表针对的会计主体是母公司和子公司所组成的企业集团，由母公司根据其自身和所属子公司的财务报表编制而成。

母公司，是指控制一个或一个以上主体（含企业、被投资单位中可分割的部分，以及企业所控制的结构化主体等，下同）的主体。子公司，是指被母公司控制的主体。

1.1.2 合并财务报表的构成

合并财务报表由报表本身及其附注两部分构成。一套完整的合并财务报表一般至少应当包括"四表一注"，即合并资产负债表、合并利润表、合并现金流量表、合并所有者权益（或股东权益，下同）变动表以及附注。

1. 合并资产负债表

合并资产负债表是反映母公司和子公司所组成的企业集团这一会计主体在某一特定日期的财务状况的会计报表。编制合并资产负债表的目的是通过如实反映企业集团这一会计主体的资产、负债和所有者权益金额及其结构情况，帮助使用者评价企业集团这一会计主体资产的质量，以及短期偿债能力、长期偿债能力、利润分配能力等。

2. 合并利润表

合并利润表是反映企业集团这一会计主体在一定会计期间的经营成果和综合收益的会计报表。编制合并利润表的目的是通过如实反映企业集团这一会计主体实现的收入、发生的费用与应当计入当期利润的利得和损失，以及其他综合收益、综合收益等金额及其结构情况，帮助使用者分析评价企业集团这一会计主体的盈利构成、盈利质量与盈利能力。

3. 合并现金流量表

合并现金流量表是反映企业集团这一会计主体在一定会计期间的现金和现金等价物流入和流出的会计报表。编制合并现金流量表的目的是通过如实反映企业集团这一会计主体各项活动的现金流入和现金流出，帮助使用者评价企业集团这一会计主体生产经营过程，特别是经营活动中所形成的现金流量和资金周转情况。

4. 合并所有者权益变动表

合并所有者权益变动表是反映构成企业集团这一会计主体所有者权益的各组成部分当期的增减变动情况的报表。合并所有者权益变动表应当全面反映企业集团这一会计主体在一定时期所有者权益变动的情况，它不仅包括所有者权益总量的增减变动，还包括所有者权益增减变动的重要结构性信息，特别是要反映直接计入所有者权益的利得和损失，让使用者准确理解所有者权益增减变动的根源。

5. 附注

附注是对在财务报表中列示项目所作的进一步说明，以及对未能在这些报表中列示项目的说明等。附注由若干附表和对有关项目的文字性说明组成。编制附注的目的是通过对报表本身作补充说明，以更加全面、系统地反映企业集团这一会计主体财务状况、经营成果和现金流量的全貌，从而有助于向使用者提供更为有用的决策信息，帮助其做出更加科学、合理的决策。

需要说明的是，企业集团在中期期末编制的合并财务报表，可以不提供合并所有者权益变动表，但至少应当包括合并资产负债表、合并利润表、合并现金流量表和附注。

1.1.3　合并财务报表的特点和作用

合并财务报表是为反映母公司和其全部子公司形成的企业集团整体财务状况、经营成果和现金流量而编制的，因此相比于个别财务报表，合并财务报表有其独特之处。

1. 合并财务报表的特点

与个别财务报表相比，合并财务报表具有下列特点。

（1）合并财务报表反映的对象是由母公司和其全部子公司组成的会计主体。

（2）合并财务报表的编制者是母公司，但其对应的会计主体是由母公司及其控制的所有子公司所构成的合并财务报表主体（简称合并集团）。

（3）合并财务报表是站在合并财务报表主体的立场上，以纳入合并范围的企业个别财务报表为基础，并根据其他有关资料，抵销母公司与子公司、子公司相互之间发生的内部交易，考虑了特殊交易事项对合并财务报表的影响后而编制的，旨在反映合并财务报表主体作为一个整体所体现出的财务状况、经营成果和现金流量。

2. 合并财务报表的作用

合并财务报表的作用主要表现在两个方面。

（1）合并财务报表能够对外提供反映由母子公司组成的企业集团整体经营情况的会计信息。

在控股经营的情况下，母公司和子公司都是独立的法人实体，分别编制自身的财务报表，分别反映企业本身的生产经营情况，这些财务报表并不能够有效地提供反映整个企业集团的会计信息。因此，要了解企业集团整体经营情况，就需要将控股公司与被控股公司的会计信息综合起来编制财务报表，以满足企业集团强化对被控股企业管理的需要。

（2）合并财务报表有利于避免一些企业集团利用内部控股关系，人为粉饰财务报表。

企业集团内母子公司内部交易的广泛存在，可能导致个别财务报表所反映的会计信息失真。比如一些控股公司利用对子公司的控制和从属关系，运用内部转移价格等手段，低价向子公司提供原材料、高价收购子公司产品，通过这种方式转移利润从而达到避税目的；某些控股公司向企业集团内的其他企业高价销售产品，低价购买其他企业的原材料，转移亏损。而合并财务报表的编制，可以将企业集团内部交易所产生的收入及利润予以抵销，使财务报表反映企业集团客观、真实的财务和经营情况，有利于防止和避免控股公司人为操纵利润，粉饰财务报表现象的发生。

1.2　合并财务报表与企业合并

合并财务报表与企业合并的联系非常紧密，本节将结合新的企业会计准则解释，详细介绍合并财务报表与企业合并的关系，以及企业合并的界定。

1.2.1　合并财务报表与企业合并的关系

合并财务报表是反映母公司和其全部子公司所形成的企业集团整体会计信息的报表，而企业集团往往是因为企业合并而产生的，因此合并财务报表与企业合并密切相关。

提示

需要说明的是，虽然很多情况下企业是通过企业合并方式取得子公司的，但这并不是唯一途径，企业也可以通过直接投资组建新的被投资企业使其成为子公司（包括单独投资组建全资子公司或与其他方合资组建非全资子公司）。

企业合并是指将两个或两个以上单独的企业（主体）合并形成一个报告主体的交易或事项。

【例1-1】2019年3月5日，江西铜业股份有限公司（股票代码：600362.SH，以下简称江西铜业）发布了《江西铜业股份有限公司对外投资公告》。该公告称，江西铜业与烟台恒邦集团有限公司（以下简称恒邦集团）、王信恩、王家好、张吉学和高正林于2019年3月4日签署了《山东恒邦冶炼股份有限公司之股份转让协议》，江西铜业拟通过协议转让方式收购恒邦集团、王信恩、王家好、张吉学和高正林合计持有的山东恒邦冶炼股份有限公司（股票代码：002237.SZ，以下简称恒邦股份）273 028 960股人民币普通股股份，约占恒邦股份总股份的29.99%，标的股份的转让价格为人民币2 976 015 664元。（以下简称本次交易）本次交易完成后，江西铜业将持有恒邦股份273 028 960股股份，占恒邦股份总股本的29.99%，成为恒邦股份控股股东。

本案例中，江西铜业取得恒邦股份总股本的29.99%后，成为恒邦股份控股股东，江西铜业与恒邦股份等子公司（如有）所形成的企业集团，属于该项企业合并所形成的报告主体，需要编制合并财务报表。

企业合并可按合并方式划分为控股合并、吸收合并和新设合并，具体如下。

（1）控股合并。合并方（或购买方，下同）通过企业合并交易或事项取得对被合并方（或被购买方，下同）的控制权，并在企业合并后能够通过所取得的股权等主导被合并方的生产经营决策并自被合并方的生产经营活动中获益，被合并方在企业合并后仍维持其独立法人资格继续经营的，为控股合并。

该类企业合并中，因合并方通过企业合并交易或事项取得了对被合并方的控制权，被合并方成为其子公司。在企业合并发生后，被合并方应当纳入合并方合并财务报表的编制范围，从合并财务报表角度形成报告主体的变化。

（2）吸收合并。合并方在企业合并中取得被合并方的全部净资产，并将有关资产、负债并入合并方自身生产经营活动中。企业合并完成后，注销被合并方的法人资格，由合并方持有合并中取得的被合并方的资产、负债，在新的基础上继续经营，该类合并为吸收合并。

吸收合并中，因被合并方在合并发生以后被注销，合并方需要解决的问题是，其在合并日（或购买日）取得的被合并方有关资产、负债入账价值的确定，以及为了进行企业合并支付的对价与所取得被合并方资产、负债的入账价值之间差额的处理。

企业合并继后期间，合并方应将合并中取得的资产、负债作为本企业的资产、负债核算。

（3）新设合并。参与合并的各方在企业合并后法人资格均被注销，重新注册成立一家新的企业，由新注册成立的企业持有参与合并各企业的资产、负债在新的基础上经营，为新设合并。

新设合并中，各参与合并企业投入到新设企业的资产、负债价值以及相关构成新设企业的资本等，一般应按照有关法律法规及各参与合并方的合同、协议执行。

相关链接

> 按会计处理原则的不同，我国的企业合并准则中将企业合并划分为同一控制下的企业合并与非同一控制下的企业合并。
>
> 同一控制下的企业合并，是指参与合并的企业在合并前后均受同一方或相同的多方最终控制且该控制并非暂时性的。同一控制下的企业合并一般发生于企业集团内部，如集团内母子公司之间、子公司与子公司之间等。
>
> 非同一控制下的企业合并，是指参与合并的各方在合并前后不受同一方或相同的多方最终控制的合并交易，即除判断属于同一控制下企业合并以外的其他企业合并。

并不是所有的企业合并都形成由母公司和子公司所组成的企业集团，也并不是所有的企业合并都必然导致编制合并财务报表。比如在吸收合并中，被合并方的所有资产和负债均并入合并方的个别财务报表，合并完成后，被合并方的法人资格被注销，合并后的主体仍为单一的法律主体和会计主体，并没有因为该项合并而形成由母公司和子公司所组成的企业集团；再比如，在新设合并中参与合并的各方在企业合并后法人资格均被注销，形成一个新的、单一的法律主体和会计主体，并没有因为该项合并而形成由母公司和子公司所组成的企业集团。因此，吸收合并和新设合并本身均不涉及合并财务报表的编制。

而对于控股合并来说，由于被合并方在企业合并后仍维持其独立法人资格继续经营，所以合并完成后，母公司（合并方）和子公司（被合并方）是不同的法律主体。但是从经济意义上来讲，母公司对于子公司拥有控制权，两者所组成的企业集团是一个会计主体，为了全面反映企业集团这一会计主体的财务状况、经营成果和现金流量，就有必要针对该企业集团编制合并财务报表。

由于常见的需要编制合并财务报表的情形大多源于控股合并，所以本书后续所提及的企业合并，如无特殊说明，一般主要针对的是控股合并。

1.2.2　企业合并的界定

企业合并不同于单项资产的购买，它是对一组有内在联系、为了某一既定的生产经营目的存在的多项资产组合或是多项资产、负债构成的净资产的购买。企业合并的结果通常是一个企业取得了对一个或多个业务的控制权。

因此，从会计角度来看，只有相关交易所涉及的多项资产组合或是多项资产、负债构成的净资产属于业务，且交易发生前后涉及对标的业务控制权的转移，才构成企业合并。

提示

> 如果一个企业取得了对另一个或多个企业的控制权，而被购买方（或被合并方）并不构成业务，则该交易或事项不形成企业合并。
>
> 涉及股权等的相关交易属于企业合并的，按照企业合并准则进行会计处理；不属于企业合并的，应按照长期股权投资准则或金融工具系列准则等进行会计处理。

1. 是否构成业务的判断

（1）构成业务的要素。

业务是指企业内部某些生产经营活动或资产的组合，该组合一般具有投入、加工处理过程和产出能力，能够独立计算其成本费用或所产生的收入。合并方在合并中取得的生产经营活动或资产的组合（以下简称组合）构成业务，通常应具有下列三个要素。

①投入，指原材料、人工、必要的生产技术等无形资产以及构成产出能力的机器设备等其他长期资产的投入。

②加工处理过程，指具有一定的管理能力及运营过程，能够组织投入形成产出能力的系统、标准、协议、惯例或规则。

③产出，包括为客户提供的产品或服务、为投资者或债权人提供的股利或利息等投资收益，以及企业日常活动产生的其他收益。

（2）构成业务的判断条件。

合并方在合并中取得的组合应当至少同时具有一项投入和一项实质性加工处理过程，且二者相结合对产出能力有显著贡献，该组合才构成业务。合并方在合并中取得的组合是否有实际产出并不是判断其是否构成业务的必要条件。

企业应当考虑产出的下列情况分别判断加工处理过程是否是实质性的。

①该组合在合并日无产出的，同时满足下列条件的加工处理过程应判断为是实质性的：

a. 该加工处理过程对投入转化为产出至关重要；

b. 具备执行该过程所需技能、知识或经验的有组织的员工，且具备必要的材料、权利、其他经济资源等投入，例如技术、研究和开发项目、房地产或矿区权益等。

②该组合在合并日有产出的，满足下列条件之一的加工处理过程应判断为是实质性的：

a. 该加工处理过程对持续产出至关重要，且具备执行该过程所需技能、知识或经验的有组织的员工；

b. 该加工处理过程对产出能力有显著贡献，且该过程是独有、稀缺或难以取代的。

案例 ••••▶▶▶

【例1-2】春田公司是一家卫浴产品生产销售企业。通过签订资产收购协议，春田公司从第三方剑牌公司收购了与智能马桶盖板业务相关的资产，包括应收账款、智能盖板生产线、在建工程以及相关的订单处理系统和经营系统。同时，剑牌公司相关业务人员全部转入春田公司并重新签订了劳动合同。剑牌公司具有智能马桶盖板业务相关产出能力。购入的智能马桶盖板业务相关资产的账面价值为8 000万元。根据评估报告，前述资产按成本法评估值为7 000万元，按收益法评估值为22 000万元。买卖双方达成协议，按收益法评估值22 000万元确定交易价格，评估增值14 000万元。

那么我们应该如何判断春田公司从剑牌公司购买的是一组资产还是一项业务？

【解析】春田公司从剑牌公司购买的是一项业务。

春田公司虽然采用了资产收购的法律形式，但其购买对象究竟是一组资产还是一项业务，应结合所取得的相关资产、加工处理过程等进行综合判断。

首先，春田公司购入的这组资产包括与智能马桶盖板业务相关的实物资产（如智能盖板生产线、在建工程）、人员投入以及与之相联系的加工处理过程（如订单处理系统和经营系统），剑牌公司同时具有智能马桶盖板业务的产出能力。综上，春田公司收购的这组资产很可能是一项业务。

其次，买卖双方所达成的购买价 22 000 万元是依据收益法评估值而设定的，该值远高于这组资产的账面价值（8 000 万元）和成本法评估值（7 000 万元），可能是商誉存在的迹象。

需要说明的是，企业在判断组合是否构成业务时，应当从市场参与者角度考虑是否可以将其作为业务进行管理和经营，而不是根据合并方的管理意图或被合并方的经营历史来判断。

因此，在评估某特定组合是否为业务时，出售方是否将该组合作为业务来经营，或者购买方是否有意图将该组合作为业务来经营，都不相关。市场参与者是在某项资产的主要或最有利市场中有能力，且自愿进行该资产交易的、独立且熟悉情况的买方和卖方，所以市场参与者是假想出来的，与交易中的买方或卖方是否有意图将该组合作为业务来经营并不相关，相关的是市场参与者是否能够经营该组合。

案例 ▶▶▶▶

【例1-3】丰凯锂业是一家上市公司，其主营业务为锂矿资源的勘探、开采，以及锂化工产品、碳酸锂等锂系列产品的研发、生产和销售。2019 年 6 月 7 日，丰凯锂业发布公告，表示其收购 SGE 化工矿业公司（以下简称 SGE 公司）80%的股权。SGE 公司的主营业务为钾、锂等产品的勘探、开采和生产。SGE 公司账面主要资产为无形资产（即某矿产区块的探矿权）和少量固定资产（主要为勘探设备等），该矿产区块位于某沙漠附近。该沙漠周边已探明的锂矿储量非常大。SGE 公司的相关勘探报告已通过了相关管理部门审查，并已备案，目前正在申办相关采矿权，管理层已经制定了锂矿资源开发利用战略方案，矿山建设工作也处于积极筹划阶段。

丰凯锂业收购 SGE 公司 80% 的股权后，SGE 公司的大部分员工均将离职，仅剩下四位核心管理人员未离职。

如何判断丰凯锂业购买的是一组资产还是一项业务？

【解析】丰凯锂业购买的是一项业务。

本例中，SGE 公司虽然尚未开始矿山建设及采矿生产，但相关勘探报告已通过了相关管理部门审查，并已备案，目前正在申办相关采矿权，管理层已经制定了锂矿资源开发利用战略方案，矿山建设工作也处于积极筹划阶段，这些都表明其可能具有"投入"和"加工处理过程"要素。

至于勘探开采人员没有留在 SGE 公司是否会影响其产生经济利益的能力，应当基于该组合是否能够由相关市场参与者进行经营并结合具体情况进行判断。本例中的市场参与者可能是那些拥有勘探开采、矿山建设和生产能力的战略购买者，在购买了 SGE 公司股权之后，能够较容易地替换缺少的勘探开采人员并将 SGE 公司的经营活动与其自身经营整合在一起，即能够将 SGE 公司净资产作为业务进行经营和管理。因此，只要市场参与者能够替换所缺少的要素，勘探开采人员没有留在 SGE 公司不应该成为丰凯锂业在企业会计准则下将 SGE 公司作为一项被购入的业务进行核算的障碍。

（3）集中度测试。

集中度测试是非同一控制下企业合并的购买方在判断取得的组合是否构成一项业务时，可以选择采用的一种简化判断方式。

购买方可选择在按照构成业务的判断条件进行详细评估之前应用该测试，如果通过集中度测试，则应判断为不构成业务，且无须再进行详细评估；如果未通过集中度测试，或者选择不采用该测试，则必须进行详细评估。该测试无法确定一项交易构成业务收购，但可以确定一项交易不构成业务收购（即资产收购）。

进行集中度测试时，如果购买方取得的总资产的公允价值几乎相当于其中某一单独可辨认资产或一组类似可辨认资产的公允价值的，则该组合通过集中度测试，应判断为不构成业务，且购买方无须按照上述第（2）点的规定进行判断；如果该组合未通过集中度测试，购买方仍应按照上述第（2）点的规定进行判断。

购买方应当按照下列规定进行集中度测试。

①计算确定取得的总资产的公允价值。

取得的总资产不包括现金及现金等价物、递延所得税资产以及由递延所得税负债影响形成的商誉。购买方通常可以通过下列公式之一计算确定取得的总资产的公允价值。

总资产的公允价值＝合并中取得的非现金资产的公允价值＋（购买方支付的对价＋购买日被购买方少数股东权益的公允价值＋购买日前持有被购买方权益的公允价值－合并中所取得的被购买方可辨认净资产公允价值）－递延所得税资产－由递延所得税负债影响形成的商誉

或者：

总资产的公允价值＝购买方支付的对价＋购买日被购买方少数股东权益的公允价值＋购买日前持有被购买方权益的公允价值＋取得负债的公允价值（不包括递延所得税负债）－取得的现金及现金等价物－递延所得税资产－由递延所得税负债影响形成的商誉

②关于单独可辨认资产。

单独可辨认资产是企业合并中作为一项单独可辨认资产予以确认和计量的一项资产或资产组。如果资产（包括租赁资产）及其附着物分拆成本重大，应当将其一并作为一项单独可辨认资产，例如土地和建筑物。

③关于一组类似资产。

企业在评估一组类似资产时，应当考虑其中每项单独可辨认资产的性质及其与管理产出相关的风险等。下列情形通常不能作为一组类似资产：

a. 有形资产和无形资产；

b. 不同类别的有形资产，例如存货和机器设备；

c. 不同类别的可辨认无形资产，例如商标权和特许权；

d. 金融资产和非金融资产；

e. 不同类别的金融资产，例如应收款项和权益工具投资；

f. 同一类别但风险特征存在重大差别的可辨认资产等。

（1）不构成业务的会计处理原则。

企业取得了不形成业务的一组资产或资产、负债的组合时，应识别并确认所取得的单独可辨认资产（包括符合《企业会计准则第6号——无形资产》中无形资产定义和确认标准的资产）及承担的负债，并将购买成本基于购买日所取得各项可辨认资产、负债的相对公允价值，在各单独可辨认资产和负债间进行分配，不按照企业合并准则进行处理。分配的结果是取得的有关资产、负债的初始入账价值有可能不同于购买时点的公允价值（但若资产的初始确认金额高于其公允价值，需考虑是否存在资产减值），资产或资产、负债打包购买中多付或少付的部分均需要分解到取得的资产、负债项目中，从而不会产生商誉或购买利得。

（2）构成业务的会计处理原则。

在被购买资产构成业务，需要作为企业合并处理时，购买日（合并日）的确定，合并中取得资产、负债的计量，合并差额的处理等均需要按照企业合并准则的有关规定进行处理，如在构成非同一控制下企业合并的情况下，合并中自被购买方取得的各项可辨认资产、负债应当按照其在购买日的公允价值计量，合并成本与取得的可辨认净资产公允价值份额的差额应当确认为单独的一项资产——商誉或是在企业成本小于合并中取得可辨认净资产公允价值份额的情况下（廉价购买），将该差额确认计入当期损益。

需要说明的是，交易费用在购买资产交易中通常作为转让对价的一部分，并根据适用的准则资本化为所购买的资产成本的一部分；而在企业合并中，交易费用应被费用化。

2. 交易发生前后是否涉及对标的业务控制权的转移的判断

从企业合并的定义看，是否形成企业合并，除要看取得的资产或资产、负债组合是否构成业务之外，还要看有关交易或事项发生前后，是否引起报告主体的变化。报告主体的变化产生于控制权的变化。在交易事项发生以后，投资方拥有对被投资方的权力，通过参与被投资方的相关活动享有可变回报，且有能力运用对被投资方的权力影响其回报金额的，投资方对被投资方具有控制，形成母子公司关系，涉及控制权的转移，该交易或事项发生以后，子公司需要纳入母公司合并财务报表的范围中，从合并财务报告角度形成报告主体的变化；交易事项发生以后，一方能够控制另一方的全部净资产，被合并的企业在合并后失去其法人资格，也涉及控制权及报告主体的变化，形成企业合并。

1.3　合并财务报表的理论基础

合并财务报表是以企业集团为会计主体编制的财务报表，编制合并财务报表涉及如何界定企业集团范围的问题，确定哪些被投资企业需要纳入其投资企业的合并范围，确定编制合并财务报表时所采用的合并方法。企业集团的界定、合并范围的确定以及合并方法的选择，直接关系到合并财务报表提供什么样的信息、为谁提供信息等一系列问题，这些对合并财务报表的编制具有重要的意义。解决这些问题，在很大程度上取决于编制合并财务报表所采用的合并理论。依据不同的合并理论，其确定的合并范围和选择的合并方法也各不相同。

编制合并财务报表的合并理论，到目前为止主要有母公司理论、主体理论以及所有权理论等。

1.3.1　母公司理论

所谓母公司理论，是将合并财务报表视为母公司本身的财务报表反映的范围扩大来看待，从母公司角度来考虑合并财务报表的合并范围、选择合并处理方法。母公司理论认为合并财务报表主要是为母公司的股东和债权人服务的，为母公司现实的和潜在的投资者服务的，强调的是母公司股东的利益。

在采用母公司理论的情况下，在确定合并范围时，通常更多的是以法定控制为基础，以持有多数股权或表决权作为是否将某一被投资企业纳入合并范围的依据，或者通过一家公司处于另一家公司法定支配下的控制协议来确定合并财务报表的合并范围。在采用母公司理论编制合并财务报表的情况下，企业集团所采用的合并处理方法都是从母公司本身的股东利益来考虑的。例如对于子公司少数股东的权益，在合并资产负债表中通常视为一项负债来处理；对于企业集团内部销售收入的抵销，需要考虑销售的顺销（母公司将商品销售给子公司）和逆销（子公司将商品销售给母公司）两种情况，对于顺销，编制合并财务报表时只抵销子公司中母公司持有股权相对的份额，即多数股东股权的份额，而对于少数股东股权相对应的份额，则视为实现销售处理，不需要进行抵销处理。这一理论忽视了除母公司股东以外的少数股东的利润和信息需要。

1.3.2 实体理论

实体理论认为合并财务报表是企业集团各成员企业构成的经济联合体的财务报表，编制合并财务报表是为整个经济体服务的，它强调的是企业集团中所有成员企业所构成的经济实体，它对构成企业集团的持有多数股权的股东和拥有少数股权的股东一视同仁，认为只要是企业集团成员股东，无论是拥有多数股权，还是拥有少数股权，都是共同组成的经济实体的股东。

在运用实体理论的情况下，对于少数股东权益，通常视为股东权益的一部分，在合并资产负债表中股东权益部分列示和反映。由于将构成企业集团的成员企业的所有股东均视为企业集团的股东，对于企业集团内部各成员企业相互之间发生的销售行为，其内部销售商品或提供劳务过程中所实现的销售损益，均属于未实现内部销售损益，应当予以抵销。无论是顺销还是逆销，其实现的内部销售损益，对于由成员企业全体股东构成的企业集团来说都是未实现内部销售损益，均属于抵销范围。

采用实体理论编制的合并财务报表，有利于企业集团内部管理人员从整体上把握企业集团经营活动的情况，相对来说更能够满足企业集团内部管理人员对财务信息的需要。因此，目前国际财务报告准则及我国企业会计准则主要采用的就是实体理论。

1.3.3 所有权理论

采用所有权理论编制合并财务报表时，既不强调企业集团中存在的法定控制关系，也不强调企业集团各成员企业所构成的经济实体，而是强调编制合并财务报表的企业对另一个企业的经济活动和财务决策具有重大影响的所有权。所有权理论认为，母公司理论和实体理论都不能解决隶属于两个或两个以上企业集团的企业的合并财务报表编制问题。如某一个企业的全部股权由两个投资企业投资形成，两个投资企业各拥有其 50% 的股权，即共同控制企业。在这种情况下，其中任何一个投资企业都不能对该投资实施控制，根据母公司理论和实体理论都很难确定该企业的财务报表由哪一个投资企业合并。因为在这种情况下，既没有单一的母公司，也没有少数股权的股东；既不存在法定支配权，也不存在单一的经济主体。为了弥补母公司理论和实体理论的不足，有的国家在编制合并财务报表时，就提出了所有权理论，以期解决共同控制下的合并财务报表的编制问题。

在采用所有权理论的情况下，对于编制合并财务报表的企业拥有所有权的企业的资产、负债和当期实现的净损益，均按照一定的比例合并计入合并财务报表。这也是一些国家合并财务报表相关准则规定比例合并法的理论基础。

第 2 章
合并财务报表的合并范围

本章导读

本章主要讲解合并财务报表合并范围的确定。合并财务报表的合并范围以控制为基础进行确定，因此在确定合并财务报表合并范围时，全面理解、掌握"控制"的内涵至关重要。同时，读者在学习本章时，还需特别注意涉及投资性主体时关于合并范围界定的特殊规定。

本章的内容和结构如下。

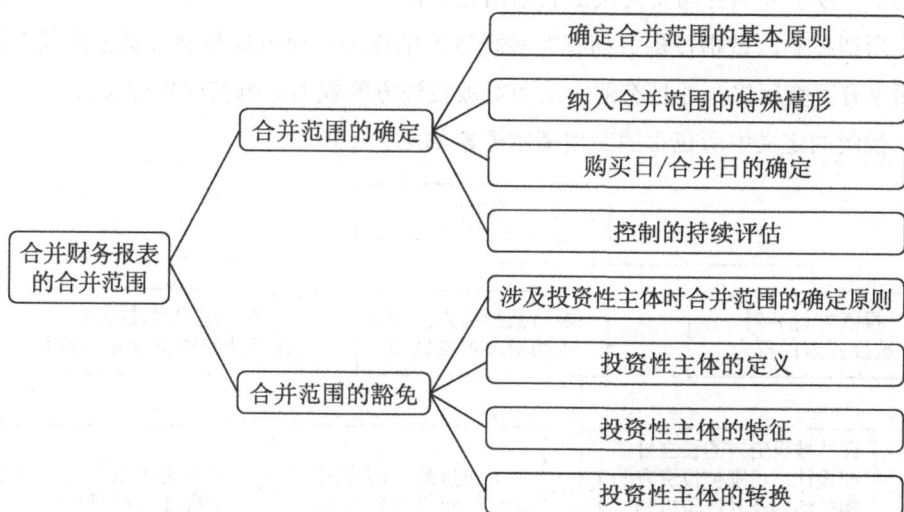

```
                                    ┌─ 确定合并范围的基本原则
                                    │
                        ┌─ 合并范围的确定 ─┼─ 纳入合并范围的特殊情形
                        │                  │
                        │                  ├─ 购买日/合并日的确定
                        │                  │
合并财务报表 ──────────┤                  └─ 控制的持续评估
的合并范围             │
                        │                  ┌─ 涉及投资性主体时合并范围的确定原则
                        │                  │
                        └─ 合并范围的豁免 ─┼─ 投资性主体的定义
                                           │
                                           ├─ 投资性主体的特征
                                           │
                                           └─ 投资性主体的转换
```

2.1 合并范围的确定

合并范围的确定是编制合并财务报表的基础。本节主要介绍确定合并范围的基本原则、纳入合并范围的特殊情形（如结构化主体和投资企业所控制的被投资方的可分割部分）、购买日 / 合并日的确定，以及控制的持续评估。

2.1.1 确定合并范围的基本原则

合并财务报表的合并范围应当以控制为基础予以确定。一般来讲，只有当企业能够控制某一会计主体时，企业才能将该会计主体纳入合并范围。

在企业能够控制相关主体的前提下，纳入合并财务报表合并范围的会计主体，不仅包括根据表决权（或类似权利）本身或者结合其他安排确定的子公司，还包括基于一项或多项合同安排决定的结构化主体。

所谓控制，是指投资方拥有对被投资方的权力，通过参与被投资方的相关活动而享有可变回报，并且有能力运用对被投资方的权力影响其回报金额。

控制的定义中所包含的三项基本要素如图 2-1 所示。

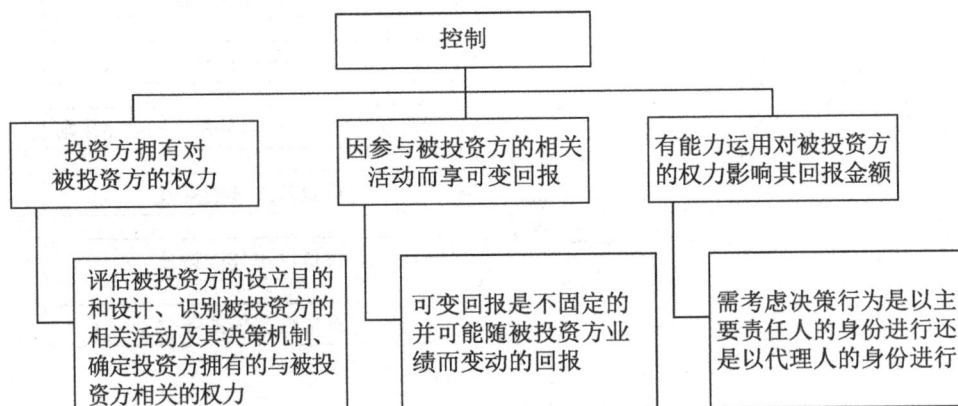

图 2-1 控制的三要素

在判断投资方是否能够控制被投资方时，当且仅当投资方具备上述三要素时，才能表明投资方能够控制被投资方。

1. 投资方拥有对被投资方的权力

投资方拥有对被投资方的权力是判断控制的第一要素，这要求投资方需要识别被投资方并评估其设立目的和设计、识别被投资方的相关活动以及对相关活动进行决策的机制、确定投资方及涉入被投资方的其他方拥有的与被投资方相关的权利等，以确定投资方当前是否有能力主导被投资方的相关活动。

（1）评估被投资方的设立目的和设计。

被投资方可能是一个有限责任公司、股份有限公司、尚未进行公司制改建的国有企业，也可能是一个合伙企业、信托、专项资产管理计划等。在少数情况下，也可能包括被投资方的一个可分割部分。

在判断投资方对被投资方是否拥有权力时，通常要结合被投资方的设立目的和设计。评估被投资方的设立目的和设计，有助于识别被投资方的哪些活动是相关活动、相关活动的决策机制、被投资方相关活动的主导方以及涉入被投资方的哪一方能从相关活动中取得可变回报。

①被投资方的设计安排表明表决权是判断控制的决定因素。当对被投资方的控制是通过持有其一定比例表决权或是潜在表决权的方式时，在不存在其他改变决策的安排的情况下，主要通过行使表决权来决定被投资方的财务和经营政策的情况判断控制。例如，在不存在其他因素时，通常持有半数以上表决权的投资方控制被投资方，但是，当章程或者其他协议存在某些特殊约定（如被投资方相关活动的决策需要三分之二以上表决权比例通过）时，拥有半数以上但未达到约定比例等并不意味着能够控制被投资方。

②被投资方的设计安排表明表决权不是判断控制的决定因素。当表决权仅与被投资方的日常行政管理活动有关，不能作为判断控制被投资方的决定性因素，被投资方的相关活动可能由其他合同安排规定时，投资方应结合被投资方设计产生的风险和收益、被投资方转移给其他投资方的风险和收益，以及投资方面临的风险和收益等一并判断是否控制被投资方。

需要强调的是，在判断控制的各环节都需要考虑被投资方的设立目的和设计。

案例 ····▶▶▶

【**例2-1**】甲有限合伙企业（以下简称甲企业）成立于2020年1月1日，其经营期限为4年。成立当日，甲企业以其全部资金向非关联方乙公司的全资子公司丙增资，增资完成后，甲企业持有丙公司70%有表决权的股份，乙公司持有丙公司的有表决权股份下降至30%。同时，相关各方约定，乙公司将在4年后以固定价格回购甲企业持有的丙公司股份。

丙公司是一家为建造、运营某大型"主题公园＋旅游文化演艺"项目而专门成立的项目公司，该商业项目的建造期为6年，截至2020年1月1日，该项目已经建造了2年。

怎样判断甲企业能否控制丙公司？

【**解析**】本例中，被投资方丙公司的相关活动是用6年的时间建造某大型"主题公园＋旅游文化演艺"项目，之后以运营的方式取得回报。甲企业增资时，丙公司的资产建造已经开始，大多与建造事项有关的决策很可能已完成。当甲企业的经营期限结束并将持有的丙公司股份以固定价格出售给乙公司时，丙公司刚刚完成建造活动，尚未开始产生回报。

由此可见，甲企业虽然持有丙公司半数以上的表决权，但甲公司事实上并不能主导丙公司的相关活动，也无法通过参与丙公司的相关活动取得可变回报。甲企业是通过乙公司回购丙公司股份时所支付的固定价格来收回其投资成本并取得相应收益，故甲企业不能控制丙公司。

（2）识别被投资方的相关活动及其决策机制。

①被投资方的相关活动。被投资方为经营目的而从事众多活动，但这些活动并非都是相关活动，相关活动是对被投资方的回报产生重大影响的活动。

识别被投资方相关活动的目的是确定投资方对被投资方是否拥有权力。不同企业的相关活动可能是不同的，应当根据企业的行业特征、业务特点、发展阶段、市场环境等具体情况来进行判断。这些活动可能包括但不限于下列活动：a.商品或劳务的销售和购买；b.金融资产的管理；c.资产的购买和处置；d.研究与开发；e.融资活动。对许多企业而言，经营和财务活动通常对其回报产生重大影响。

②被投资方相关活动的决策机制。投资方是否拥有权力，不仅取决于被投资方的相关活动，还取决于对相关活动进行决策的方式。例如，对被投资方的经营、融资等活动作出决策（包括编制预算）的方式，任命被投资方的关键管理人员、给付薪酬及终止劳动合同关系的决策方式等。

相关活动一般由企业章程、协议中约定的权力机构（例如股东会、董事会）来决策，特殊情况下，相关活动也可能根据合同协议约定等由其他主体决策，如专门设置的管理委员会等。有限合伙企业的相关活动可能由合伙人大会决策，也可能由普通合伙人或者投资管理公司等决策。

被投资方通常从事若干相关活动，并且这些活动可能不是同时进行。合并财务报表准则规定，当两个或两个以上投资方能够分别单方面主导被投资方的不同相关活动时，能够主导对被投资方回报产生最重大影响的活动的一方拥有对被投资方的权力。此时，通常需要考虑的因素包括：

    a.被投资方的设立目的和设计；

    b.影响被投资方利润率、收入和企业价值的决定因素；

    c.每投资方有关上述因素的决策职权范围及其对被投资方回报的影响程度；

    d.投资方承担可变回报风险的大小。

案例 ····▶▶▶

【例 2-2】凯德医疗器械有限公司（以下简称凯德公司）和都灵电子科技有限公司（以下简称都灵公司）共同投资设立正邦医疗器械有限公司（以下简称正邦公司）。正邦公司的主营业务范围为研发和销售专用于诊治新型冠状病毒的第三类医疗器械。根据正邦公司章程和合资协议的约定，在所研发医疗器械获得相关监管部门的生产批准前，凯德公司可以单方面主导正邦公司的该医疗器械研发活动，而在获得相关监管部门的生产批准后，则由都灵公司单方面主导该医疗器械的生产和营销决策。

正邦公司的投资方应如何判断其是否拥有对正邦公司权力？

【解析】本例中，正邦公司的医疗器械研发、生产和营销活动均会对正邦公司的回报产生重大影响。投资方在判断其是否对正邦公司拥有权力时，除了需要结合上述四点进行综合分析以外，还需要考虑下列因素：获得监管部门批准的不确定性和难易程度、被投资方成功开发医疗器械并获取生产批准的历史记录、产品定位、当前医疗器械所处的开发阶段、所需开发时间、同类医疗器械开发的难易程度、取得同类医疗器械营销渠道的难易程度、开发完成后可实际控制该医疗器械相关经营活动的投资方等。

（3）确定投资方拥有的与被投资方相关的权力。

通常情况下，当被投资方从事一系列对其回报产生显著影响的经营及财务活动，且需要就这些活动连续地进行实质性决策时，表决权或类似权利本身或者结合其他安排，将赋予投资方拥有权力。但在一些情况下，表决权不能对被投资方回报产生重大影响（例如，表决权可能仅与日常行政活动有关），被投资方的相关活动由一项或多项合同安排决定。

①投资方拥有多数表决权的权力。表决权是对被投资方经营计划、投资方案、年度财务预算方案和决算方案、利润分配方案和弥补亏损方案、内部管理机构的设置、聘任或解聘公司经理及确定其报酬、公司的基本管理制度等事项进行表决而持有的权利。表决权比例通常与投资方出资比例或持股比例是一致的，但公司章程另有规定的除外。

通常情况下，当被投资方的相关活动由持有半数以上表决权的投资方决定，或者主导被投资方相关活动的管理层多数成员（管理层决策由多数成员表决通过）由持有半数以上表决权的投资方聘任时，无论该表决权是否行使，持有被投资方过半数表决权的投资方拥有对被投资方的权力。但下述两种情况除外。

一是存在其他安排赋予被投资方的其他投资方拥有对被投资方的权力。例如，存在赋予其他方拥有表决权或实质性潜在表决权的合同安排，且该其他方不是投资方的代理人时，投资方不拥有对被投资方的权力。

二是投资方拥有的表决权不是实质性权利。例如，有确凿证据表明，由于客观原因无法获得必要的信息或存在法律法规的障碍，投资方虽持有半数以上表决权但无法行使该表决权时，该投资方不拥有对被投资方的权力。

投资方在判断是否拥有对被投资方的权力时，应当仅考虑与被投资方相关的实质性权利，包括自身所享有的实质性权利以及其他方所享有的实质性权利。

a.实质性权利。合并财务报表准则规定，实质性权利是持有人在对相关活动进行决策时有实际能力行使的可执行权利。判断一项权利是否为实质性权利，应当综合考虑所有相关因素，包括权利持有人行使该项权利是否存在财务、价格、条款、机制、信息、运营、法律法规等方面的障碍；当权利由多方持有或者行权需要多方同意时，是否存在实际可行的机制使得这些权利持有人在其愿意的情况下能够一致行权；权利持有人是否可从行权中获利等。实质性权利通常是当前可执行的权利，但某些情况下当前不可行使的权利也可能是实质性权利。

对于投资方拥有的实质性权利，即便投资方并未实际行使，也应在评估投资方是否对被投资方拥有权力时予以考虑。

有时，其他投资方也可能拥有可行使的实质性权利，使得投资方不能控制被投资方。其他投资方拥有的可行使的实质性权利包括提出议案的主动性权利和对议案予以批准或否定的被动性权利，当这些权利不仅仅是保护性权利时，其他方拥有的这些权利可能导致投资方不能控制被投资方。

b. 保护性权利。合并财务报表准则规定，保护性权利仅为了保护权利持有人利益却没有赋予持有人对相关活动的决策权。通常包括应由股东大会（或股东会，下同）行使的修改公司章程，增加或减少注册资本，发行公司债券，公司合并、分立、解散或变更公司形式等事项持有的表决权。例如，少数股东批准超过正常经营范围的资本性支出或发行权益工具、债务工具的权利。再如，贷款方限制借款方从事损害贷款方权利的活动的权利，这些活动将对借款方信用风险产生不利影响从而损害贷款方权利，以及贷款方在借款方发生违约行为时扣押其资产的权利等。

保护性权利通常只能在被投资方发生根本性改变或某些例外情况发生时才能够行使，它既没有赋予其持有人对被投资方拥有权力，也不能阻止被投资方的其他投资方对被投资方拥有权力。仅享有保护性权利的投资方不拥有对被投资方的权力。

保护性权利通常只能在被投资方发生根本性改变或某些例外情况发生时才能够行使，但并不是所有在例外情况下行使的权利或在不确定事项发生时才能行使的权利都是保护性权利。例如，当被投资方的活动和回报已被预先设定，只有在发生某些特定事项时才需要进行决策，且这些决策将对被投资方的回报产生重大影响时，这些特定事项引发的活动才属于相关活动，就此行使的权利就不是保护性权利。对于有权主导这些相关活动的投资者，在判断其对被投资方是否拥有权力时，不需要考虑这些特定事项是否已经发生。对于被投资方作为特许权经营方（被特许人）的情况，特许经营协议通常赋予特许人保护特许品牌的权利，也赋予特许人一些与被特许人经营相关的决策权。一般而言，这些权利并不限制其他方作出对被特许人回报产生重大影响的决策权利，也不一定使得特许人当前有能力主导对被特许人的相关活动。

被特许人依据特许经营协议的条款能够自行决定其业务运营。在对被投资方进行分析时，需要区分两种不同的权利：一是当前有能力作出对被特许人回报产生重大影响的决策权利，二是有能力作出保护特许品牌的决策权利。被特许人的法律形式和资本结构等基本决策也可以由特许人之外的其他方行使并会对被特许人的回报产生重大影响。当其他方享有现时权利使其当前有能力主导被特许人的相关活动时，特许人没有拥有对被特许人的权力。特许人提供的财务支持越少，特许人面临的被特许人的回报的可变性越小，则特许人就越有可能只拥有保护性权利。投资方持有被投资方半数以上表决权的情况通常包括如下三种：一是投资方直接持有被投资方半数以上表决权，二是投资方间接持有被投资方半数以上表决权，三是投资方以直接和间接方式合计持有被投资方半数以上表决权。

②投资方持有被投资方半数或以下表决权，但通过与其他表决权持有人之间的协议能够控制半数以上表决权。投资方自己持有的表决权虽然只有半数或以下，但通过与其他表决权持有人之间的协议使其可以持有足以主导被投资方相关活动的表决权，从而拥有对被投资方的权力。该类协议安排需确保投资方能够主导其他表决权持有人的表决，即其他表决权持有人按照投资方的意愿进行表决，而不是投资方与其他表决权持有人协商并根据双方协商一致的结果进行表决。

③投资方拥有多数表决权但没有权力。确定持有半数以上表决权的投资方是否拥有权力，关键在于该投资方现时是否有能力主导被投资方的相关活动。当其他投资方现时有权力能够主导被投资方的相关活动，且其他投资方不是投资方的代理人时，投资方就不拥有对被投资方的权力。当表决权不是实质性权利时，即使投资方持有被投资方多数表决权，也不拥有对被投资方的权力。例如，被投资方相关活动被政府、法院、管理人、接管人、清算人或监管人等其他方主导时，投资方虽然持有多数表决权，但也不可能主导被投资方的相关活动。被投资方自行清算的除外。

④持有被投资方半数或半数以下表决权。持有半数或半数以下表决权的投资方（或者虽持有半数以上表决权，但表决权比例仍不足以主导被投资方相关活动的投资方，本部分以下同），应综合考虑下列事实和情况，以判断其持有的表决

权与相关事实和情况相结合是否赋予投资方拥有对被投资方的权力。

a. 投资方持有的表决权份额相对于其他投资方持有的表决权份额的大小，以及其他投资方持有表决权的分散程度。投资方持有的绝对表决权比例或相对于其他投资方持有的表决权比例越高，其现时能够主导被投资方相关活动的可能性越大；为否决投资方意见而需要联合的其他投资方越多，投资方现时能够主导被投资方相关活动的可能性越大。

案例····▶▶▶

【例2-3】甲公司持有乙公司40%有表决权股份，剩余股份由分散的小股东持有，所有小股东单独持有的有表决权股份均未超过2%，且他们均未达成进行集体决策的协议。

如何判断甲公司是否拥有对乙公司的权力？

【解析】本例中，虽然甲公司持有的乙公司有表决权的股份在半数以下，但是由于其他股东非常分散（其他单个股东的持股比例非常小）且其他股东之间不存在集体决策协议等，所以甲公司拥有对乙公司的权力。

b. 投资方和其他投资方持有的潜在表决权。潜在表决权是获得被投资方表决权的权利，例如，可转换工具、可执行认股权证、远期股权购买合同或其他期权所产生的权利。确定潜在表决权是否赋予其持有者权力时需要考虑下列三个方面。

一是潜在表决权工具的设立目的和设计，以及投资方涉入被投资方其他方式的目的和设计。

二是潜在表决权是否为实质性权利，判断控制仅考虑满足实质性权利要求的潜在表决权。

三是投资方是否持有其他表决权或其他与被投资方相关的表决权，这些权利与投资方持有的潜在表决权结合后是否赋予投资方拥有对被投资方的权力。

案例····▶▶▶

【例2-4】2020年1月1日，甲公司与乙公司共同投资成立了丙公司。相关协议约定，甲公司持有丙公司80%有表决权股份，乙公司持有丙公司20%有表决权股份。投资当日，甲公司与乙公司还签订了一份补充协议，该协议约定乙公司可以在当前及未来两年内以 3 000 万元的价格购买甲公司持有的丙公司 40% 有表决权股份。丙公司 40% 有表决权股份在当前的市场价格远低于 3 000 万元，且可以合理预计丙公司 40% 有表决权股份在未来两年内的市场价格都将远低于 3 000 万元。不考虑其他因素。

如何判断在评估乙公司是否拥有对丙公司的权力时，是否需要考虑乙公司所拥有的期权？

【解析】本例中，乙公司当前持有购买甲公司有表决权股份的可行使期权，如果行使该期权，将使乙公司持有丙公司 60% 有表决权的股份。但由于这些期权在当前及预计未来两年内都是深度价外期权，乙公司无法从该期权的行使中获利（即乙公司到期前行权的可能性极小），所以这些期权并不构成实质性权利，在评估乙公司是否拥有对丙公司的权力时不应予以考虑。

c. 其他合同安排产生的权利。投资方可能通过持有的表决权和其他决策权相结合的方式使其当前能够主导被投资方的相关活动。例如，合同安排赋予投资方能够聘任被投资方董事会或类似权力机构多数成员，这些成员能够主导董事会或类似权力机构对相关活动的决策。但是，在不存在其他权利时，仅仅是被投资方对投资方的经济依赖（如供应商和其主要客户的关系）不会导致投资方对被投资方拥有权力。

案例 ····▶▶▶

【例 2-5】甲公司是一家锂电产品生产企业，持有乙锂矿企业 46% 有表决权股份，乙锂矿企业的其他 9 个投资方各持有乙锂矿企业 6% 有表决权股份，且他们之间或其中一部分股东之间不存在进行集体决策的协议。乙锂矿企业的相关活动由乙锂矿企业的董事会主导。根据全体股东协议，甲公司有权聘任或解聘乙锂矿企业董事会多数成员。

如何判断甲公司是否拥有对乙锂矿企业的权力？

【解析】本例中，甲公司持有乙锂矿企业半数以下有表决权股份，且其他 9

个投资方各持有乙锂矿企业 6% 有表决权股份，根据甲公司自身持有股份的绝对规模和其他股东的相对规模，难以得出甲公司对乙锂矿企业拥有权力。但是，综合考虑全体股东协议授予甲公司聘任或解聘董事会多数成员，以及其他股东之间不存在集体决策的协议，可以判断甲公司对乙锂矿企业拥有权力。

d. 其他相关事实或情况。如果根据上述第 a~c 项所列因素尚不足以判断投资方是否控制被投资方，根据合并财务报表准则，应综合考虑投资方享有的权利、被投资方以往表决权行使情况及下列事实或情况进行判断。

投资方是否能够任命或批准被投资方的关键管理人员，这些关键管理人员能够主导被投资方的相关活动。

投资方是否能够出于自身利益决定或者否决被投资方的重大交易。

投资方是否能够控制被投资方董事会等类似权力机构成员的任命程序，或者从其他表决权持有人手中获得代理投票权。

投资方与被投资方的关键管理人员或董事会等类似权力机构中的多数成员是否存在关联关系（例如，被投资方首席执行官与投资方首席执行官为同一人）。

投资方与被投资方之间是否存在特殊关系。在评价投资方是否拥有对被投资方的权力时，应当适当考虑这种特殊关系的影响，这种特殊关系可能为投资方享有权力提供了证据。特殊关系通常包括：被投资方的关键管理人员是投资方的现任或前任职工，被投资方的经营活动依赖于投资方（例如，被投资方依赖于投资方提供经营活动所需的大部分资金，投资方为被投资方的大部分债务提供了担保，被投资方在关键服务、技术、供应或原材料方面依赖于投资方，投资方掌握了诸如专利权、商标等对被投资方经营而言至关重要的资产，被投资方依赖于投资方为其提供具备与被投资方经营活动相关专业知识等的关键管理人员等），被投资方活动的重大部分有投资方参与其中或者是以投资方的名义进行，投资方自被投资方承担可变回报的风险（或享有可变回报的收益）的程度远超过其持有的表决权或其他类似权利的比例（例如，投资方承担或有权获得被投资方回报的比例为70%，但仅持有不到半数的表决权）等。

投资方持有被投资方表决权比例越低，否决投资方提出的关于相关活动的议案所需一致行动的其他投资者数量越少，投资者就越需要在更大程度上运用上述证据，以判断是否拥有主导被投资方相关活动的权力。

在被投资方的相关活动是通过表决权进行决策的情况下，当投资方持有的表决权比例不超过半数时，投资方在考虑了所有相关情况和事实后仍不能确定投资方是否拥有被投资方的权力的，投资方不控制被投资方。

⑤权力来自表决权之外的其他权利。投资方对被投资方的权力通常来自表决权，但有时，投资方对一些主体的权力不是来自表决权，而是由一项或多项合同安排决定。例如，证券化产品、资产支持融资工具、部分投资基金等结构化主体。结构化主体，是指在确定其控制方时没有将表决权或类似权利作为决定因素而设计的主体。主导该主体相关活动的依据通常是合同安排或其他安排形式。有关结构化主体的判断见《企业会计准则第 41 号——在其他主体中权益的披露》。由于主导结构化主体的相关活动不是来自表决权（或类似权利），而是由合同安排决定，这无形中加大了投资方有关是否拥有对该类主体权力的判断难度。合并财务报表准则规定，投资方需要评估合同安排，以评价其享有的权利是否足够使其拥有对被投资方的权力。在评估时，投资方通常应考虑下列四个方面。

a. 在设立被投资方时的决策及投资方的参与度。在评估被投资方的设立目的和设计时，投资者应考虑设立被投资方时的决策及投资方的参与度，以判断相关交易条款与参与特点是否为投资方提供了足以获得权力的权利。参与被投资方的设立本身虽然不足以表明参与方控制被投资方，但可能使参与方有机会获得使其拥有对被投资方权力的权利。

b. 相关合同安排。投资方需考虑结构化主体设立之初的合同安排是否赋予投资方主导结构化主体相关活动的权利。例如，看涨期权、看跌期权、清算权等可能为投资方提供权力的合同安排。在评估对结构化主体是否拥有权力时，应当考虑投资方在这些合同安排中享有的决策权。

c. 仅在特定情况或事项发生时开展的相关活动。结构化主体的活动及其回报在其设计时就已经明确，除非特定情况或事项发生。当特定情况或事项发生时，只有对结构化主体回报产生重大影响的活动才属于相关活动。相应地，对这些相关活动具有决策权的投资方才享有权力。决策权依赖于特定情况或特定事件的发生这一事实本身并不表示该权利为保护性权利。

d. 投资方对被投资方做出的承诺。为确保结构化主体持续按照原定设计和计划开展活动，投资方可能会做出一些承诺（包括明确的承诺和暗示性的承诺），因而可能会扩大投资方承担的可变回报风险，由此促使投资方更有动机获取足够多的权力，使其能够主导结构化主体的相关活动。投资方作出的确保此类主体遵守原定设计经营的承诺可能是投资方拥有权力的迹象，但其本身并不赋予投资方权力，也不会阻止其他方拥有权力。

2. 因参与被投资方的相关活动而享有可变回报

判断投资方是否控制被投资方的第二项基本要素是，因参与被投资方的相关活动而享有可变回报。合并财务报表准则规定，可变回报是不固定的并可能随被投资方业绩而变动的回报，可能是正数，也可能是负数，或者有正有负。投资方在判断其享有被投资方的回报是否变动以及如何变动时，应当根据合同安排的实质，而不是法律形式。例如，投资方持有固定利率的交易性债券投资时，虽然利率是固定的，但该利率取决于债券违约风险及债券发行方的信用风险，因此，固定利率也可能属于可变回报。再如，管理被投资方资产获得的固定管理费也属于可变回报，因为管理者是否能获得此回报依赖于被投资方是否能够产生足够的收益用于支付该固定管理费。其他可变回报的例子如下。

（1）股利、被投资方经济利益的其他分配（例如，被投资方发行的债务工具产生的利息）、投资方对被投资方投资的价值变动。

（2）因向被投资方的资产或负债提供服务而得到的报酬、因提供信用支持或流动性支持收取的费用或承担的损失、被投资方清算时在其剩余净资产中所享有的权益、税务利益，以及因涉入被投资方而获得的未来流动性。

（3）其他利益持有方无法得到的回报。例如，投资方将自身资产与被投资方的资产一并使用，以实现规模经济，达到节约成本、为稀缺产品提供资源、获得专有技术或限制某些运营或资产，从而提高投资方其他资产的价值。

投资方的可变回报通常体现为从被投资方获取股利。受法律法规的限制，投资方有时无法通过分配被投资方利润或盈余的形式获得回报，例如，当被投资方的法律形式为信托机构时，其盈利可能不是以股利形式分配给投资者。此时，需要根据具体情况，以投资方的投资目的为出发点，综合分析投资方是否获得除股利以外的其他可变回报，被投资方不能进行利润分配并不必然代表投资方不能获取可变回报。

另外，即使只有一个投资方控制被投资方，也不能说明只有该投资方才能获取可变回报。例如，少数股东可以分享被投资方的利润。

3. 有能力运用对被投资方的权力影响其回报金额

判断控制的第三项基本要素是，有能力运用对被投资方的权力影响其回报金额。只有当投资方不仅拥有对被投资方的权力、通过参与被投资方的相关活动而享有可变回报，并且有能力运用对被投资方的权力来影响其回报的金额时，投资方才控制被投资方。因此，合并财务报表准则规定，拥有决策权的投资方在判断是否控制被投资方时，需要考虑其决策行为是以主要责任人（即实际决策人）的身份进行还是以代理人的身份进行。此外，在其他方拥有决策权时，投资方还需要考虑其他方是否是以代理人的身份代表该投资方行使决策权。

（1）投资方的代理人。

代理人是相对于主要责任人而言的，代表主要责任人行动并服务于该主要责任人的利益。主要责任人可能将其对被投资方的某些或全部决策权授予代理人，但在代理人代表主要责任人行使决策权时，代理人并不对被投资方拥有控制。主要责任人的权力有时可以通过代理人根据主要责任人的利益持有并行使，但权力行使人不会仅仅因为其他方能从其行权中获益而成为代理人。

在判断控制时，代理人的决策权应被视为由主要责任人直接持有，权力属于主要责任人而非代理人，因此投资方应当将授予代理人的决策权视为自己直接持有的决策权，即使被投资方有多个投资方且其中两个或两个以上投资方有代理人。

决策者在确定其是否为代理人时，根据合并财务报表准则第十九条规定，应综合考虑该决策者与被投资方以及其他方之间的关系，尤其需要考虑下列四项。

①决策者对被投资方的决策权范围。在评估决策权范围时，应考虑相关协议或法规允许决策者决策的活动，以及决策者对这些活动进行决策时的自主程度。与该评估相关的因素包括但不限于：被投资方的设立目的与设计、被投资方面临的风险及转移给其他投资方的风险，以及决策者在设计被投资方过程中的参与程度。例如，如果决策者参与被投资方设计的程度较深（包括确定决策权范围），则可能表明决策者有机会，也有动机获得使其有能力主导相关活动的权利，但这一情况本身并不足以认定决策者必然能够主导相关活动。允许决策者（如资产管理人）主导被投资方相关活动的决策权范围越广，越能表明决策者拥有权力，但并不意味着该决策者一定是主要责任人。

②其他方享有的实质性权利。其他方享有的实质性权利可能会影响决策者主导被投资方相关活动的能力。其他方持有实质性罢免权或其他权利并不一定表明

决策者是代理人。存在单独一方拥有实质性罢免权并能够无理由罢免决策者的事实，足以表明决策者是代理人。当拥有此权利者超过一方，且不存在未经其他方同意即可罢免决策者的一方时，这些权利本身不足以表明决策者为其他方的代理人。在罢免决策者时需要联合起来行使罢免权的各方的数量越多，决策者的其他经济利益（即薪酬和其他利益）的比重和可变动性越强，则其他方所持有的权利在判断决策者是否是代理人时的权重就越轻。

在判断决策者是否是代理人时，应考虑其他方所拥有的限制决策者决策的实质性权利，这与考虑上述罢免权的方法相似。例如，决策者决策所需取得认可的其他方的数量越少，该决策者越有可能是代理人。在考虑其他方持有的权利时，应评估被投资方董事会（或其他权力机构）可行使的权利及其对决策权的影响。

③决策者的薪酬水平。相对于被投资方活动的预期回报，决策者薪酬的比重（量级）和可变动性越大，决策者越有可能不是代理人。当同时满足下列两项时，决策者有可能是代理人：一是决策者的薪酬与其所提供的服务相称；二是薪酬协议仅包括在公平交易的基础上有关类似服务和技能水平商定的安排中常见的条款、条件或金额。决策者不能同时满足上述两个条件的，不可能是代理人。

④决策者因持有被投资方的其他利益而承担可变回报的风险。持有被投资方其他利益表明该决策者可能是主要责任人。对于在被投资方持有其他利益（如对被投资方进行投资或提供被投资方业绩担保）的决策者，在判断其是否为代理人时，应评估决策者因该利益所面临的可变回报的风险。评估时，决策者应考虑如下两点。

a. 决策者享有的经济利益（包括薪酬和其他利益）的比重和可变动性。决策者享有的经济利益的比重和可变动性越大，该决策者越有可能是主要责任人。

b. 决策者面临的可变回报风险是否与其他投资方不同，如果是，这些不同是否会影响其行为。例如，决策者持有次级权益，或向被投资方提供其他形式的信用增级，表明决策者可能是主要责任人。

决策者还应评估所承担的可变回报风险相对于被投资方回报总体变动的风险而言的程度。该评估主要应根据预期从被投资方的活动中得到的回报，但也应考虑决策者通过持有其他利益而承担的被投资方可变回报的最大风险。

综合上述四项因素的分析，当存在单独一方持有实质性罢免权并能无理由罢免决策者时，决策者属于代理人。除此以外，需综合考虑上述四项因素以判断决策者是否作为代理人行使决策权。

（2）实质代理人。

在判断控制时，投资方应当考虑与所有其他方之间的关系、他们是否代表投资方行动（即，识别投资方的"实质代理人"），以及其他方之间、其他方与投资方之间如何互动。上述关系不一定在合同安排中列明。当投资方（或有能力主导投资方活动的其他方）能够主导某一方代表其行动时，被主导方为投资方的实质代理人。

在这种情况下，投资方在判断是否控制被投资方时，应将其实质代理人的决策权以及通过实质代理人而间接承担（或享有）的可变回报风险（或权利）与其自身的权利一并考虑。

根据各方的关系，表明一方可能是投资方的实质代理人的情况包括但不限于：投资方的关联方；因投资方出资或提供贷款而取得在被投资方中权益的一方；未经投资方同意，不得出售、转让或抵押其持有的被投资方权益的一方（不包括此项限制系通过投资方和其他非关联方之间自愿协商同意的情形）；没有投资方的财务支持难以获得资金支持其经营的一方；被投资方权力机构的多数成员或关键管理人员与投资方权力机构的多数成员或关键管理人员相同；与投资方具有紧密业务往来的一方，如专业服务的提供者与其中一家重要客户的关系。

2.1.2 纳入合并范围的特殊情形

纳入合并范围的特殊情形，主要包括结构化主体和对被投资方可分割部分的控制两种情形。

1. 纳入合并范围的结构化主体

（1）结构化主体的定义及其判断。

结构化主体，是指在确定其控制方时没有将表决权或类似权利作为决定因素而设计的主体。通常情况下，结构化主体在合同约定的范围内开展业务活动，表决权或类似权利仅与行政性管理事务相关。

在判断某一主体是否为结构化主体，以及判断该主体与企业的关系时，应当综合考虑结构化主体的定义和特征。结构化主体通常具有下列特征中的多项或全部特征。

①业务活动范围受限。

通常情况下，结构化主体在合同约定的范围内开展业务活动，业务活动范围受到了限制。例如，从事信贷资产证券化业务的结构化主体，在发行资产支持证券募集资金和购买信贷资产后，根据相关合同，其业务活动是将来源于信贷资产的现金向资产支持证券投资者分配收益。

②有具体、明确的目的，而且目的比较单一。

结构化主体通常是为了特殊目的而设立的主体。例如，有的企业发起结构化主体是为了将企业的资产转让给结构化主体以迅速回收资金，并改变资产结构来满足资产负债管理的需要；有的企业发起结构化主体是为了满足客户特定的投资需求，吸引到更多的客户；还有的企业发起结构化主体是为了专门从事研究开发活动，或开展租赁业务等。

③股本（如有）不足以支撑其业务活动，必须依靠其他次级财务支持。

次级财务支持是指承受结构化主体部分或全部预计损失的可变权益，其中的"次级"代表受偿顺序在后。股本本身就是一种次级财务支持，其他次级财务支持包括次级债权、对承担损失作出的承诺或担保义务等。

通常情况下，结构化主体的股本占资产规模的份额较小，甚至没有股本。当股本很少或没有股本，不足以支撑结构化主体的业务活动时，通常需要依靠其他次级财务支持来为结构化主体注入资金，支撑结构化主体的业务活动。

④通过向投资者发行不同等级的证券（如分级产品）等金融工具进行融资，不同等级的证券，信用风险及其他风险的集中程度也不同。

例如，以发行分级产品的方式融资是对各级产品的受益权进行了分层配置。购买优先级产品的投资者享有优先受益权，购买次级产品的投资者享有次级受益权。

投资期满后，投资收益在逐级保证受益人本金、预期收益及相关费用后的余额归购买次级产品的投资者。如果出现投资损失，先由购买次级产品的投资者承担。由于不同等级的证券具有不同的信用风险、利率风险或流动性风险，发行分级产品可以满足不同风险偏好投资者的投资需求。

（2）纳入合并财务报表范围的结构化主体相关信息的特殊披露。

企业存在纳入合并财务报表范围的结构化主体的，应当在合并财务报表附注中披露与该结构化主体相关的风险信息。与结构化主体相关的风险主要是指企业或其子公司需要依合同约定或因其他原因向结构化主体提供财务支持或其他支持，包括帮助结构化主体取得财务支持。

此处所指的"支持"不属于企业日常的经营活动，通常是由特定事项触发的交易。例如，当纳入合并财务报表范围的结构化主体流动性紧张或资产信用评级被降低时，企业作为母公司可能需要向结构化主体提供流动性支持，或与结构化主体进行资产置换来提高结构化主体的资产信用评级，使结构化主体恢复到正常的经营状态。

此处所指的"财务支持"（即直接或间接地向结构化主体提供经济资源）通常包括：向结构化主体无偿提供资金、增加对结构化主体的权益投资、向结构化主体提供长期贷款、豁免结构化主体所欠的债务、从结构化主体购入资产或购买结构化主体发行的证券、按照偏离市场公允价值的价格与结构化主体进行交易而造成企业资源的净流出、企业就结构化主体的经营业绩向第三方提供保证或承诺等。

此处所指的"其他支持"通常是非财务方面的支持，如提供人力资源管理或其他管理服务等。

①合同约定企业或其子公司向该结构化主体提供财务支持的，应当披露提供财务支持的合同条款，包括可能导致企业承担损失的事项或情况。

②在没有合同约定的情况下，企业或其子公司当期向该结构化主体提供了财务支持或其他支持，应当披露所提供支持的类型、金额及原因，包括帮助该结构化主体获得财务支持的情况。其中，企业或其子公司当期对以前未纳入合并财务报表范围的结构化主体提供了财务支持或其他支持并且该支持导致企业控制了该结构化主体的，还应当披露决定提供支持的相关因素。

③企业存在向该结构化主体提供财务支持或其他支持的意图的，应当披露该意图，包括帮助该结构化主体获得财务支持的意图。

2. 对被投资方可分割部分的控制

在少数情况下，如果有确凿证据表明同时满足下列条件并且符合相关法律法规规定的，投资方应当将被投资方的一部分视为被投资方可分割部分，进而判断是否控制该部分。

（1）该部分的资产是偿付该部分负债或该部分其他权益的唯一来源，不能用于偿还该部分以外的被投资方的其他负债。

（2）除与该部分相关的各方外，其他方不享有与该部分资产相关的权利，也不享有与该部分资产剩余现金流量相关的权利。

因此，实质上该部分的所有资产、负债及相关权益均与被投资方的其他部分相隔离，即：该部分的资产产生的回报不能由该部分以外的被投资方其他部分使用，该部分的负债也不能用该部分以外的被投资方资产偿还。

如果被投资方的一部分资产和负债及相关权益满足上述条件，构成可分割部分，则投资方应当基于控制的判断标准确定其是否能够控制该可分割部分，包括考虑该可分割部分的相关活动及其决策机制，投资方是否有能力主导可分割部分的相关活动并据以从中取得可变回报等。如果投资方控制该可分割部分，则应将其进行合并。此时，其他方在考虑是否控制并合并被投资方时，应仅对被投资方的剩余部分进行评估，不包括该可分割部分。

2.1.3 购买日/合并日的确定

企业合并中，合并方在确定从何时起将被合并方纳入合并范围时，既需要考虑该企业合并是非同一控制下的企业合并还是同一控制下的企业合并，还需要考虑购买日/合并日具体是哪一天。因此，企业合并交易中，购买日/合并日的判断非常重要。

非同一控制下的企业合并，被购买方从购买日开始纳入购买方合并范围，合并成本和取得的被购买方可辨认净资产公允价值也都以购买日的价值计量。

购买日，是指购买方实际取得对被购买方控制权的日期。

同时满足下列条件的，通常可认为实现了控制权的转移。

（1）企业合并合同或协议已获股东大会等通过。

（2）企业合并事项需要经过国家有关主管部门审批的，已获得批准。

（3）参与合并各方已办理了必要的财产权转移手续。

（4）合并方或购买方已支付了合并价款的大部分（一般应超过50%），并且有能力、有计划支付剩余款项。

（5）合并方或购买方实际上已经控制了被合并方或被购买方的财务和经营政策，并享有相应的利益、承担相应的风险。

案例 ····▶▶▶

【例2-6】科通公司是一家从事光伏产品的研发、生产和销售的A股上市公司。2019年，科通公司向绿橙硅业有限公司非公开发行股份进行重大资产重组，绿橙硅业有限公司以其所拥有的 2 家全资子公司的股权等对应的净资产作为认购非公开发行股份的对价，该交易为非同一控制下的企业合并。该交易完成后，绿橙硅业有限公司将持有科通公司 4% 的股份，对科通公司不具有重大影响。

2019 年 11 月 30 日，中国证券监督管理委员会（以下简称证监会）核准了上述重组事项，双方于 2019 年 12 月 28 日进行了资产交割，科通公司将购买日确定在 2019 年 12 月 31 日。

截至 2019 年 12 月 31 日，绿橙硅业有限公司投入的 2 家子公司全部办妥变更后的企业法人营业执照，股东变更为科通公司。

2019 年 12 月 30 日，双方签订移交资产约定书，约定自 2019 年 12 月 30 日起绿橙硅业有限公司将标的资产交付科通公司，同时，科通公司自 2019 年 12 月 31 日起接收标的资产与负债并向这些子公司派驻了董事、总经理等高级管理人员，对标的资产开始实施控制。

2020 年 1 月，会计师事务所对科通公司截至 2019 年 12 月 31 日的注册资本进行了审验，并出具了验资报告。2020 年 2 月，科通公司本次增发的股份在中国证券登记结算有限责任公司上海分公司办理了股权登记手续。

怎样判断科通公司上述企业合并的购买日？

【解析】非同一控制下的企业合并中，购买日是购买方获得对被购买方控制权的日期。因此在实务操作中，需要结合企业合并合同或协议的约定及其他有关的影响因素，按照实质重于形式的原则进行判断。

本例中，截至 2019 年 12 月 31 日，证监会已核准了上述重组事项，2 家目标公司全部完成了营业执照变更，双方签订了移交资产约定书。购买方已经向被购买方派驻了董事、总经理等高级管理人员，对被购买方开始实施控制。虽然作为合并对价增发的股份在 2020 年 2 月才办理了股权登记手续，但由于企业合并交易在 2019 年已经完成所有的实质性审批程序，且科通公司已经实质上取得了对 2 家目标公司的控制权，因此基于实质重于形式的要求，可以合理判断上述企业合并的购买日为 2019 年 12 月 31 日。

同一控制下的企业合并，虽然被合并方从最终控制方开始实施控制时纳入合并范围，但如果合并日在资产负债表日之前，则可以将被合并方全年的财务报表纳入合并范围。合并日的确定对合并财务报表存在重大影响。

案例 ····▶▶▶

【例 2-7】贝迪公司是一家从事家电产品研发、生产和销售的 A 股上市公司，拟发行股份 5 000 万股自其母公司手中收购科友公司全部股权。

2020 年 3 月，该项交易获得国务院国有资产监督管理委员会（以下简称国资委）及中华人民共和国国家发展和改革委员会（以下简称国家发展改革委）批准。

2020 年 4 月，该项交易经上市公司临时股东大会审议通过。

2020 年 5 月，该项交易获得中华人民共和国商务部（以下简称商务部）批准。

2020 年 12 月 20 日，相关各方收到证监会的批复。

2020 年 12 月 30 日，重组双方签订了资产交割协议，以 2020 年 12 月 31 日作为本次重大资产重组的交割日。科友公司高级管理层主要人员于 2020 年 12 月 31 日变更为由贝迪公司任命。

截至 2020 年财务报告报出日，相关工商变更、登记过户手续尚在办理中，但相关资产权属的变更不存在实质性障碍。

如何判断贝迪公司上述企业合并的合并日？

【解析】该交易为同一控制下的企业合并，截至 2020 年 12 月 31 日，该项交易已经取得了所有必要的审批，重组双方签订了资产交割协议，以 2020 年 12 月 31 日作为本次重大资产重组的交割日，科友公司高级管理层主要人员于 2020 年 12 月 31 日变更为由贝迪公司任命，说明贝迪公司已经开始对科友公司实施控制。

虽然有关财产权属的过户手续尚未办理完毕，但由于权属变更不存在实质性障碍，所以根据实质重于形式的要求，该项企业合并的合并日为 2020 年 12 月 31 日。这也意味着贝迪公司在编制 2020 年合并财务报表时应将科友公司纳入合并范围。

2.1.4 控制的持续评估

控制的评估是持续的，当环境或情况发生变化时，投资方需要评估控制的三项基本要素中的一项或多项是否发生了变化。如果有任何事实或情况表明控制的三项基本要素中的一项或多项发生了变化，投资方应重新评估对被投资方是否具有控制。

（1）如果对被投资方的权力的行使方式发生变化，该变化必须反映在投资方对被投资方权力的评估中。例如，决策机制的变化可能意味着投资方不再通过表决权主导相关活动，而是由协议或者合同等其他安排赋予其他方主导相关活动的现时权利。

（2）某些事件即使不涉及投资方，也可能导致该投资方获得或丧失对被投资方的权力。例如，其他方以前拥有的能阻止投资方控制被投资方的决策权到期失效，则可能使投资方因此而获得权力。

（3）投资方应考虑因其参与被投资方相关活动而承担的可变回报风险敞口的变化带来的影响。例如，如果拥有权力的投资方不再享有可变回报（如与业绩相关的管理费合同到期），则该投资方将由于不满足控制三要素的第二要素而丧失对被投资方的控制。

（4）投资方还应考虑其作为代理人或主要责任人的判断是否发生了变化。投资方与其他方之间整体关系的变化可能意味着原为代理人的投资方不再是代理人；反之亦然。例如，如果投资方或其他方的权利发生了变化，投资方应重新评估其代理人或主要责任人的身份。

投资方有关控制的判断结论，或者初始评估其是主要责任人或代理人的结果，不会仅因为市场情况的变化（如因市场情况的变化导致被投资方的可变回报发生变化）而变化，除非市场情况的变化导致控制三要素的一项或多项发生了变化，或导致主要责任人与代理人之间的关系发生变化。

2.2　合并范围的豁免

合并范围的豁免，主要针对的是投资性主体。本节主要介绍涉及投资性主体时合并范围的确定原则，以及投资性主体的定义、特征和转换等。

2.2.1　涉及投资性主体时合并范围的确定原则

母公司应当将其全部子公司（包括母公司所控制的被投资单位可分割部分、结构化主体）纳入合并范围。如果母公司是投资性主体，则只应将那些为投资性主体的投资活动提供相关服务的子公司纳入合并范围，其他子公司不应予以合并，应按照公允价值计量且其变动计入当期损益。

　　一个投资性主体的母公司如果其本身不是投资性主体，则应当将其控制的全部主体，包括投资性主体以及通过投资性主体间接控制的主体，纳入合并财务报表范围。

案例┈┈▶▶▶

　　【例2-8】科通公司是一家主要从事光伏产品的研发、生产和销售的公司。2020年1月1日，科通公司与龙翔公司共同设立了科龙有限合伙企业，合伙年限为10年。根据合伙协议，科龙有限合伙企业的设立目的是投资于有潜力高速增长的企业以实现资本增值。2020年，科龙有限合伙企业分别获得对甲公司和乙公司80%的权益投资，取得对甲公司和乙公司的控制权。除上述情况外，科龙有限合伙企业不从事其他活动。科龙有限合伙企业以公允价值计量和评价其投资，并向其合伙人提供这些信息。科龙有限合伙企业计划在合伙年限内以直接出售，推动甲、乙公司公开上市后出售上述公司股份等方式处置这些投资。

　　科龙有限合伙企业属于投资性主体，甲公司和乙公司均为家电制造企业，科通公司能够控制科龙有限合伙企业，科通公司与龙翔公司不存在关联方关系。

　　根据上述资料，我们应判断相关合并财务报表的合并范围。

　　【解析】本例中，科龙有限合伙企业属于投资性主体，甲公司和乙公司为家电制造企业，并不属于为科龙有限合伙企业的投资活动提供相关服务的子公司。因此科龙有限合伙企业不应将甲公司和乙公司纳入合并范围，而应按照公允价值计量其对甲公司和乙公司的权益投资，且将这些权益投资公允价值的变动计入当期损益。

　　科通公司作为投资性主体（科龙有限合伙企业）的母公司，主要从事光伏产品的研发、生产和销售，其本身并不是投资性主体，因此科通公司应当将科龙有限合伙企业、甲公司和乙公司纳入合并财务报表范围。

2.2.2 投资性主体的定义

投资性主体是指同时满足以下三个条件的会计主体：①该公司是以向投资方提供投资管理服务为目的，从一个或多个投资者获取资金；②该公司的唯一经营目的，是通过资本增值、投资收益或两者兼有而让投资者获得回报；③该公司按照公允价值对几乎所有投资的业绩进行计量和评价。

投资性主体定义的具体内涵如下。

（1）以向投资方提供投资管理服务为目的。投资性主体的主要活动是向投资者募集资金，且其目的是为这些投资者提供投资管理服务，这是一个投资性主体与其他主体的显著区别。

（2）唯一经营目的是通过资本增值、投资收益或两者兼有而获得回报。投资性主体的经营目的一般可能通过其设立目的、投资管理方式、投资期限、投资退出战略等体现出来。例如，一个基金在募集说明书中可能说明其投资的目的是实现资本增值、一般情况下的投资期限较长、制定了比较清晰的投资退出战略等，这些描述与投资性主体的经营目的是一致的；反之，一个基金的经营目的如果是与被投资方合作开发、生产或者销售某种产品，则说明其不是一个投资性主体。

一般而言，投资性主体的经营目的体现为以下四个方面。

①向投资方或第三方提供投资相关服务。投资性主体为实现其经营目的，可能向投资方或者第三方提供投资咨询、投资管理、投资的日常行政管理及支持等服务，这些服务并不影响该主体符合投资性主体的条件，即使这些服务构成其业务的重要部分，因为这些服务是投资性主体经营的延伸。

②向被投资方提供其他服务和支持。投资性主体可能向被投资方提供管理或战略建议服务，或者贷款或担保等财务方面的支持，当这些活动与其获取资本增值或者投资收益的整体目的一致，且这些活动本身并不构成一项单独的重要收入来源时，该主体的经营目的仍然可能符合投资性主体的经营目的。当投资性主体设立专门为被投资方提供投资咨询、投资管理等服务的子公司时，该投资性主体应该合并这一子公司。

③投资目的及回报方式。投资性主体有时出于多种目的投资于另一个主体，例如，从事高科技产品研发、生产和销售的企业集团，发起设立了一家基金专门投资于一些尚处于研发初期的创新企业以获取资本增值。同时，企业集团与该基

金签订协议，双方约定：如果其中某项高科技产品研发成功，该集团享有优先购买权。这种情况下，该基金的经营目的除了获取资本增值外，还包含了为其企业集团获取新产品开发的渠道，获取资本增值并不是该基金的唯一经营目的，因此，该基金不符合投资性主体的条件。

不符合投资性主体投资目的及回报的情况包括但不仅限于：该主体或其所在企业集团其他成员购买、使用、交换或开发被投资方的流程、资产或技术，该主体与被投资方就开发、生产、销售或提供产品或服务达成合营安排或其他协议，被投资方为该主体的借款提供财务担保或以被投资方的资产作为抵押，该主体的关联方持有的、可从所在集团其他成员处购买该主体持有的被投资方所有者权益的购买选择权，该主体或所在集团其他成员与被投资方的关联方之间的非公允交易，且该交易属于被投资方或该主体经营活动的重大组成部分等。

当主体的投资战略是投资于同一个行业、地区或者市场的多个主体以在被投资方之间形成协同效应时，即使该主体存在上述非公允交易，该主体也不会仅因为被投资方之间的交易而被认定为不符合投资性主体。

④退出战略。投资性主体与非投资性主体的一个区别是投资性主体不打算无限期持有其投资。退出战略明确了其退出投资的时间表，没有退出战略，可能表明其计划无限期地持有相关投资。这是因为权益性投资和非金融资产投资通常是无限期持有。将有期限的债务工具持有至到期，可以视为存在退出战略，因为主体不可能无限期持有这类债务工具。没有退出战略的永续债投资，表明可能该主体计划无限期持有。仅针对违约事项的退出机制不被视为退出战略。

（3）按照公允价值对投资业绩进行计量和评价。投资性主体定义的基本要素之一是以公允价值作为其首要的计量和评价属性，因为相对于合并子公司财务报表或者按照权益法核算对联营企业或合营企业的投资而言，公允价值计量所提供的信息更具有相关性。公允价值计量体现在：在会计准则允许的情况下，在向投资方报告其财务状况和经营成果时应当以公允价值计量其投资；向其关键管理人员提供公允价值信息，以供他们据此评估投资业绩或作出投资决策。但投资性主体没有必要以公允价值计量其固定资产等非投资性资产或其负债。

2.2.3 投资性主体的特征

按照合并财务报表准则的相关规定，某一会计主体属于投资性主体的，通常符合下列所有特征：①拥有一个以上投资；②拥有一个以上投资者；③投资者不是该主体的关联方；④该主体的所有者权益以股权或类似权益存在。

但是，当某一会计主体不完全具备上述四个特征时，仍需要审慎评估，判断是否有确凿证据证明虽然缺少其中一个或几个特征，但该主体仍然符合投资性主体的定义。

1. 拥有一个以上投资

一个投资性主体通常会同时持有多项投资以分散风险、最大化回报，但通过直接或间接持有对另一投资性主体（该主体持有多项投资）的一项投资的主体也可能是投资性主体。当主体刚设立、尚未寻找到多个符合要求的投资项目，或者刚处置了部分投资、尚未进行新的投资，或者该主体正处于清算过程中时，即使主体仅持有一项投资，该主体仍可能是投资性主体。另外，如果某项投资要求较高的最低出资额，单个投资方很难进行如此高额的投资时，可能设立投资性主体用以募集多个投资方的资金进行集中投资。

2. 拥有一个以上投资者

投资性主体通常拥有多个投资者，拥有多个投资者使投资性主体或其所在企业集团中的其他企业获取除资本增值、投资收益外的收益的可能性减小。当主体刚刚设立、正在积极识别合格投资者，或者原持有的权益已经赎回、正在寻找新的投资者，或者处于清算过程中时，即使主体仅拥有一个投资者，该主体仍可能符合投资性主体的定义。还有一些特殊的投资性主体，其投资者只有一个，但其目的是代表或支持一个较大的投资者集合的利益而设立的。例如，某企业设立一个年金基金，其目的是支持该企业职工退休后福利，该基金的投资者虽然只有一个，但却代表了一个较大的投资者集合的利益，其仍然属于投资性主体。

3. 投资者不是该主体的关联方

投资性主体通常拥有若干投资者，这些投资者既不是其关联方，也不是所在企业集团中的其他成员，这一情况使得投资性主体或其所在企业集团中的其他企业获取除资本增值、投资收益外的收益的可能性减小。但是，关联投资者的存在并非表明该主体一定不是投资性主体。例如，某基金的投资方之一可能是该基金的关键管理人员出资设立的企业，其目的是更好地激励基金的关键管理人员，这一安排并不影响该基金符合投资性主体的定义。

4. 该主体的所有者权益以股权或类似权益存在

投资性主体通常是单独的法律主体，但没有要求投资性主体必须是单独的法律主体。但无论其采取何种形式，其所有者权益通常采取股权或者类似权益的形式（如合伙权益），且净资产按照所有者权益比例份额享有。然而，拥有不同类型的投资者，并且其中一些投资者可能仅对某类或某组特定投资拥有权利，或者不同类型的投资者对净资产享有不同比例的分配权的情况，并不说明该主体不是一个投资性主体。

案例 ►►►

【例2-9】科通公司是一家主要从事光伏产品的研发、生产和销售的公司。2019年，科通公司设立了甲高新技术基金（以下简称甲基金），该基金的主要目的是投资于高新技术创业公司而获取资本增值。科通公司持有甲基金80%的权益并控制了该基金。该基金其余20%的权益由其他不具有关联方关系的众多投资者分散持有。

同时，通过相关协议安排，科通公司拥有按公允价值购买甲基金所持有投资的选择权。甲基金没有明确的退出投资的计划。

2019年，甲基金分别取得了乙公司和丙公司80%的权益投资，拥有对乙公司和丙公司的控制权。乙公司是专门从事单晶硅片技术研发的科创公司，丙公司是专门从事单晶光伏电站技术研发的科创公司。

那么甲基金是投资性主体吗？

【解析】本例中，科通公司拥有购买甲基金持有投资的选择权，甲基金所投资的乙公司和丙公司与科通公司处于同一产业链，乙公司和丙公司所开发的资产将使科通公司受益，这样，除资本增值外，甲基金还为科通公司提供了其他利益；此外，甲基金的投资计划不包括作为权益投资的投资退出战略，科通公司拥有的选择权并非由甲基金控制，也不构成退出战略。综上所述，即使甲基金的经营目的是为资本增值而进行投资，并向其投资者提供投资管理服务，甲基金也不是投资性主体。

2.2.4　投资性主体的转换

投资性主体的判断需要持续进行，当有事实和情况表明构成投资性主体定义的三项要素发生变化，或者任何典型特征发生变化时，应当重新评估其是否符合投资性主体。

当母公司由非投资性主体转变为投资性主体时，除仅将为其投资活动提供相关服务的子公司纳入合并财务报表范围编制合并财务报表外，企业自转变日起对其他子公司不应予以合并，其会计处理参照部分处置子公司股权但不丧失控制权的处理原则：终止确认与其他子公司相关资产（包括商誉）及负债的账面价值，以及其他子公司相关少数股东权益（包括属于少数股东的其他综合收益）的账面价值，并按照对该子公司的投资在转变日的公允价值确认一项以公允价值计量且其变动计入当期损益的金融资产，同时将对该子公司的投资在转变日的公允价值作为处置价款，其与当日合并财务报表中该子公司净资产（资产、负债及相关商誉之和，扣除少数股东权益）的账面价值之间的差额，调整资本公积（资本溢价或股本溢价），资本公积不足冲减的，调整留存收益。

当母公司由投资性主体转变为非投资性主体时，应将原未纳入合并财务报表范围的子公司于转变日纳入合并财务报表范围，将转变日视为购买日，原未纳入合并财务报表范围的子公司于转变日的公允价值视为购买的交易对价，按照非同一控制下企业合并的会计处理方法进行会计处理。

第 3 章
长期股权投资

本章导读

本章主要介绍长期股权投资的概念、分类，以及各类长期股权投资的具体核算方法。长期股权投资分为对子公司的投资、对合营企业的投资和对联营企业的投资，其中对子公司的投资与合并财务报表联系紧密。

本章的内容和结构如下。

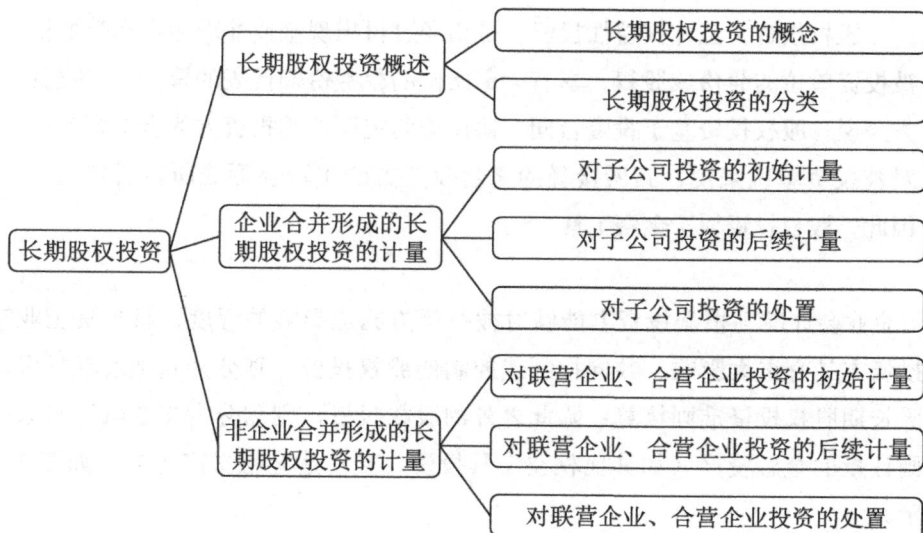

```
长期股权投资 ─┬─ 长期股权投资概述 ─┬─ 长期股权投资的概念
              │                    └─ 长期股权投资的分类
              │
              ├─ 企业合并形成的长 ─┬─ 对子公司投资的初始计量
              │   期股权投资的计量  ├─ 对子公司投资的后续计量
              │                    └─ 对子公司投资的处置
              │
              └─ 非企业合并形成的长 ─┬─ 对联营企业、合营企业投资的初始计量
                  期股权投资的计量    ├─ 对联营企业、合营企业投资的后续计量
                                     └─ 对联营企业、合营企业投资的处置
```

3.1 长期股权投资概述

对被投资方的股权投资，可能作为长期股权投资核算，也可能作为金融资产核算。长期股权投资核算的是对子公司的股权投资、对联营企业或合营企业的股权投资，这两类长期股权投资的核算范围需严格区分。

3.1.1 长期股权投资的概念

长期股权投资，是指投资方对被投资单位实施控制、重大影响的权益性投资，以及对其合营企业的权益性投资。

相关链接

股权投资，又称权益性投资，是指通过付出现金或非现金资产等取得被投资单位的股份或股权，享有一定比例的权益份额代表的资产。对投资方来说，股权投资基于投资合同、协议等约定而形成投资方的金融资产；对被投资单位来说，其所接受的来自投资方的出资会形成所有者权益。因此，股权投资属于金融工具。

企业会计准则根据投资方能够对被投资方施加影响的程度，将投资企业对被投资方具有重大影响、共同控制或控制的股权投资，划分为长期股权投资，按照长期股权投资准则核算；除此之外的股权投资，则划分为按金融工具系列准则计量的金融资产（如其他权益工具投资、交易性金融资产等），如图 3-1 所示。

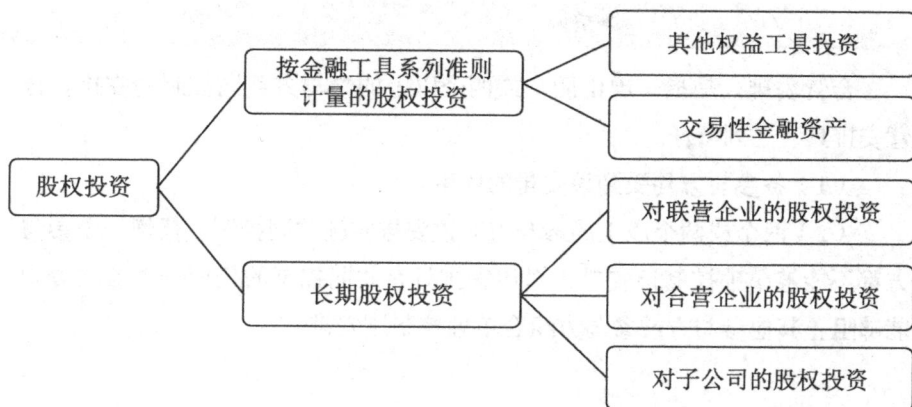

图 3-1　股权投资的分类

3.1.2　长期股权投资的分类

长期股权投资分为对子公司的投资、对合营企业的投资和对联营企业的投资。其中，对子公司的投资一般是通过企业合并方式取得的，对合营企业或联营企业的投资一般是通过非企业合并方式取得的。

1. 对子公司的投资

投资方能够对被投资单位实施控制的权益性投资，即对子公司的投资。

控制，是指投资方拥有对被投资方的权力，通过参与被投资方的相关活动而享有可变回报，并且有能力运用对被投资方的权力影响其回报金额。关于控制和相关活动的理解及具体判断，在"第2章　合并财务报表的合并范围"已详细讲解，此处不赘述。

2. 对合营企业的投资

投资方与其他合营方一同对被投资单位实施共同控制且对被投资单位净资产享有权利的权益性投资，即对合营企业的投资。

共同控制是指按照相关约定对某项安排所共有的控制，并且该安排的相关活动必须经过分享控制权的参与方一致同意后才能决策。

合营企业是共同控制一项安排的参与方仅对该安排的净资产享有权利的合营安排。

合营安排，是指一项由两个或两个以上的参与方共同控制的安排。合营安排具有下列特征。

（1）各参与方均受到该安排的约束。

（2）两个或两个以上的参与方对该安排实施共同控制。任何一个参与方都不能够单独控制该安排，对该安排具有共同控制的任何一个参与方均能够阻止其他参与方或参与方组合单独控制该安排。

3. 对联营企业的投资

投资方对被投资单位具有重大影响的权益性投资，即对联营企业的投资。

重大影响，是指投资方对被投资单位的财务和经营政策有参与决策的权力，但并不能够控制或者与其他方一起共同控制这些政策的制定。实务中，较为常见的重大影响体现为在被投资单位的董事会或类似权力机构中派有代表，通过在被投资单位财务和经营决策制定过程中的发言权实施重大影响。投资方直接或通过子公司间接持有被投资单位 20% 以上但低于 50% 的表决权时，一般认为对被投资单位具有重大影响，除非有明确的证据表明该种情况下不能参与被投资单位的生产经营决策，不形成重大影响。

在确定能否对被投资单位施加重大影响时，一方面应考虑投资方直接或间接持有被投资单位的表决权股份，另一方面还需要考虑投资方及其他方持有的当期可执行潜在表决权在假定转换为对被投资单位的股权后产生的影响，如被投资单位发行的当期可转换的认股权证、股份期权及可转换公司债券等的影响。

通常情况下，企业可以通过以下一种或几种情形来判断是否对被投资单位具有重大影响。

（1）在被投资单位的董事会或类似权力机构中派有代表。在这种情况下，由于在被投资单位的董事会或类似权力机构中派有代表，并相应享有实质性的参与决策权，投资方可以通过该代表参与被投资单位财务和经营政策的制定，达到对被投资单位施加重大影响的目的。

（2）参与被投资单位财务和经营政策制定过程。在这种情况下，在制定政策过程中可以为其自身利益提出建议和意见，从而可以对被投资单位施加重大影响。

（3）与被投资单位之间发生重要交易。有关的交易因对被投资单位的日常经营具有重要性，进而在一定程度上可以影响到被投资单位的生产经营决策。

（4）向被投资单位派出管理人员。在这种情况下，管理人员有权利主导被投资单位的相关活动，从而能够对被投资单位施加重大影响。

（5）向被投资单位提供关键技术资料。因被投资单位的生产经营需要依赖投资方的技术或技术资料，表明投资方对被投资单位具有重大影响。

存在上述一种或多种情形并不意味着投资方一定对被投资单位具有重大影响，企业需要综合考虑所有事实和情况来做出恰当的判断。

3.2　企业合并形成的长期股权投资的计量

企业合并形成的股权投资即是对子公司的长期股权投资，本节主要介绍该类长期股权投资在个别财务报表中的初始计量、后续计量及其处置等，对子公司的长期股权投资应采用成本法核算。本节所介绍的内容与合并财务报表调整、抵销分录的编制密切相关。

3.2.1　对子公司投资的初始计量

按照企业合并方式的不同，对子公司投资可具体分为同一控制下控股合并形成的对子公司投资与非同一控制下控股合并形成的对子公司投资两种情形。

1. 同一控制下控股合并形成的对子公司长期股权投资

参与合并的企业在合并前后均受同一方或相同的多方最终控制且该控制是非暂时性的，即为同一控制下的企业合并。

对于同一控制下的企业合并，在合并日取得对其他参与合并企业控制权的一方为合并方，参与合并的其他企业为被合并方。合并日，是指合并方实际取得对被合并方控制权的日期。

（1）长期股权投资的初始投资成本的确定。

对于同一控制下企业合并形成的长期股权投资，合并方以支付现金、转让非现金资产或承担债务方式作为合并对价的，应当在合并日按照被合并方所有者权益在最终控制方合并财务报表中的账面价值的份额作为长期股权投资的初始投资成本。长期股权投资初始投资成本与支付的现金、转让的非现金资产以及所承担债务账面价值之间的差额，应当调整资本公积（资本溢价或股本溢价）；资本公积（资本溢价或股本溢价）不足冲减的，调整留存收益（即依次冲减盈余公积和未分配利润）。

合并方以发行权益性工具作为合并对价的，应按发行股份的面值总额作为股本，长期股权投资的初始投资成本与所发行股份面值总额之间的差额，应当调整资本公积（资本溢价或股本溢价）；资本公积（资本溢价或股本溢价）不足冲减的，依次冲减盈余公积和未分配利润。

（2）初始投资成本中包含的已宣告但尚未发放现金股利或利润的处理。

取得投资时，对于支付的对价中包含的应享有被投资单位已经宣告但尚未发放的现金股利或利润，应确认为应收项目，不构成取得长期股权投资的初始投资成本。

相关链接

无论以何种方式取得长期股权投资，投资企业所付对价中包含的应享有被投资单位已经宣告但尚未发放的现金股利或利润，都应当确认为应收项目，不构成取得长期股权投资的初始投资成本。

（3）合并方发生的中介费用、交易费用的处理。

合并方为企业合并发生的审计、法律服务、评估咨询等中介费用以及其他相关管理费用，于发生时计入当期损益（管理费用）。与发行权益性工具作为合并对价直接相关的交易费用，应当冲减资本公积（资本溢价或股本溢价）；资本公积（资本溢价或股本溢价）不足冲减的，依次冲减盈余公积和未分配利润。与发行债务性工具作为合并对价直接相关的交易费用，应当计入债务性工具的初始确认金额。

案例 ·····▶▶▶

【例3-1】甲公司和乙公司均是丙公司的子公司。2×20年1月1日，甲公司以银行存款500万元和一项固定资产作为对价自丙公司处取得乙公司60%有表决权的股份。相关手续已于当日办妥，甲公司取得了对乙公司的控制权。

甲公司所付出的固定资产在合并日的账面价值为2 000万元（成本为8 000万元，已累计折旧为6 000万元），公允价值为3 000万元，该项固定资产适用的增值税税率为13%。

2×20年1月1日，乙公司个别财务报表中所有者权益的账面价值为5 000万元，公允价值为6 500万元；丙公司合并财务报表中的乙公司净资产账面价值为5 000万元，丙公司合并财务报表中确认的商誉为零。

在该项企业合并过程中，甲公司另发生审计、法律服务、评估咨询等中介费用80万元。

假定不考虑其他因素。

由于甲、乙公司在本次企业合并前后均受丙公司最终控制，所以甲公司合并乙公司属于同一控制下的企业合并。甲公司的账务处理如下。

借：固定资产清理 　　　　　　　　　　　　　　　　　　　　2 000

　　累计折旧 　　　　　　　　　　　　　　　　　　　　　　6 000

　　　贷：固定资产 　　　　　　　　　　　　　　　　　　　　　8 000

借：长期股权投资 　　　　　　　　　　　　　（5 000×60%）3 000

　　　贷：银行存款 　　　　　　　　　　　　　　　　　　　　　　500

　　　　　固定资产清理 　　　　　　　　　　　　　　　　　　　2 000

　　　　　应交税费——应交增值税（销项税额） 　　　　　　　　390

　　　　　资本公积——股本溢价 　　　　　　　　　　　　　　　110

借：管理费用 　　　　　　　　　　　　　　　　　　　　　　　80

　　　贷：银行存款 　　　　　　　　　　　　　　　　　　　　　　80

（4）同一控制下多次交易分步实现企业合并的会计处理。

企业通过多次交易分步取得同一控制下被投资单位的股权，最终形成企业合并的，应当判断多次交易是否属于"一揽子交易"。属于"一揽子交易"的，合并方应当将各项交易作为一项取得控制权的交易进行会计处理。不属于"一揽子交易"的，合并方应在取得控制权日，按照以下步骤进行会计处理。

①确定同一控制下企业合并形成的长期股权投资的初始投资成本。在合并日，根据合并后应享有被合并方净资产在最终控制方合并财务报表中的账面价值的份额，确定长期股权投资的初始投资成本。

②长期股权投资初始投资成本与合并对价账面价值之间的差额的处理。按合并日长期股权投资的初始投资成本，与达到合并前的长期股权投资账面价值加上合并日进一步取得股份新支付对价的账面价值之和的差额，调整资本公积（资本溢价或股本溢价）；资本公积不足冲减的，冲减留存收益。

③合并日之前持有的股权投资，因采用权益法核算或按照金融工具确认和计量准则核算而确认的其他综合收益，暂不进行会计处理，处置该项投资时，采用与被投资单位直接处置相关资产或负债相同的基础进行会计处理；因采用权益法核算而确认的被投资单位净资产中除净损益、其他综合收益和利润分配以外的所有者权益的其他变动，暂不进行会计处理，处置该项投资时，转入当期损益。其中，处置后的剩余股权采用成本法或权益法核算的，其他综合收益和其他所有者权益应按比例结转；处置后的剩余股权改按金融工具确认和计量准则进行会计处理的，其他综合收益和其他所有者权益应全部结转。

| 案例 ····▶▶▶ |

【例3-2】甲公司和乙公司均是丙公司的子公司。甲公司的部分投资业务如下。

2×18年1月1日，甲公司以银行存款2 000万元自母公司丙公司处取得乙公司10%的股份。取得上述股权后，甲公司不能够对乙公司施加重大影响。甲公司拟长期持有该项股权投资以获取稳定分红，因此将其指定为以公允价值计量且其变动计入其他综合收益的金融资产。

2×18年12月31日，该项股权投资的公允价值为4 500万元。

2×19年7月1日，甲公司以定向增发4 000万股普通股（每股面值为1元，每股公允价值为5元）的方式购买丙公司所持有的乙公司50%的股权，相关手续于当日办理完成。甲公司增持乙公司股权后，能够对乙公司实施控制。当日，乙公司在最终控制方丙公司合并财务报表中的净资产的账面价值为30 000万元。

假定上述交易不属于"一揽子交易"，不考虑相关税费等其他因素影响。

甲公司的账务处理如下。

（1）2×18年1月1日。

借：其他权益工具投资   2 000

  贷：银行存款   2 000

（2）2×18 年 12 月 31 日。

借：其他权益工具投资   2 500

      贷：其他综合收益   2 500

（3）合并日，甲公司该项长期股权投资的入账价值 =30 000×60%=18 000（万元）。

借：长期股权投资   18 000

      贷：其他权益工具投资   4 500

          股本   4 000

          资本公积——股本溢价   9 500

2. 非同一控制下控股合并形成的对子公司长期股权投资

参与合并的各方在合并前后不受同一方或相同的多方最终控制的，为非同一控制下的企业合并。

非同一控制下的企业合并，在购买日取得对其他参与合并企业控制权的一方为购买方，参与合并的其他企业为被购买方。购买日，是指购买方实际取得对被购买方控制权的日期。

（1）长期股权投资的初始投资成本的确定。

非同一控制下的控股合并中，购买方应当以企业合并成本作为长期股权投资的初始投资成本。企业合并成本包括购买方付出的资产、发生或承担的负债、发行的权益性工具或债务性工具的公允价值之和。

购买方为企业合并发生的审计、法律服务、评估咨询等中介费用，应当于发生时计入当期损益（管理费用）。

购买方作为合并对价发行权益性工具或债务性工具时产生的交易费用，应当计入权益性工具或债务性工具的初始确认金额。

购买方付出资产公允价值与账面价值的差额应区分不同情况进行处理。

①合并对价为固定资产、无形资产的，公允价值与账面价值的差额，计入资产处置损益。

②合并对价为长期股权投资或金融资产的，公允价值与账面价值的差额，计入投资收益。

③合并对价为存货的，应当作为销售处理，以其公允价值确认收入，同时结

转相应的成本。

④合并对价为投资性房地产的，以其公允价值确认其他业务收入，同时结转其他业务成本。

（2）企业合并成本与合并中取得的被购买方可辨认净资产公允价值份额差额的处理。

①企业合并成本大于合并中取得的被购买方可辨认净资产公允价值份额的差额，属于合并商誉。该合并商誉在购买方个别财务报表中无需确认，但在购买方编制的合并财务报表中应列示为商誉。

②企业合并成本小于合并中取得的被购买方可辨认净资产公允价值份额的部分，在购买方个别财务报表中不需确认，但在购买方合并财务报表中应计入合并当期损益（营业外收入）。

| 案例 ····▶▶▶

【例3-3】2×20年6月30日，甲公司自乙公司的控股股东丙公司处取得乙公司80%的股权。当日，参与该项企业合并的相关各方均已办理了必要的财产权交接手续。甲公司自当日起能够控制乙公司的财务和经营政策。

甲公司作为合并对价支付给丙公司的资产的相关资料如下。

其他债权投资，账面价值为2 000万元（其中成本为1 800万元，公允价值变动为200万元），公允价值为2 400万元。

固定资产（机器设备），原价为6 000万元，已计提累计折旧2 000万元，公允价值为5 000万元，适用的增值税税率为13%。

库存商品，账面价值为2 000万元，公允价值为3 000万元，适用的增值税税率为13%。

购买日，乙公司可辨认净资产的账面价值为13 000万元，可辨认净资产的公允价值为14 000万元。甲公司为该项企业合并共发生审计评估咨询费用330万元。

其他资料：甲公司为增值税一般纳税人；甲公司与丙公司在交易前不存在任何关联方关系；甲公司与乙公司采用的会计政策相同，不考虑所得税影响。

甲公司与丙公司在此项交易发生前不存在关联方关系，因此该项企业合并属于非同一控制下的企业合并。甲公司的会计处理如下。

（1）合并成本=2 400+（5 000+3 000）×（1+13%）=11 440（万元）。

（2）购买日合并商誉 =11 440 -14 000×80%=240（万元）。

（3）相关会计分录如下。

借：固定资产清理 4 000

累计折旧 2 000

　　贷：固定资产 6 000

借：长期股权投资——投资成本 11 440

其他综合收益 200

　　贷：其他债权投资——成本 1 800

　　　　　　　　　——公允价值变动 200

　　投资收益 600

　　固定资产清理 4 000

　　资产处置损益 1 000

　　主营业务收入 3 000

　　应交税费——应交增值税（销项税额） 1 040

借：主营业务成本 2 000

　　贷：库存商品 2 000

借：管理费用 330

　　贷：银行存款 330

（3）非同一控制下多次交易分步实现企业合并的会计处理。

非同一控制下多次交易分步实现企业合并，是指投资方原持有的对被投资单位不具有控制、共同控制或重大影响的按照金融工具确认和计量准则进行会计处理的权益性投资，或者原持有对联营企业、合营企业的长期股权投资，因追加投资等原因，能够对被投资单位实施控制的，即通过多次交换交易，分步取得股权并最终形成非同一控制下的企业合并。简而言之，非同一控制下多次交易分步实现企业合并包括公允价值计量转为成本法和权益法转为成本法两种情形。

①公允价值计量转为成本法的核算。

非同一控制下，原作为金融资产核算的股权投资转换为采用成本法核算的对子公司投资的，应当将按照原股权投资的公允价值加上新增投资成本（公允价值）

之和，作为改按成本法核算的初始投资成本。

对于原股权投资在转换日的公允价值与账面价值之间的差额，以及原股权投资在转换前的累计公允价值变动应区分如下情况分别进行处理。

a. 原股权投资为以公允价值计量且其变动计入当期损益的金融资产的，应当将其在转换日的公允价值与账面价值之间的差额计入投资收益，同时将转换前因累计公允价值变动而确认的公允价值变动损益转入投资收益。

b. 原股权投资为指定为以公允价值计量且其变动计入其他综合收益的非交易性权益工具投资的，应当将其在转换日的公允价值与账面价值之间的差额计入留存收益，同时将转换前因公允价值变动而确认的其他综合收益转入留存收益。

相关链接

按照金融工具系列准则的相关规定，股权投资一般不符合本金加利息的合同现金流量特征，因此股权投资如不属于长期股权投资，则一般应当分类为以公允价值计量且其变动计入当期损益的金融资产；如果该股权投资属于非交易性权益工具投资且不属于长期股权投资的核算范围，则企业应在初始确认时将其指定为以公允价值计量且其变动计入其他综合收益的金融资产，该指定一经作出，不得撤销。

企业持有的以公允价值计量且其变动计入当期损益的金融资产应通过"交易性金融资产"科目核算。该类金融资产在持有期间所发生的公允价值变动，应计入公允价值变动损益。

处置交易性金融资产时，应将处置时的售价（或公允价值）与账面价值的差额计入投资收益。

企业指定为以公允价值计量且其变动计入其他综合收益的非交易性权益工具投资应通过"其他权益工具投资"科目核算。该类金融资产在持有期间所发生的公允价值变动，应计入其他综合收益。

企业处置其他权益工具投资时，应将处置时的售价（或公允价值）与账面价值的差额计入留存收益（盈余公积和未分配利润），同时将持有期间确认的其他综合收益转入留存收益（盈余公积和未分配利润）。

案例 ·····▶▶▶

【例3-4】甲公司在2×18年至2×19年的部分投资业务如下。

2×18年1月1日，甲公司以银行存款2 000万元自丙公司处取得乙公司10%的股份。取得上述股权后，甲公司不能够对乙公司施加重大影响。甲公司拟长期持有该项股权投资以获取稳定分红，因此将其指定为以公允价值计量且其变动计入其他综合收益的金融资产。

2×18年12月31日，该项股权投资的公允价值为4 500万元。

2×19年7月1日，甲公司以定向增发4 000万股普通股（每股面值为1元，每股公允价值为6.25元）的方式购买丙公司所持有的乙公司50%的股权，相关手续于当日办理完成。甲公司增持乙公司股权后，能够对乙公司实施控制。

2×19年7月1日，乙公司可辨认净资产账面价值为30 000万元，公允价值为40 000万元。甲公司原持有乙公司10%股权投资在2×19年7月1日的公允价值为5 000万元。

假定上述交易不属于"一揽子交易"，甲公司和丙公司不存在关联方关系，不考虑相关税费等其他因素影响，各方均按净利润的10%计量盈余公积。

甲公司的账务处理如下。

（1）2×18年1月1日。

借：其他权益工具投资　　　　　　　　　　　　　　　　2 000
　　贷：银行存款　　　　　　　　　　　　　　　　　　　　　　2 000

（2）2×18年12月31日。

借：其他权益工具投资　　　　　　　　　　　　　　　　2 500
　　贷：其他综合收益　　　　　　　　　　　　　　　　　　　　2 500

（3）合并日，甲公司该项长期股权投资的入账价值=4 000×6.25+5 000=30 000（万元）。

借：长期股权投资　　　　　　　　　　　　　　　　　30 000
　　其他综合收益　　　　　　　　　　　　　　　　　　2 500
　　贷：其他权益工具投资　　　　　　　　　　　　　　　　　4 500
　　　　盈余公积　　　　　　　　　　　　　　　　　　　　　　300
　　　　利润分配——未分配利润　　　　　　　　　　　　　　2 700

| 股本 | 4 000 |
| 资本公积——股本溢价 | 21 000 |

②权益法转为成本法的核算。

非同一控制下，因投资企业追加投资等原因导致对联营企业或合营企业的投资转变为对子公司投资的，应当将原持有的股权投资账面价值加上新增投资成本之和，作为改按成本法核算的初始投资成本。

原股权投资采用权益法核算期间所确认的相关其他综合收益应当在处置该项投资时，采用与被投资单位直接处置相关资产或负债相同的基础进行会计处理。被投资方除因净损益、其他综合收益和利润分配以外的其他所有者权益变动而确认的所有者权益（资本公积），应当在处置该项投资时相应转入处置期间的当期损益。

案例 ·····▶▶▶

【例3-5】甲公司在2×18年至2×19年与股权投资有关的业务资料如下。

2×18年1月5日，甲公司以银行存款8 000万元自丙公司处取得乙公司20%的股权。取得这部分股权投资后，甲公司对乙公司具有重大影响。当日，乙公司的所有者权益账面价值与可辨认净资产公允价值均为45 000万元。

乙公司在2×18年共实现净利润10 000万元；因持有的金融资产公允价值变动而确认其他综合收益2500万元。2×18年年末，该项股权投资的公允价值为13 000万元。

2×19年2月8日，甲公司又以银行存款45 000万元作为对价自丁公司处取得乙公司60%的股权，相关手续于当日办理完成。取得这部分股权后，按照乙公司章程的规定，甲公司能够对乙公司实施控制。在此之前，甲公司与乙公司不受同一方或相同多方控制。

当日，乙公司可辨认净资产公允价值总额为80 000万元。甲公司原持有乙公司20%的股权投资在增资日的公允价值为30 000万元。

不考虑其他因素，则甲公司的相关会计处理如下。

（1）2×18年1月5日。

| 借：长期股权投资——投资成本 | 8 000 |
| 　　贷：银行存款 | 8 000 |

（2）2×18 年 12 月 31 日。

借：长期股权投资——损益调整 （10 000×20%）2 000

　　贷：投资收益 2 000

借：长期股权投资——其他综合收益 （2 500×20%）500

　　贷：其他综合收益 500

（3）2×19 年 2 月 8 日。

初始投资成本 =10 500+45 000=55 500（万元）。

借：长期股权投资 55 500

　　贷：长期股权投资——投资成本 8 000

　　　　　　　　　　——损益调整 2 000

　　　　　　　　　　——其他综合收益 500

　　　　银行存款 45 000

3.2.2　对子公司投资的后续计量

投资企业持有的对子公司的投资一般应当采用成本法进行后续计量。

采用成本法核算的长期股权投资，被投资单位宣告分派现金股利或利润的，投资方应按享有的份额确认为投资收益。

案例 ▶▶▶▶

【例 3-6】2×20 年 1 月，A 公司以银行存款 1 000 万元自非关联方处取得 B 公司 60% 的股权，相关手续于当日完成。取得上述股权投资后，A 公司能够对 B 公司实施控制。

2×20 年 3 月，B 公司宣告分派现金股利 100 万元。

不考虑其他因素，A 公司的相关会计处理如下。

借：长期股权投资 1 000

　　贷：银行存款 1 000

借：应收股利 60

　　贷：投资收益 60

应当说明的是，企业按照上述规定确认自被投资单位应分得的现金股利或利润后，应当考虑长期股权投资是否发生减值。在判断该类长期股权投资是否存在减值迹象时，应当关注长期股权投资的账面价值是否大于享有被投资单位净资产（包括相关商誉）账面价值的份额等类似情况。出现类似情况时，企业应当按照资产减值准则对长期股权投资进行减值测试，可收回金额低于长期股权投资账面价值的，应当计提减值准备。

相关链接

长期股权投资的减值测试适用资产减值准则。按照资产减值准则的规定，对长期股权投资进行减值测试时，应比较其账面价值与可收回金额，前者大于后者的，说明该长期股权投资发生了减值。

可收回金额，是指"公允价值减处置费用后的净额"与"未来现金流量现值"两者中的较高者。

3.2.3 对子公司投资的处置

企业处置对子公司的长期股权投资的情形包括两种：一种是一次性全部处置对子公司投资，另一种是部分处置对子公司投资并丧失控制权。

1. 一次性全部处置对子公司投资

企业处置对子公司的长期股权投资时，应相应结转与所售股权相对应的长期股权投资的账面价值，出售所得价款与处置长期股权投资账面价值之间的差额，应确认为投资收益。

2. 部分处置对子公司投资并丧失控制权

（1）部分处置对子公司投资而由成本法转权益法。

母公司因部分处置对子公司投资而由成本法转权益法而导致其对被投资单位（原子公司）的影响能力下降，由控制转为具有重大影响或共同控制的，在投资企业（原母公司）的个别财务报表中：一方面应当按照处置比例结转应终止确认的那部分长期股权投资的成本，按照售价与所结转的长期股权投资成本的差额，确认投资收益；另一方面应当将剩余的长期股权投资由采用成本法核算转为采用权益法核算，即按权益法对剩余的长期股权投资进行追溯调整。

具体而言，在按权益法对剩余的长期股权投资进行追溯调整时，应按如下步骤进行。

①比较剩余的长期股权投资的初始投资成本与按照剩余持股比例计算原投资时应享有被投资单位可辨认净资产公允价值的份额。如果剩余的长期股权投资的初始投资成本大于按照剩余持股比例计算原投资时应享有被投资单位可辨认净资产公允价值的份额，则属于投资作价中体现的商誉，不需要调整长期股权投资的账面价值；如果剩余的长期股权投资的初始投资成本小于按照剩余持股比例计算原投资时应享有被投资单位可辨认净资产公允价值的份额，则应按差额调增长期股权投资，同时计入留存收益，即投资企业应编制如下调整分录。

借：长期股权投资——投资成本

　　贷：盈余公积

　　　　利润分配——未分配利润

②对于原取得投资后至转变为权益法核算之间被投资单位实现的净损益中应享有的份额，企业应调整长期股权投资的账面价值；同时对于原取得投资时至处置投资当期期初被投资单位实现的净损益（扣除已发放及已宣告发放的现金股利及利润）中应享有的份额，调整留存收益；对于处置投资当期期初至处置投资之日被投资单位实现的净损益中应享有的份额，调整当期损益。即投资企业应编制如下调整分录。

借：长期股权投资——损益调整

　　贷：投资收益

　　　　盈余公积

　　　　利润分配——未分配利润

③对于原取得投资后至转变为权益法核算之间被投资单位宣告分配的现金股利，投资企业一方面应调减长期股权投资，另一方面应调整投资收益（处置投资当期期初至处置投资之日被投资单位宣告发放）或留存收益（原取得投资时至处置投资当期期初被投资单位宣告发放）。即投资企业应编制如下调整分录。

借：投资收益

　　盈余公积

　　利润分配——未分配利润

　　贷：长期股权投资——损益调整

原子公司宣告发放现金股利时，投资单位的会计处理如下。

借：应收股利

    贷：投资收益

而当采用权益法核算的时候，被投资单位宣告发放现金股利的会计处理如下。

借：应收股利

    贷：长期股权投资——损益调整

所以将成本法转为权益法核算的时候，需要将第一笔分录调整为第二笔分录，处理如下。

借：盈余公积

    利润分配——未分配利润

    贷：长期股权投资——损益调整

此处用留存收益代替投资收益。

④其他原因导致被投资单位所有者权益变动中应享有的份额，在调整长期股权投资账面价值的同时，应当记入"其他综合收益"科目或"资本公积——其他资本公积"科目。即因被投资单位的其他综合收益税后净额发生变动时，投资企业应编制如下调整分录。

借：长期股权投资——其他综合收益

    贷：其他综合收益

或编制相反分录。

因被投资单位除实现净损益、分配现金股利、其他综合收益税后净额等原因以外的其他权益发生变动时，投资企业应编制如下调整分录。

借：长期股权投资——资本公积

    贷：资本公积——其他资本公积

或编制相反分录。

【例3-7】甲公司对乙公司投资有关业务如下。

2020年1月2日，甲公司对乙公司投资，取得乙公司80%的股权，取得成本为4 000万元，乙公司可辨认净资产公允价值总额为6 000万元（假定公允价值与账面价值相同）。甲公司和乙公司在交易前不存在关联方关系。

2020年2月2日，乙公司宣告并派发2019年现金股利250万元，2020年乙公司实现净利润500万元，乙公司因持有其他债权投资导致其他综合收益净增加100万元。

2021年4月1日，甲公司将乙公司40%的股权出售给某企业，取得价款3 000万元。在出售40%的股权后，甲公司对乙公司的持股比例变为40%，无法再对乙公司实施控制，但仍对乙公司具有重大影响。

2021年1月1日至2021年3月31日，乙公司共实现净利润200万元，除此之外，未发生其他权益变动。

假定甲公司按净利润的10%提取盈余公积。假定甲公司处置对乙公司的股权投资不属于"一揽子交易"。

本例中，甲公司处置部分对乙公司的股权投资后，丧失了对乙公司的控制，但仍对乙公司具有重大影响，所以甲公司对乙公司长期股权投资应由成本法改为按照权益法核算。甲公司在2021年4月1日应做的相关会计处理如下。

（1）对于处置的部分对乙公司的长期股权投资，甲公司需确认的长期股权投资处置损益＝3 000-4 000×40%÷80%＝1 000（万元）。

借：银行存款   3 000

 贷：长期股权投资——投资成本 （4 000×40%÷80%）2 000

  投资收益   1 000

（2）剩余长期股权投资的初始投资成本为2 000万元，小于原投资时应享有被投资单位可辨认净资产公允价值份额2 400万元（6 000×40%），对于上述两者之间的差额400万元，甲公司在按权益法进行追溯调整时需调增长期股权投资，同时调整留存收益。

借：长期股权投资——投资成本   400

 贷：盈余公积   （400×10%）40

  利润分配——未分配利润   （400×90%）360

（3）对于 2020 年 2 月 2 日乙公司宣告并派发 2019 年现金股利 250 万元，甲公司在按权益法进行追溯调整时需调减长期股权投资原账面价值，同时冲减留存收益。

借：盈余公积　　　　　　　　　　　　　　　（100×10%）10
　　利润分配——未分配利润　　　　　　　　　（100×90%）90
　　　贷：长期股权投资——损益调整　　　　　　（250×40%）100

（4）对于 2020 年乙公司实现的净利润 500 万元，甲公司在按权益法进行追溯调整时需要调增长期股权投资账面价值，同时计入留存收益。

借：长期股权投资——损益调整　　　　　　　　（500×40%）200
　　　贷：盈余公积　　　　　　　　　　　　　（200×10%）20
　　　　　利润分配——未分配利润　　　　　　　（200×90%）180

对于 2021 年 1 月 1 日至 2021 年 3 月 31 日乙公司实现的净利润 200 万元，甲公司在按权益法进行追溯调整时需要调增长期股权投资账面价值，同时计入投资收益。

借：长期股权投资——损益调整　　　　　　　　（200×40%）80
　　　贷：投资收益　　　　　　　　　　　　　　　　　　80

（5）2020 年乙公司因持有其他债权投资导致其他综合收益增加 100 万元，甲公司应按照剩余持股比例调整长期股权投资账面价值，同时确认其他综合收益。

借：长期股权投资——其他综合收益　　　　　　（100×40%）40
　　　贷：其他综合收益　　　　　　　　　　　　　　　　40

（2）部分处置对子公司投资而由成本法转为以公允价值计量的金融资产。

投资企业原持有被投资单位的股份使得其能够对被投资单位实施控制，其后因部分处置等原因导致持股比例下降，不能再对被投资单位实施控制，且对被投资单位不再具有共同控制能力或重大影响的：一方面应当按照售价与所处置的那部分长期股权投资的差额确认投资收益；另一方面应将剩余股权改按金融工具确认和计量准则的要求进行会计处理，并于丧失控制权日将剩余股权按公允价值重新计量，公允价值与其账面价值的差额计入当期损益。相关会计分录如下。

借：银行存款等
　　贷：长期股权投资
　　　　投资收益（或在借方）

借：交易性金融资产 / 其他权益工具投资

    贷：长期股权投资

        投资收益（或在借方）

案例 ⋯⋯▶▶▶

【例 3-8】2019 年 1 月 1 日，甲公司通过非同一控制下的企业合并方式，取得乙公司 60% 股权，所付对价为 600 万元。取得这部分股权投资后，甲公司能对乙公司实施控制。甲公司对该项长期股权投资采用成本法核算。

2020 年 5 月 12 日，甲公司向非关联方出售所持的对乙公司长期股权投资的90%，所得价款为 900 万元。处置这部分股权投资后，甲公司丧失对乙公司的控制权，且无法对乙公司实施共同控制，对乙公司不具有重大影响。剩余股权投资在丧失控制权日的公允价值为 100 万元，甲公司将其分类为以公允价值计量且其变动计入当期损益的金融资产。假定不考虑其他因素。

本例中，甲公司于丧失控制权日的会计处理如下。

（1）出售股权。

借：银行存款   900

    贷：长期股权投资   540

        投资收益   360

（2）剩余股权的处理。

借：交易性金融资产   100

    贷：长期股权投资   60

        投资收益   40

3.3　非企业合并形成的长期股权投资的计量

非企业合并形成的长期股权投资，是指对联营企业、合营企业投资，应采用权益法进行后续计量。在编制合并财务报表时需要将对子公司的长期股权投资按权益法进行调整，因此权益法的核算原则也与合并财务报表的编制密切相关。

3.3.1 对联营企业、合营企业投资的初始计量

1. 通过支付各类对价一次性取得对联营企业、合营企业投资

通过企业合并以外的其他方式取得的长期股权投资（对联营企业、合营企业的投资），企业在确定取得时的初始投资成本时应遵循以下规定。

（1）以支付现金取得的长期股权投资，应当按照实际支付的购买价款作为长期股权投资的初始投资成本，包括与取得长期股权投资直接相关的费用、税金及其他必要支出。实际支付的价款或对价中包含的已宣告但尚未发放的现金股利或利润，应作为应收项目处理。

（2）以发行权益性证券方式取得的长期股权投资，以所发行权益性证券的公允价值作为长期股权投资的初始投资成本。为发行权益性证券支付给有关证券承销机构等的手续费、佣金等，应自权益性证券的溢价发行收入中扣除，溢价收入不足的，应冲减盈余公积和未分配利润。实际支付的价款或对价中包含的已宣告但尚未发放的现金股利或利润，应作为应收项目处理。

（3）投资者投入的长期股权投资，应当按照投资合同或协议约定的价值作为初始投资成本，但合同或协议约定价值不公允的除外。

投资者投入的长期股权投资，是指投资者将其持有的对第三方的投资作为出资投入企业形成的长期股权投资。接受投资的企业在确定所取得的长期股权投资的成本时，原则上应将投资各方在投资合同或协议中约定的价值作为其初始成本。但如果投资各方在投资合同或协议中约定的价值明显高于或低于该项投资公允价值的，应以公允价值作为长期股权投资的初始投资成本。

案例 ····▶▶▶

【例3-9】2×18年3月1日，甲公司以银行存款3 000万元作为对价自丙公司处取得乙公司20%的股权，对乙公司具有重大影响。为取得该项长期股权投资，甲公司支付了直接相关费用10万元。当日，乙公司的可辨认净资产公允价值为10 000万元。

不考虑其他因素，甲公司的相关账务处理如下。

借：长期股权投资　　　　　　　　　　　　　　　　　　3 010

　　贷：银行存款　　　　　　　　　　　　　　　　　　　3 010

2. 因增加投资而由金融资产转为对联营企业、合营企业投资

按照现行企业会计准则的规定，投资企业持有被投资单位股权且对被投资单位不具有控制、共同控制或重大影响的，应当按照《企业会计准则第 22 号——金融工具确认和计量》等准则的有关规定，将该项股权投资划分为以公允价值计量且其变动计入当期损益的金融资产或指定为以公允价值计量且其变动计入其他综合收益的金融资产（非交易性权益工具投资）。在后续期间，如果因投资企业追加投资而导致投资企业对被投资方具有重大影响或能够和其他投资方对被投资方实施共同控制的，则投资企业应当将原持有的分类为以公允价值计量且其变动计入当期损益的金融资产，或被指定为以公允价值计量且其变动计入其他综合收益的非交易性权益工具投资转变为对联营企业或合营企业的长期股权投资。

在转换日，投资企业应按照原股权的公允价值加上为取得新增投资而应支付对价的公允价值，作为改按权益法核算的初始投资成本；如原投资属于以公允价值计量且其变动计入当期损益的金融资产，则应将原投资在增资日的公允价值与其原账面价值的差额计入投资收益；如原投资属于被指定为以公允价值计量且其变动计入其他综合收益的非交易性权益工具投资，则应将原投资在增资日的公允价值与其原账面价值的差额计入改按权益法核算当期的留存收益（盈余公积和未分配利润），不得计入当期损益，同时将与其相关的原计入其他综合收益的累计公允价值变动转入改按权益法核算当期的留存收益，不得计入当期损益。在此基础上，比较长期股权投资的初始投资成本与获得被投资单位共同控制或重大影响时应享有被投资单位可辨认净资产公允价值份额之间的差额，前者大于后者的，不调整长期股权投资的账面价值；前者小于后者的，调整长期股权投资的账面价值，并计入当期营业外收入。相关会计分录如下。

借：长期股权投资——投资成本

　　贷：交易性金融资产

　　　　投资收益（原股权投资在增资日的公允价值与其原账面价值的差额，或在借方）

　　　　银行存款等（追加投资所付出的对价）

或者：

借：长期股权投资——投资成本

　　贷：其他权益工具投资

盈余公积（或在借方）

利润分配——未分配利润（或在借方）

银行存款等（追加投资所付出的对价）

注："盈余公积"科目的金额＝原股权投资在增资日的公允价值与其原账面价值的差额 × 盈余公积计提比例。

"利润分配——未分配利润"科目的金额＝原股权投资在增资日的公允价值与其原账面价值的差额 ×（1- 盈余公积计提比例）。

案例 ▶▶▶

【例 3-10】2020 年 1 月 1 日，甲公司以银行存款 900 万元作为对价自丙公司处取得乙公司 10% 的股权。取得这部分股权投资后，甲公司对乙公司不具有控制、共同控制和重大影响。甲公司取得这部分股权投资后拟长期持有以获取稳定分红，属于非交易性权益工具投资，因此甲公司按照金融工具系列准则的有关规定，将其指定为以公允计量且其变动计入其他综合收益的金融资产。

2020 年 12 月 31 日，甲公司所持有的该项以公允计量且其变动计入其他综合收益的金融资产的公允价值为 1 100 万元。

假定甲公司在取得对乙公司 10% 的股权后，双方未发生任何内部交易，未派发现金股利或利润。除所实现净利润外，未发生其他所有者权益变动事项。

2021 年 3 月 1 日，甲公司又以银行存款 3 000 万元作为对价取得乙公司 20% 的股权。当日乙公司的可辨认净资产公允价值总额为 20 000 万元。取得该部分股权后，按照乙公司章程规定，甲公司能够派人参与乙公司的财务和生产经营决策，对该项长期股权投资采用权益法核算。

2021 年 3 月 1 日，甲公司对乙公司投资原 10% 股权的公允价值为 1 500 万元。

假定不考虑所得税等其他因素，各方均按净利润的 10% 计提盈余公积。

本例中，甲公司最初取得 10% 的股权投资时，因对乙公司不具有控制、共同控制和重大影响，所以应当将其作为以公允价值计量且其变动计入其他综合收益的金融资产核算。

2020 年 1 月 1 日的相关会计分录如下。

借：其他权益工具投资——成本	900
贷：银行存款	900

2020 年 12 月 31 日，甲公司应对该项其他权益工具投资确认公允价值变动。

借：其他权益工具投资——公允价值变动 　　　　　　　　　　　　　　200

　　贷：其他综合收益 　　　　　　　　　　　　　　　　　　　　　　　　200

2021 年 3 月 1 日，甲公司对乙公司股权增持后，持股比例增至 30%，对乙公司具有重大影响，所以应当将该项股权投资（包括原持有的 10% 的股权投资和新增的 20% 的股权投资）整体作为对联营企业、合营企业的长期股权投资核算。

2021 年 3 月 1 日，甲公司对乙公司投资原 10% 股权的公允价值为 1 500 万元，原 10% 股权的账面价值为 1 100 万元，两者的差额应当计入留存收益，同时应将原计入其他综合收益的累计公允价值变动收益 200 万元转入留存收益。

同时，甲公司对乙公司股权增持而转为长期股权投资时，该项长期股权投资的初始投资成本为 4 500 万元（1 500+3 000），应享有乙公司可辨认净资产公允价值份额为 6 000 万元（20 000×30%），前者小于后者，所以应按照两者的差额 1 500 万元（6 000-4 500）调整长期股权投资的账面价值，并计入营业外收入。

综上所述，甲公司在 2021 年 3 月 1 日对上述交易应做的会计处理如下。

借：长期股权投资——投资成本 　　　　　　　　　　　　　　　　　4 500

　　贷：银行存款 　　　　　　　　　　　　　　　　　　　　　　　　3 000

　　　　其他权益工具投资——成本 　　　　　　　　　　　　　　　　　900

　　　　　　　　　　　　——公允价值变动 　　　　　　　　　　　　　200

　　　　盈余公积 　　　　　　　　　　　　　　　　　　　　　　　　　40

　　　　利润分配——未分配利润 　　　　　　　　　　　　　　　　　　360

借：其他综合收益 　　　　　　　　　　　　　　　　　　　　　　　　200

　　贷：盈余公积 　　　　　　　　　　　　　　　　　　　　　　　　　20

　　　　利润分配——未分配利润 　　　　　　　　　　　　　　　　　　180

3.3.2　对联营企业、合营企业投资的后续计量

投资企业持有的对联营企业、合营企业的投资一般应当采用权益法进行后续计量。

权益法是指投资以初始投资成本计量后，在投资持有期间根据投资方享有被投资单位所有者权益的份额的变动对投资的账面价值进行调整的方法。

长期股权投资采用权益法核算时，"长期股权投资"科目下应设置"投资成本""损益调整""其他综合收益""其他权益变动"等明细科目。

1. 初始投资成本的调整

投资方取得对联营企业或合营企业的投资以后，对于取得投资时初始投资成本与应享有被投资单位可辨认净资产公允价值份额之间的差额，应分情况处理（即初始投资成本的调整）。

（1）初始投资成本大于取得投资时应享有被投资单位可辨认净资产公允价值份额的，该部分差额是投资方在取得投资过程中通过作价体现出的与所取得股权份额相对应的商誉价值，这种情况下不要求对长期股权投资的成本进行调整。被投资单位可辨认净资产的公允价值应当比照企业合并准则的有关规定确定。

（2）初始投资成本小于取得投资时应享有被投资单位可辨认净资产公允价值份额的，两者之间的差额体现为双方在交易作价过程中转让方的让步，该部分经济利益应计入取得投资当期的营业外收入，同时增加长期股权投资的账面价值。

案例 ┈┈▶▶▶

【例3-11】2×18年1月1日，甲公司以银行存款4 000万元作为对价取得乙公司30%的股权。当日，乙公司的所有者权益账面价值为12 000万元，可辨认净资产公允价值为16 000万元。

甲公司取得该项股权投资当日即派人参与乙公司的生产经营决策，能够对乙公司的生产经营决策施加重大影响。

不考虑其他因素，甲公司的相关会计处理如下。

借：长期股权投资——投资成本	4 000
贷：银行存款	4 000

该项长期股权投资的初始投资成本4 000万元小于取得投资时点上应享有乙公司可辨认净资产公允价值的份额4 800万元（16 000×30%），应当按两者的差额调整长期股权投资账面价值，同时计入营业外收入。

借：长期股权投资——投资成本	800
贷：营业外收入	800

【拓展】甲公司取得上述股权投资付出的银行存款为 6 000 万元，其他条件不变，则由于初始投资成本（6 000 万元）大于取得投资时点上应享有乙公司可辨认净资产公允价值的份额 4 800 万元（16 000×30%），所以不需要调整长期股权投资账面价值。

2.持有期间投资损益的确认

（1）被投资方实现净利润或发生净亏损时的一般处理。

投资企业取得长期股权投资后，应当按照应享有或应分担被投资单位实现净利润或发生净亏损的份额，调整长期股权投资的账面价值，并确认为当期投资损益。

在确认应享有或应分担被投资单位的净利润或净亏损时，在被投资单位账面净利润的基础上，应考虑以下因素的影响进行适当调整。

一是被投资单位采用的会计政策及会计期间与投资企业不一致的，应按投资企业的会计政策及会计期间对被投资单位的财务报表进行调整。

二是以取得投资时被投资单位固定资产、无形资产的公允价值为基础计提的折旧额或摊销额，以及以投资企业取得投资时的公允价值为基础计算确定的资产减值准备金额等对被投资单位净利润的影响。

被投资单位利润表中的净利润是以其持有的资产、负债的账面价值为基础持续计算的，而投资方在取得投资时，是以被投资单位有关资产、负债的公允价值为基础确定投资成本，取得投资后应确认的投资收益代表的是被投资单位资产、负债在公允价值计量的情况下在未来期间通过经营产生的损益中归属于投资方的部分。投资方取得投资时，被投资单位有关资产、负债的公允价值与其账面价值不同的，未来期间，在计算归属于投资方应享有的净利润或应承担的净亏损时，应考虑被投资单位计提的折旧额、摊销额以及资产减值准备金额等并进行调整。

案例 ····▶▶▶

【例 3-12】 2×18 年 1 月 1 日，甲公司以银行存款 4 000 万元购入乙公司 20% 的股份，并自取得投资之日起派人参与乙公司的生产经营决策，能够对乙公司的生产经营决策施加重大影响。

取得投资当日，乙公司可辨认净资产的公允价值为 20 000 万元。除表 3-1 所列项目外，乙公司其他资产、负债的公允价值与账面价值相同。两者在以前未发生过内部交易。

表 3-1　乙公司部分资产、负债信息　　　　　　　　　单位：万元

项目	账面原价	已提折旧	公允价值	评估增值	乙公司预计使用年限	甲公司取得投资后尚可使用年限
A 存货	1 000		1 200	200		
固定资产	4 000	2 000	2 400	400	20	10
合计	5 000	2 000	3 600	600		

假定乙公司于 2×18 年实现净利润 1 560 万元。乙公司的上述固定资产按直线法计提折旧，预计净残值为零。截至 2×18 年年末，乙公司的上述 A 存货已有 60% 对外出售。甲公司与乙公司的会计年度及采用的会计政策相同。

不考虑其他因素，则甲公司的相关账务处理如下。

（1）2×18 年 1 月 1 日。

借：长期股权投资——投资成本　　　　　　　　　　　　　　　　4 000

　　贷：银行存款　　　　　　　　　　　　　　　　　　　　　　　　4 000

（2）2×18 年 12 月 31 日，甲公司在确定其应享有的投资收益时，应在乙公司实现净利润的基础上，根据取得投资时乙公司有关资产的账面价值与其公允价值差额的影响进行调整（假定不考虑所得税影响）。

存货账面价值与公允价值的差额应调减的利润 =200×60%=120（万元）。

固定资产账面价值与公允价值的差额应调增的折旧额 =2 400÷10-4 000÷20=40（万元）。

调整后的净利润 =1 560-200×60%-（2 400÷10-4 000÷20）=1 400（万元）。

甲公司应享有份额 =1 400×20%=280（万元）。

确认投资收益的账务处理如下。

借：长期股权投资——损益调整　　　　　　　　　　　　　　　　280

　　贷：投资收益　　　　　　　　　　　　　　　　　　　　　　　　280

三是投资方与其联营企业及合营企业之间发生的未实现的内部交易损益应予以抵销。

投资方与联营企业及合营企业之间发生的未实现内部交易损益，按照应享有

的比例计算归属于投资方的部分，应当予以抵销，在此基础上确认投资损益。投资方与被投资单位发生的内部交易损失，按照资产减值准则等规定属于资产减值损失的，应当全额确认。

未实现内部交易损益的抵销既包括顺流交易，也包括逆流交易。其中，顺流交易是指投资企业向其联营企业或合营企业出售资产，逆流交易是指联营企业或合营企业向投资企业出售资产。当未实现内部交易损益体现在投资企业或其联营企业、合营企业持有的资产账面价值中时，相关的损益在计算确认投资损益时应予抵销。

①对于联营企业或合营企业向投资企业出售资产的逆流交易，在该交易存在未实现内部交易损益的情况下（即有关资产未对外部独立第三方出售），投资企业在采用权益法计算确认应享有联营企业或合营企业的投资损益时，应抵销该未实现内部交易损益的影响。当投资企业自其联营企业或合营企业购买资产时，在将该资产出售给外部独立的第三方之前，不应确认联营企业或合营企业因该交易产生的损益中本企业应享有的部分。

②对于投资企业向联营企业或合营企业出售资产的顺流交易，在该交易存在未实现内部交易损益的情况下（即有关资产未向外部独立第三方出售），投资企业在采用权益法计算确认应享有联营企业或合营企业的投资损益时，应抵销该未实现内部交易损益的影响，同时调整对联营企业或合营企业长期股权投资的账面价值。当投资企业向联营企业或合营企业出售资产，同时有关资产由联营企业或合营企业持有时，投资方因出售资产应确认的损益仅限于与联营企业或合营企业其他投资者交易的部分。即在顺流交易中，投资方投出资产或出售资产给其联营企业或合营企业产生的损益中，按照持股比例计算确定归属于本企业的部分不予确认。

案例 ••••▶▶▶

【例3-13】 甲公司2×17年至2×19年有关长期股权投资的业务资料如下。

2×17年1月1日，甲公司以银行存款4 800万元取得乙公司30%的股权，甲公司采用权益法核算该项长期股权投资。

2×17年1月1日，乙公司可辨认净资产公允价值为16 000万元。甲公司取得投资时，乙公司各项可辨认资产、负债的公允价值与账面价值均相等。

2×17年4月3日，甲公司销售给乙公司一批A商品，该批商品成本为600万元，售价为1 000万元。

2×17年乙公司实现净利润1 040万元。截至2×17年年末，乙公司已将该批商品的40%出售给外部第三方。

2×18年5月3日，乙公司销售给甲公司一批B商品，该批商品成本为800万元，售价为1 400万元。

2×18年乙公司发生净亏损600万元。截至2×18年年末，甲公司购入的该批B商品均未对外出售。乙公司2×17年从甲公司购入的A商品剩余部分在2×18年也未对外出售。

2×19年乙公司实现净利润600万元。截至2×19年年末，乙公司2×17年从甲公司购入的A商品剩余部分已全部出售给外部第三方；甲公司2×18年自乙公司购入的B商品已全部出售给外部第三方。

不考虑其他因素，则甲公司的相关账务处理如下。

（1）2×17年1月1日。

借：长期股权投资——投资成本   4 800

  贷：银行存款   4 800

（2）2×17年12月31日。

乙公司2×17年调整后的净利润＝1 040-（1 000-600）×60%＝800（万元）。

借：长期股权投资——损益调整   （800×30%）240

  贷：投资收益   240

（3）2×18年12月31日。

乙公司2×18年调整后的净利润＝-600-（1 400-800）＝-1 200（万元）。

借：投资收益   （1 200×30%）360

  贷：长期股权投资——损益调整   360

（4）2×19年12月31日。

乙公司2×19年调整后的净利润＝600＋（1 000-600）×60%＋（1 400-800）＝1 440（万元）。

借：长期股权投资——损益调整   （1 440×30%）432

  贷：投资收益   432

应当说明的内容如下。

第一，投资企业与其联营企业及合营企业之间发生的无论是顺流交易还是逆流交易产生的未实现内部交易损失，属于所转让资产发生减值损失的，有关的未实现内部交易损失不应予以抵销。

第二，投资方与联营、合营企业之间发生的投出或出售资产的交易构成业务的，不需要因此而调整被投资方净利润。即，联营、合营企业向投资方出售业务的，投资方应全额确认与交易相关的利得或损失；投资方向联营、合营企业投出业务，并能对联营、合营企业实施重大影响或共同控制的，应以投出业务的公允价值作为新增长期股权投资的初始投资成本，初始投资成本与投出业务的账面价值之间的差额，全额计入当期损益。投资方向联营、合营企业出售业务，取得的对价与业务的账面价值之间的差额，全额计入当期损益。

投资方向联营、合营企业投出的资产不构成业务的，应当比照顺流交易进行会计处理。

（2）被投资方发生净亏损构成超额亏损时的特殊处理。

投资企业确认被投资单位发生的净亏损，应当以长期股权投资的账面价值以及其他实质上构成对被投资单位净投资的长期权益减记至零为限，投资企业负有承担额外损失义务的除外。这里所讲的"其他实质上构成对被投资单位净投资的长期权益"通常是指长期应收项目。比如，企业对被投资单位的长期债权，该债权没有明确的清收计划，并且在可预见的未来期间不准备收回，实质上构成对被投资单位的净投资，但不包括投资企业与被投资单位之间因销售商品、提供劳务等日常活动所产生的长期债权。

在确认应分担被投资单位发生的亏损时，应当按照以下顺序进行处理。

首先，冲减长期股权投资的账面价值。

其次，长期股权投资的账面价值不足以冲减的，应当以其他实质上构成对被投资单位净投资的长期权益账面价值为限继续确认投资损失，冲减长期应收项目等的账面价值。

最后，经过上述处理，按照投资合同或协议约定企业仍承担额外义务的，应按预计承担的义务确认预计负债，计入当期投资损失。

除上述情况，仍未确认的应分担的被投资单位的损失，应在账外备查簿中登记。

会计处理如下：在发生投资损失时，应借记"投资收益"科目，贷记"长期股权投资——损益调整"科目；在长期股权投资的账面价值减记至零以后，考虑其他实质上构成对被投资单位净投资的长期权益，继续确认的投资损失，应借记"投资收益"科目，贷记"长期应收款"科目；因投资合同或协议约定导致投资企业需要承担额外义务的，按照或有事项准则的规定，对于符合确认条件的义务，应确认为当期损失，同时确认预计负债，借记"投资收益"科目，贷记"预计负债"科目。

被投资单位以后期间实现盈利的，企业扣除未确认的亏损分担额后，应按与上述相反的顺序处理，减记已确认预计负债的账面余额，恢复其他实质上构成对被投资单位净投资的长期权益及长期股权投资的账面价值，同时确认投资收益。按顺序分别借记"预计负债""长期应收款""长期股权投资"科目，贷记"投资收益"科目。

3. 取得现金股利或利润的处理

按照权益法核算的长期股权投资，投资方自被投资单位取得的现金股利或利润，应抵减长期股权投资的账面价值，即投资企业应在被投资单位宣告分派现金股利或利润时，编制如下分录。

借：应收股利

　　贷：长期股权投资——损益调整

被投资单位分派股票股利时，投资方不做会计处理，但应于除权日注明所增加的股数，以反映股份的变化情况。

4. 被投资方发生其他综合收益变动时的处理

被投资单位其他综合收益发生变动的，投资方应当按照归属于本企业的部分，相应调整长期股权投资的账面价值，同时增加或减少其他综合收益。

借：长期股权投资——其他综合收益

　　贷：其他综合收益

或编制相反分录。

5. 被投资方发生其他权益变动时的处理

采用权益法核算时，投资企业对于被投资单位除净损益、其他综合收益以及利润分配以外所有者权益的其他变动（如被投资单位因接受其他股东的资本性投入、被投资单位发行可分离交易的可转换公司债券中包含的权益成分等所引起的所有者权益变动），应按照持股比例与被投资单位所有者权益的其他变动计算的归属于本企业的部分，相应调整长期股权投资的账面价值，同时增加或减少资本公积（其他资本公积）。

借：长期股权投资——其他权益变动

　　贷：资本公积——其他资本公积

或编制相反分录。

3.3.3　对联营企业、合营企业投资的处置

对联营企业、合营企业投资的处置包括两种情形：一种是一次性全部处置对联营企业、合营企业投资，另一种是部分处置对联营企业、合营企业投资而由权益法转为以公允价值计量的金融资产。

1. 一次性全部处置对联营企业、合营企业投资

企业处置采用权益法核算的长期股权投资（即对联营企业、合营企业投资）时，应相应结转与所售股权相对应的长期股权投资的账面价值，出售所得价款与处置长期股权投资账面价值之间的差额，应确认为投资收益。

原采用权益法核算的相关其他综合收益应当在终止采用权益法时，采用与被投资单位直接处置相关资产或负债相同的基础进行会计处理。比如，对于投资企业因被投资方可重分类进损益的其他综合收益变动而确认的其他综合收益，投资企业应在处置该项长期股权投资时将其转入投资收益。

对于采用权益法核算的长期股权投资，因被投资方除净损益、其他综合收益和利润分配以外的其他所有者权益变动而确认的所有者权益，应当在终止采用权益法时全部转入当期投资收益。

2. 部分处置对联营企业、合营企业投资而由权益法转为以公允价值计量的金融资产

投资企业原持有的被投资单位的股权对其具有共同控制或重大影响，因部分处置等原因导致持股比例下降，不能再对被投资单位实施共同控制或重大影响的，应于失去共同控制或重大影响时，改按金融工具确认和计量准则的规定对剩余股权进行会计处理。即，首先应按照售价与被处置的那部分长期股权投资的账面价

值的差额确认处置损益；其次应将剩余股权投资转为交易性金融资产或其他权益工具投资等，并改按公允价值计量，剩余股权投资在转换日的公允价值与其原账面价值之间的差额计入当期损益；最后应将原采用权益法核算的相关其他综合收益在终止采用权益法核算时，采用与被投资单位直接处置相关资产或负债相同的基础进行会计处理。因被投资单位除净损益、其他综合收益和利润分配以外的其他所有者权益变动而确认的所有者权益，应当在终止采用权益法时全部转入当期损益。

案例 ▶▶▶

【**例 3-14**】2019 年 1 月 1 日，甲公司自丙公司处取得乙公司 40% 的有表决权股份，能够对乙公司施加重大影响。甲公司对该股权投资采用权益法核算。甲公司为取得该项股权投资所付出的对价为 2 000 万元。取得投资当日，乙公司的可辨认净资产公允价值和账面价值均为 7 000 万元。

2020 年 6 月 31 日，甲公司将该项长期股权投资的四分之三对外出售，取得价款 3 000 万元。相关股权划转手续于当日完成。甲公司持有乙公司剩余 10% 股权，无法再对乙公司施加重大影响。甲公司将剩余股权投资转为以公允价值计量且其变动计入其他综合收益的非交易性权益工具投资的金融资产核算。股权出售日，剩余股权的公允价值为 1 000 万元。

出售该股权时，长期股权投资的账面价值为 3 600 万元，其中投资成本为 2 800 万元，损益调整为 500 万元，因被投资单位的非交易性权益工具投资以公允价值计量且其变动计入其他综合收益的金融资产的累计公允价值变动享有部分为 200 万元，除净损益、其他综合收益和利润分配外的其他所有者权益变动为 100 万元。不考虑相关税费等其他因素影响。

本例中，由于甲公司处置部分股权投资后，不能再对乙公司实施共同控制或重大影响，所以应当将剩余股权投资转为以公允价值计量的金融资产。甲公司的会计处理如下。

（1）确认有关股权投资的处置损益。

借：银行存款　　　　　　　　　　　　　　　　　　　　　　　3 000

　　贷：长期股权投资　　　　　　　　　　　　　　　　　　　2 700

　　　　投资收益　　　　　　　　　　　　　　　　　　　　　　300

（2）因与对乙公司投资相关的其他综合收益为被投资公司持有的非交易性权益工具投资的公允价值变动，由于终止采用权益法核算，所以将原确认的相关其他综合收益全部转入留存收益。

借：其他综合收益   200

  贷：盈余公积   20

    利润分配——未分配利润   180

（3）由于终止采用权益法核算，将原计入资本公积的其他所有者权益变动全部转入当期损益。

借：资本公积——其他资本公积   100

  贷：投资收益   100

（4）剩余股权投资转为以公允价值计量且其变动计入其他综合收益的金融资产，当日公允价值为 1 000 万元，账面价值为 900 万元，两者差异计入当期投资收益。

借：其他权益工具投资   1 000

  贷：长期股权投资   900

    投资收益   100

第 4 章
合并财务报表的编制原则、
前期准备事项及程序

| 本章导读 |

本章主要介绍合并财务报表的格式、编制原则、前期准备事项以及具体的编制程序等，为合并财务报表的顺利编制做好铺垫。

本章的内容和结构如下。

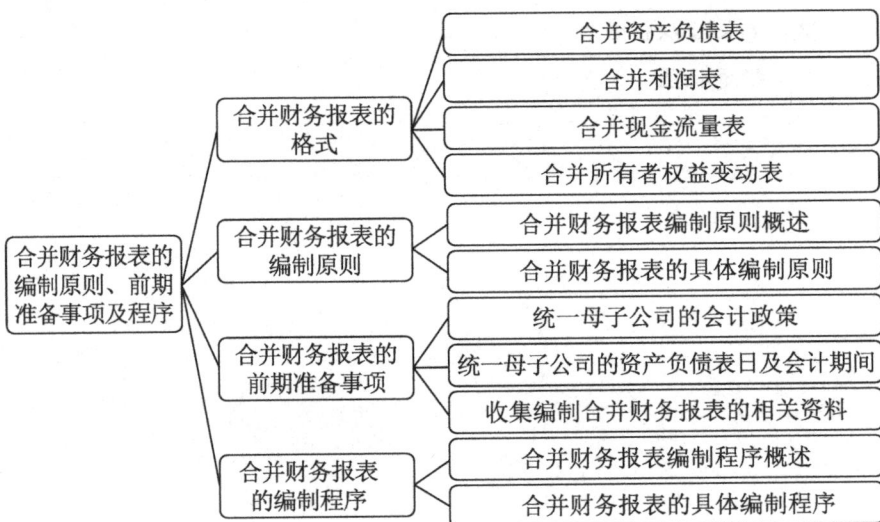

```
                                    ┌─────────────────────────────┐
                                    │        合并资产负债表        │
                                    ├─────────────────────────────┤
                    ┌──────────┐    │         合并利润表          │
                    │合并财务报表的│────┼─────────────────────────────┤
                    │   格式    │    │        合并现金流量表        │
                    └──────────┘    ├─────────────────────────────┤
                                    │      合并所有者权益变动表      │
                                    └─────────────────────────────┘
                                    ┌─────────────────────────────┐
                    ┌──────────┐    │    合并财务报表编制原则概述    │
                    │合并财务报表的│────┼─────────────────────────────┤
                    │  编制原则  │    │   合并财务报表的具体编制原则   │
合并财务报表的        └──────────┘    └─────────────────────────────┘
编制原则、前期                       ┌─────────────────────────────┐
准备事项及程序                       │      统一母子公司的会计政策      │
                    ┌──────────┐    ├─────────────────────────────┤
                    │合并财务报表的│────┤统一母子公司的资产负债表日及会计期间│
                    │  前期准备事项 │    ├─────────────────────────────┤
                    └──────────┘    │   收集编制合并财务报表的相关资料  │
                                    └─────────────────────────────┘
                                    ┌─────────────────────────────┐
                    ┌──────────┐    │    合并财务报表编制程序概述    │
                    │合并财务报表 │────┼─────────────────────────────┤
                    │ 的编制程序 │    │   合并财务报表的具体编制程序   │
                    └──────────┘    └─────────────────────────────┘
```

4.1 合并财务报表的格式

由于近年我国对收入准则、金融工具系列准则、租赁准则、非货币性资产交换准则、债务重组准则等进行了修订，基于上述准则等的最新变化，中华人民共和国财政部于 2019 年 9 月 19 日对合并财务报表的格式进行了修订。

4.1.1 合并资产负债表

合并资产负债表应当以母公司和子公司的资产负债表为基础，在抵销母公司与子公司、子公司相互之间发生的内部交易对合并资产负债表的影响后，由母公司合并编制。

合并资产负债表通常在个别财务报表的基础上，增加下列项目：（1）在所有者权益项目下增加"归属于母公司所有者权益合计"，用于反映企业集团的所有者权益中归属于母公司所有者权益的部分，包括实收资本（或股本）、其他权益工具、资本公积、库存股、其他综合收益、盈余公积、未分配利润等项目的金额；（2）在所有者权益项目下，增加"少数股东权益"项目，用于反映非全资子公司的所有者权益中不属于母公司的份额。

按照我国财政部于 2019 年 9 月 19 日发布的《关于修订印发合并财务报表格式（2019 版）的通知》，我国企业合并资产负债表格式如表 4-1 所示。

表 4-1 合并资产负债表

会合 01 表

编制单位：　　　　　　　　　　年　月　日　　　　　　　　　　单位：元

资产	期末余额	上年年末余额	负债及所有者权益（或股东权益）	期末余额	上年年末余额
流动资产：			流动负债：		
货币资金			短期借款		
交易性金融资产			交易性金融负债		

资产	期末余额	上年年末余额	负债及所有者权益（或股东权益）	期末余额	上年年末余额
衍生金融资产			衍生金融负债		
应收票据			应付票据		
应收账款			应付账款		
应收款项融资			预收款项		
预付款项			合同负债		
其他应收款			应付职工薪酬		
存货			应交税费		
合同资产			其他应付款		
持有待售资产			持有待售负债		
一年内到期的非流动资产			一年内到期的非流动负债		
其他流动资产			其他流动负债		
流动资产合计			流动负债合计		
非流动资产：			非流动负债：		
债权投资			长期借款		
其他债权投资			应付债券		
长期应收款			其中：优先股		
长期股权投资			永续债		
其他权益工具投资			租赁负债		
其他非流动金融资产			长期应付款		
投资性房地产			预计负债		
固定资产			递延收益		
在建工程			递延所得税负债		
生产性生物资产			其他非流动负债		
油气资产			非流动负债合计		
使用权资产			负债合计		
无形资产			所有者权益（或股东权益）：		
开发支出			实收资本（或股本）		
商誉			其他权益工具		
长期待摊费用			其中：优先股		
递延所得税资产			永续债		
其他非流动资产			资本公积		
非流动资产合计			减：库存股		
			其他综合收益		
			专项储备		
			盈余公积		

资产	期末余额	上年年末余额	负债及所有者权益（或股东权益）	期末余额	上年年末余额
			未分配利润		
			归属于母公司所有者权益（或股东权益）合计		
			少数股东权益		
			所有者权益（或股东权益）合计		
资产总计			负债和所有者权益（或股东权益）总计		

如为金融企业，则还需要对表 4-1 的格式做如下特殊处理。

（1）金融企业资产负债表中的"现金及存放中央银行款项"行项目在合并资产负债表中的"货币资金"行项目中列示。

（2）金融企业应在"货币资金"行项目和"交易性金融资产"行项目之间增设"结算备付金"行项目和"拆出资金"行项目。金融企业资产负债表中的"存放同业款项""融出资金"行项目在合并资产负债表中的"拆出资金"行项目中列示。

（3）金融企业资产负债表中的"应收款项"行项目在合并资产负债表中的"应收票据""应收账款""应收款项融资"行项目中列示。

（4）金融企业资产负债表中的"存出保证金""应收代位追偿款""保户质押贷款"行项目在合并资产负债表中的"其他流动资产"行项目中列示。

（5）金融企业应在"预付款项"行项目和"其他应收款"行项目之间增设"应收保费"行项目、"应收分保账款"行项目和"应收分保合同准备金"行项目。金融企业资产负债表中的"应收分保未到期责任准备金""应收分保未决赔款准备金""应收分保寿险责任准备金""应收分保长期健康险责任准备金"行项目在合并资产负债表中的"应收分保合同准备金"行项目中列示。

（6）金融企业应在"其他应收款"行项目与"存货"行项目之间增设"买入返售金融资产"行项目。

（7）金融企业应在"非流动资产"行项目与"债权投资"行项目之间增设"发放贷款和垫款"行项目。

（8）金融企业资产负债表中"金融投资"行项目下的"交易性金融资产""债权投资""其他债权投资""其他权益工具投资"子项目分别在合并资产负债表

中的"交易性金融资产""债权投资""其他债权投资""其他权益工具投资"行项目中列示。

（9）金融企业资产负债表中的"存出资本保证金""独立账户资产"行项目在合并资产负债表中的"其他非流动资产"行项目中列示。

（10）金融企业资产负债表中的"应付短期融资款"行项目在合并资产负债表中的"短期借款"行项目中列示。

（11）金融企业应在"短期借款"行项目与"交易性金融负债"行项目之间增设"向中央银行借款"行项目和"拆入资金"行项目。

（12）金融企业资产负债表中的"应付款项"行项目在合并资产负债表中的"应付票据""应付账款"行项目中列示。

（13）金融企业资产负债表中的"应付赔付款"行项目在合并资产负债表中的"应付账款"行项目中列示。

（14）金融企业资产负债表中的"预收保费"行项目在合并资产负债表中的"预收款项"行项目中列示。

（15）金融企业应在"合同负债"行项目与"应付职工薪酬"行项目之间增设"卖出回购金融资产款"行项目、"吸收存款及同业存放"行项目、"代理买卖证券款"行项目和"代理承销证券款"行项目。金融企业资产负债表中的"同业及其他金融机构存放款项""吸收存款"行项目在合并资产负债表中的"吸收存款及同业存放"行项目中列示。

（16）金融企业资产负债表中的"应付保单红利"行项目在合并资产负债表中的"其他应付款"行项目中列示。

（17）金融企业应在"其他应付款"行项目和"持有待售负债"行项目之间增设"应付手续费及佣金"行项目和"应付分保账款"行项目。

（18）金融企业资产负债表中的"保户储金及投资款"行项目在合并资产负债表中的"其他流动负债"行项目中列示。

（19）金融企业应在"非流动负债"行项目和"长期借款"行项目之间增设"保险合同准备金"行项目。金融企业资产负债表中的"未到期责任准备金""未决赔款准备金""寿险责任准备金""长期健康险责任准备金"行项目在合并资产负债表中的"保险合同准备金"行项目中列示。

（20）金融企业资产负债表中的"独立账户负债"行项目在合并资产负债表

中的"其他非流动负债"行项目中列示。

（21）金融企业资产负债表中的"其他资产""其他负债"行项目进行分析后在合并资产负债表相关项目中列示。

（22）有贵金属业务的，在合并资产负债表中增加"贵金属"行项目对相关贵金属资产进行列示。

（23）金融企业应在"盈余公积"行项目和"未分配利润"行项目之间增设"一般风险准备"行项目。

相关链接

（1）母公司在报告期内因同一控制下企业合并增加的子公司以及业务，编制合并资产负债表时，应当调整合并资产负债表的期初数，同时应当调整比较报表的相关项目，视同合并后的报告主体自最终控制方开始控制时点起一直存在。

（2）母公司在报告期内因非同一控制下企业合并或其他方式增加的子公司以及业务，编制合并资产负债表时，不应当调整合并资产负债表的期初数。

（3）母公司在报告期内处置子公司以及业务，编制合并资产负债表时，不应当调整合并资产负债表的期初数。

提示

对于纳入合并财务报表的子公司既有一般工商企业，又有金融企业的，如果母公司在企业集团经营中权重较大，以母公司主业是一般企业还是金融企业确定其报表类别，根据集团其他业务适当增加其他报表类别的相关项目；如果母公司在企业集团经营中权重不大，以企业集团的主业确定其报表类别，根据集团其他业务适当增加其他报表类别的相关项目；对于不符合上述情况的，合并财务报表采用一般企业报表格式，根据集团其他业务适当增加其他报表类别的相关项目。

4.1.2 合并利润表

合并利润表应当以母公司和子公司的利润表为基础，在抵销母公司与子公司、子公司相互之间发生的内部交易对合并利润表的影响后，由母公司合并编制。

合并利润表通常在个别财务报表的基础上，增设下列项目。

（1）在"净利润"项目下增加"归属于母公司股东的净利润"和"少数股东损益"两个项目，分别反映净利润中由母公司所有者享有的份额和非全资子公司当期实现的净利润中归属于少数股东的份额。同一控制下企业合并增加子公司的，当期合并利润表中还应在"净利润"项目下增加"其中：被合并方在合并前实现的净利润"项目，用于反映同一控制下企业合并中取得的被合并方在合并日前实现的净利润。

（2）在"综合收益总额"项目下增加"归属于母公司所有者的综合收益总额"和"归属于少数股东的综合收益总额"两个项目，分别反映综合收益总额中由母公司所有者享有的份额和非全资子公司当期综合收益总额中归属于少数股东的份额。

按照我国财政部于 2019 年 9 月 19 日发布的《关于修订印发合并财务报表格式（2019 版）的通知》，我国企业合并利润表格式如表 4-2 所示。

表 4-2　合并利润表

会合 02 表

编制单位：　　　　　　　　　　年　　月　　　　　　　　　单位：元

项目	本期金额	上期金额
一、营业总收入		
其中：营业收入		
二、营业总成本		
其中：营业成本		
税金及附加		
销售费用		
管理费用		
研发费用		
财务费用		
其中：利息费用		
利息收入		
加：其他收益		
投资收益（损失以"-"号填列）		
其中：对联营企业和合营企业投资收益		

项目	本期金额	上期金额
以摊余成本计量的金融资产终止确认收益		
净敞口套期收益（损失以"-"号填列）		
公允价值变动收益（损失以"-"号填列）		
信用减值损失（损失以"-"号填列）		
资产减值损失（损失以"-"号填列）		
资产处置收益（损失以"-"号填列）		
三、营业利润（亏损以"-"号填列）		
加：营业外收入		
减：营业外支出		
四、利润总额（亏损总额以"-"号填列）		
减：所得税费用		
五、净利润（净亏损以"-"号填列）		
（一）按经营持续性分类		
1.持续经营净利润（净亏损以"-"号填列）		
2.终止经营净利润（净亏损以"-"号填列）		
（二）按所有权归属分类		
1.归属于母公司股东的净利润（净亏损以"-"号填列）		
2.少数股东损益（净亏损以"-"号填列）		
六、其他综合收益税后净额		
（一）归属于母公司所有者的其他综合收益的税后净额		
1.不能重分类进损益的其他综合收益		
（1）重新计量设定受益计划变动额		
（2）权益法下不能转损益的其他综合收益		
（3）其他权益工具投资公允价值变动		
（4）企业自身信用风险公允价值变动		
……		
2.将重分类进损益的其他综合收益		
（1）权益法下可转损益的其他综合收益		
（2）其他债权投资公允价值变动		
（3）金融资产重分类计入其他综合收益的金额		
（4）其他债权投资信用减值准备		
（5）现金流量套期储备		
（6）外币财务报表折算差额		
……		

项目	本期金额	上期金额
（二）归属于少数股东的其他综合收益的税后净额		
七、综合收益总额		
（一）归属于母公司所有者的综合收益总额		
（二）归属于少数股东的综合收益总额		
八、每股收益		
（一）基本每股收益		
（二）稀释每股收益		

如为金融企业，则还需要对上表格式做如下特殊处理。

（1）金融企业利润表中的"其他业务收入"行项目在合并利润表中的"营业收入"行项目中列示。

（2）金融企业应在"营业收入"行项目下方增设"利息收入"行项目、"已赚保费"行项目和"手续费及佣金收入"行项目。

（3）金融企业应在"营业成本"行项目下增设"利息支出"行项目、"手续费及佣金支出"行项目、"退保金"行项目、"赔付支出净额"行项目、"提取保险责任准备金净额"行项目、"保单红利支出"行项目和"分保费用"行项目。

金融企业利润表中的"赔付支出"与"减：摊回赔付支出"行项目的净额在合并利润表中的"赔付支出净额"行项目中列示。

金融企业利润表中的"提取保险责任准备金"与"减：摊回保险责任准备金"行项目的净额在合并利润表中的"提取保险责任准备金净额"行项目中列示。

（4）金融企业利润表中的"业务及管理费"与"减：摊回分保费用"行项目的净额在合并利润表中的"管理费用"行项目中列示。

（5）金融企业利润表中的"其他资产减值损失"行项目在合并利润表中的"资产减值损失"行项目中列示。

（6）金融企业利润表中的"其他业务成本"行项目在合并利润表中的"营业成本"行项目中列示。

4.1.3　合并现金流量表

合并现金流量表应当以母公司和子公司的现金流量表为基础，在抵销母公司与子公司、子公司相互之间发生的内部交易对合并现金流量表的影响后，由母公司合并编制。

合并现金流量表通常在个别财务报表基础上，增设下列项目。

（1）在"吸收投资收到的现金"行项目下增设"其中：子公司吸收少数股东投资收到的现金"行项目。

（2）在"分配股利、利润或偿付利息支付的现金"行项目下增设"其中：子公司支付给少数股东的股利、利润"行项目。

按照我国财政部于 2019 年 9 月 19 日发布的《关于修订印发合并财务报表格式（2019 版）的通知》，我国企业合并现金流量表格式如表 4-3 所示。

表 4-3　合并现金流量表

会合 03 表

编制单位：　　　　　　　　　　年　　月　　　　　　　　　　单位：元

项目	本期金额	上期金额
一、经营活动产生的现金流量		
销售商品、提供劳务收到的现金		
收到的税费返还		
收到其他与经营活动有关的现金		
经营活动现金流入小计		
购买商品、接受劳务支付的现金		
支付给职工以及为职工支付的现金		
支付的各项税费		
支付其他与经营活动有关的现金		
经营活动现金流出小计		
经营活动产生的现金流量净额		
二、投资活动产生的现金流量		
收回投资收到的现金		
取得投资收益收到的现金		
处置固定资产、无形资产和其他长期资产收回的现金净额		
处置子公司及其他营业单位收到的现金净额		
收到其他与投资活动有关的现金		
投资活动现金流入小计		
购建固定资产、无形资产和其他长期资产支付的现金		

项目	本期金额	上期金额
投资支付的现金		
取得子公司及其他营业单位支付的现金净额		
支付其他与投资活动有关的现金		
投资活动现金流出小计		
投资活动产生的现金流量净额		
三、筹资活动产生的现金流量		
吸收投资收到的现金		
其中：子公司吸收少数股东投资收到的现金		
取得借款收到的现金		
收到其他与筹资活动有关的现金		
筹资活动现金流入小计		
偿还债务支付的现金		
分配股利、利润或偿付利息支付的现金		
其中：子公司支付给少数股东的股利、利润		
支付其他与筹资活动有关的现金		
筹资活动现金流出小计		
筹资活动产生的现金流量净额		
四、汇率变动对现金及现金等价物的影响		
五、现金及现金等价物净增加额		
加：期初现金及现金等价物余额		
六、期末现金及现金等价物余额		

如为金融企业，则还需要对上表格式做如下特殊处理。

（1）金融企业应在"销售商品、提供劳务收到的现金"行项目下增设"客户存款和同业存放款项净增加额"行项目、"向中央银行借款净增加额"行项目、"向其他金融机构拆入资金净增加额"行项目、"收到原保险合同保费取得的现金"行项目、"收到再保业务现金净额"行项目、"保户储金及投资款净增加额"行项目、"收取利息、手续费及佣金的现金"行项目、"拆入资金净增加额"行项目、"回购业务资金净增加额"行项目和"代理买卖证券收到的现金净额"行项目。

（2）金融企业应在"购买商品、接受劳务支付的现金"行项目下增设"客户贷款及垫款净增加额"行项目、"存放中央银行和同业款项净增加额"行项目、"支付原保险合同赔付款项的现金"行项目、"拆出资金净增加额"行项目、"支付利息、手续费及佣金的现金"行项目和"支付保单红利的现金"行项目。

（3）金融企业现金流量表中"一、经营活动产生的现金流量"下的"返售业务资金净增加额"行项目（银行、证券公司专用）在合并现金流量表中的"支付其他与经营活动有关的现金"行项目中列示。

（4）金融企业现金流量表中"二、投资活动产生的现金流量"下的"返售业务资金净增加额"行项目（保险公司专用）在合并现金流量表中的"支付其他与投资活动有关的现金"行项目中列示。

（5）金融企业现金流量表中"回购业务资金净增加额"行项目（保险公司专用）在合并现金流量表中的"收到其他与筹资活动有关的现金"行项目中列示。

相关链接

报告期内增加或处置子公司以及业务的合并现金流量表的编制，如表4-4所示。

表4-4　报告期内增加或处置子公司以及业务的合并现金流量表的编制

项目		具体要求
报告期内增加子公司以及业务	同一控制下企业合并	母公司应当将该子公司以及业务合并当期期初至报告期末的现金流量纳入合并现金流量表，同时应当对比较报表的相关项目进行调整，视同合并后的报告主体自最终控制方开始控制时点起一直存在
	非同一控制下企业合并	母公司应当将该子公司购买日至报告期末的现金流量纳入合并现金流量表
报告期内处置子公司以及业务		母公司在报告期内处置子公司以及业务，应当将该子公司以及业务期初至处置日的现金流量纳入合并现金流量表

4.1.4　合并所有者权益变动表

合并所有者权益变动表应当以母公司和子公司的所有者权益变动表为基础，在抵销母公司与子公司、子公司相互之间发生的内部交易对合并所有者权益变动表的影响后，由母公司合并编制。

合并所有者权益变动表应在个别财务报表的基础上增加"少数股东权益"栏目，反映少数股东权益变动的情况。另外，参照合并资产负债表中的"资本公积""其他权益工具""其他综合收益"等项目的列示，合并所有者权益变动表中应单列上述各栏目反映。

按照我国财政部于2019年9月19日发布的《关于修订印发合并财务报表格式（2019版）的通知》，我国企业合并所有者权益变动表格式如表4-5所示。

表4-5 合并所有者权益变动表

合合04表

年度

编制单位：　　　　　　　　　　　　　　　　　　　　　　　　　　　　　单位：元

项目	本年利润													上年利润												
	归属于母公司所有者权益										少数股东权益	所有者权益合计	归属于母公司所有者权益										少数股东权益	所有者权益合计
	实收资本（或股本）	其他权益工具			资本公积	减：库存股	其他综合收益	专项储备	盈余公积	未分配利润	小计			实收资本（或股本）	其他权益工具			资本公积	减：库存股	其他综合收益	专项储备	盈余公积	未分配利润	小计		
		优先股	永续债	其他											优先股	永续债	其他									
一、上年年末余额																										
加：会计政策变更																										
前期差错更正																										
其他																										
二、本年初余额																										
三、本年增减变动金额（减少以"-"号填列）																										
（一）综合收益总额																										
（二）所有者投入和减少资本																										
1.所有者投入的普通股																										
2.其他权益工具持有者投入资本																										
3.股份支付计入所有者权益的金额																										
4.其他																										
（三）利润分配																										

项目	本年利润													上年利润											
	归属于母公司所有者权益										少数股东权益	所有者权益合计	归属于母公司所有者权益										少数股东权益	所有者权益合计
	实收资本（或股本）	其他权益工具			资本公积	减：库存股	其他综合收益	专项储备	盈余公积	未分配利润	小计			实收资本（或股本）	其他权益工具			资本公积	减：库存股	其他综合收益	专项储备	盈余公积	未分配利润	小计		
		优先股	永续债	其他											优先股	永续债	其他									
1. 提取盈余公积																										
2. 对所有者（或股东）的分配																										
3. 其他																										
（四）所有者权益内部结转																										
1. 资本公积转增资本（或股本）																										
2. 盈余公积转增资本（或股本）																										
3. 盈余公积补亏损																										
4. 设定受益计划变动额结转留存收益																										
5. 其他综合收益结转留存收益																										
6. 其他																										
四、本年末余额																										

注：如为金融企业，则还需要在上表格式的基础上，在"1. 提取盈余公积"行项目下方增设"2. 提取一般风险准备"行项目。

4.2 合并财务报表的编制原则

合并财务报表的编制应以个别财务报表为基础,从企业集团这一整体的角度考虑母子公司所发生的经营活动,同时需要考虑重要性原则的运用。

4.2.1 合并财务报表编制原则概述

合并财务报表作为财务报表,必须符合编制财务报表的一般原则和基本要求。这些基本要求包括真实可靠、内容完整等。与个别财务报表相比,合并财务报表又具有下列特点:一是反映的对象是由母公司和其全部子公司组成的会计主体;二是编制者是母公司,但所对应的会计主体是由母公司及其控制的所有子公司所构成的企业集团;三是合并财务报表是站在合并财务报表主体的立场上,以纳入合并范围的企业个别财务报表为基础,根据其他有关资料,抵销母公司与子公司、子公司相互之间发生的内部交易,考虑了特殊交易事项对合并财务报表的影响后编制的,旨在反映合并财务报表主体作为一个整体的财务状况、经营成果和现金流量。因此,合并财务报表的编制除在遵循财务报表编制的一般原则和基本要求外,还应当遵循以下具体原则和要求。

4.2.2 合并财务报表的具体编制原则

合并财务报表的具体编制原则包括:以个别财务报表为基础编制、一体性原则和重要性原则。

1. 以个别财务报表为基础编制

合并财务报表并不是直接根据母公司和子公司的账簿编制,而是利用母公司和子公司编制的反映各自财务状况和经营成果的财务报表提供的数据,通过合并财务报表的特有方法进行编制。以纳入合并范围的个别财务报表为基础,可以说是客观性原则在合并财务报表编制时的具体体现。

2. 一体性原则

合并财务报表反映的是企业集团的财务状况和经营成果,反映的是由多个法人企业组成的一个会计主体的财务情况。在编制合并财务报表时应当将母公司和所有子公司作为整体来看待，视为一个会计主体，母公司和子公司发生的经营活动都应当从企业集团这一整体的角度进行考虑。因此，在编制合并财务报表时，对于母公司与子公司、子公司相互之间发生的经济业务，应当视同同一会计主体内部业务处理，即同一会计主体之下的不同核算单位的内部业务。

3. 重要性原则

与个别财务报表相比，合并财务报表涉及多个法人主体，涉及的经营活动范围很广，母公司与子公司的经营活动往往跨越不同行业界限，有时母公司与子公司的经营活动甚至相差很大。这样，合并财务报表要综合反映这样的会计主体的财务情况，必然会涉及重要性的判断问题，特别是在含有众多子公司的情况下，更应考虑重要性，而不能直接全盘托出。所以，企业集团在编制合并财务报表时，特别强调重要性原则的运用。比如一些项目对企业集团中的某一子公司具有重要性，但相对于整个企业集团则不一定具有重要性，在这种情况下根据重要性的要求对财务报表项目进行取舍，则具有重要的意义。

此外，母公司与子公司、子公司相互之间发生的经济业务，如果对整个集团财务状况和经营成果影响不大，为简化合并手续，同样应根据重要性原则进行取舍，即可以不编制抵销分录而直接编制合并财务报表。

4.3 合并财务报表的前期准备事项

合并财务报表的编制涉及多个子公司，有的合并财务报表的合并范围甚至包括数百个子公司。为了使编制的合并财务报表更准确，并能够全面反映企业集团的真实情况，企业集团必须做好相关的前期准备事项。前期准备事项主要包括以下三个方面。

4.3.1 统一母子公司的会计政策

会计政策是指企业进行会计核算和编制财务报表时所采用的会计原则、会计程序和会计处理方法，是编制财务报表的基础。统一母公司和子公司的会计政策是保证企业集团的财务报表中各项目反映内容一致的基础，只有统一了母子公司的会计政策，才能对母子公司的财务报表进行汇总，编制合并财务报表。为此，在编制合并财务报表前，应当尽可能统一母公司和子公司的会计政策，统一要求子公司所采用的会计政策与母公司保持一致。

特殊情况：针对境外子公司，由于所在国或地区法律、会计准则等方面的原因，确实无法使其采用的会计政策与母公司所采用的会计政策保持一致，则应当要求其按照母公司所采用的会计政策重新编报财务报表，也可以由母公司根据自身所采用的会计政策对境外子公司报送的财务报表进行调整，以重编或调整编制的境外子公司财务报表，作为编制合并财务报表的基础。

需要注意的是，中国境内企业设在境外的子公司在境外发生的交易或事项，因受法律法规限制等境内不存在或交易不常见，企业会计准则未作出规范的，可以将境外子公司已经进行的会计处理结果，在符合基本准则的原则下，按照国际财务报告准则进行调整后，并入境内母公司合并财务报表的相关项目。

4.3.2　统一母子公司的资产负债表日及会计期间

财务报表是反映一定日期的财务状况和一定会计期间的经营成果，母公司和子公司的个别财务报表只有在反映财务状况的日期和反映经营成果的会计期间一致的情况下，才能进行合并。为了编制合并财务报表，必须统一企业集团内所有的子公司的资产负债表日和会计期间，使子公司的资产负债表日和会计期间与母公司的资产负债表日和会计期间保持一致，以便子公司提供相同资产负债表日和会计期间的财务报表，能够与母公司对应的报表进行合并处理。

特殊情况：针对境外子公司，由于当地法律限制确实不能与母公司财务报表决算日和会计期间一致的，母公司应当按照自身的资产负债表日和会计期间对子公司的财务报表进行调整，以调整后的子公司财务报表为基础编制合并财务报表，也可以要求子公司按照母公司的资产负债表日和会计期间另行编制并报送其个别财务报表。

4.3.3　收集编制合并财务报表的相关资料

合并财务报表以母公司和其子公司的财务报表以及其他有关资料为依据，由母公司合并有关项目的数额编制。为编制合并财务报表，母公司应当要求子公司及时提供下列有关资料，如图 4-1 所示。

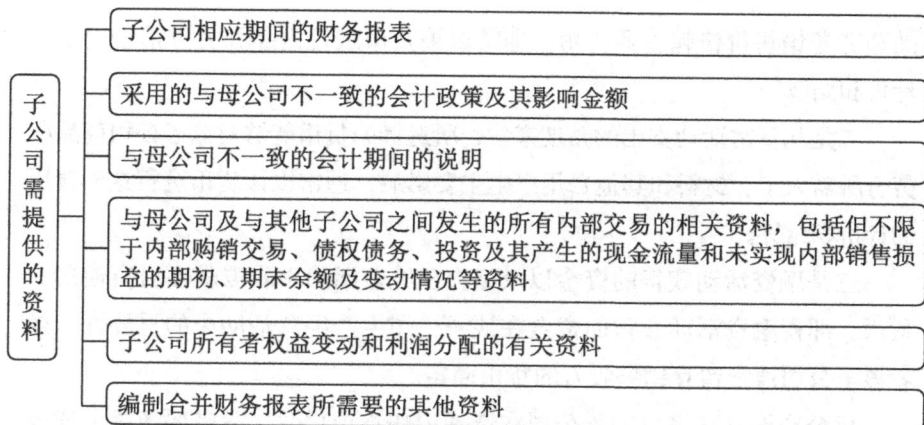

图 4-1　子公司需提供的资料

1. 在子公司属于境外经营的情况下收集相关资料时的特殊处理

在收集编制合并财务报表的相关资料时，如果母公司的子公司属于境外经营，则母公司需要将该境外子公司的外币财务报表折算为以人民币表示的财务报表。母公司将属于境外经营的子公司的财务报表折算为以母公司记账本位币反映的财务报表的过程，就是外币财务报表的折算。处于境外的子公司是否属于境外经营，以及如何确定该类子公司的记账本位币是进行财务报表折算的关键。

相关链接

境外经营通常是指企业在境外的子公司、合营企业、联营企业、分支机构。当企业在境内的子公司、联营企业、合营企业或者分支机构选定的记账本位币不同于企业的记账本位币时，也应当视同境外经营。

区分某实体是否为该企业的境外经营的关键有两项：一是该实体与企业的关系，是否为企业的子公司、合营企业、联营企业、分支机构；二是该实体的记账本位币是否与企业的记账本位币相同，而不是以该实体是否在企业所在地的境外作为标准。

母公司设立在境外的子公司的记账本位币与母公司的记账本位币可能相同，也可能不相同。母公司设立在境外的子公司在选择记账本位币时，应当考虑下列因素。

一是从日常活动收入的角度来看，所选择的货币能够对该子公司商品品和劳务销售价格起主要作用，通常以该货币进行商品和劳务销售价格的计价和结算。

二是从日常活动支出的角度来看，所选择的货币能够对该子公司商品和劳务所需人工、材料和其他费用产生主要影响，通常以该货币进行这些费用的计价和结算。

三是融资活动获得的资金以及保存从经营活动中收取款项时所使用的货币。即视融资活动获得的资金在该子公司生产经营活动中的重要性，或者该子公司通常留存销售收入的货币而定。

母公司设立在境外的子公司在选择记账本位币时，除需要考虑上述因素外，还应当考虑该子公司与母公司的关系。

一是该子公司对其所从事的活动是否拥有很强的自主性。如果该子公司所从事的活动是视同母公司经营活动的延伸，则该子公司应当选择与母公司记账本位币相同的货币作为记账本位币；如果该子公司所从事的活动拥有极大的自主性，则该子公司应根据所处的主要经济环境选择记账本位币。

二是该子公司日常经营活动中与母公司的交易是否在该子公司日常经营活动中占有较大比重。如果该子公司与母公司的交易在该子公司日常经营活动中所占的比例较高，则该子公司应当选择与母公司记账本位币相同的货币作为记账本位币；如果该子公司与母公司的交易在该子公司日常经营活动中所占的比例不高，则该子公司应根据所处的主要经济环境选择记账本位币。

三是该子公司日常经营活动产生的现金流量是否直接影响母公司的现金流量、是否可以随时汇回。如果该子公司日常经营活动所产生的现金流量直接影响母公司的现金流量，并可随时汇回，则该子公司应当选择与母公司记账本位币相同的货币作为记账本位币；如果该子公司日常经营活动所产生的现金流量并不会直接影响母公司的现金流量，或者虽然该子公司日常经营活动所产生的现金流量会直接影响母公司的现金流量，但无法随时汇回，则该子公司应根据所处的主要经济环境选择记账本位币。

四是该子公司日常经营活动所产生的现金流量是否足以偿还该子公司现有债务和可预期的债务。如果该子公司日常经营活动所产生的现金流量在母公司不提供资金的情况下，难以偿还其现有债务和正常情况下可预期的债务，则该子公司应当选择与母公司记账本位币相同的货币作为记账本位币；如果该子公司日常经营活动所产生的现金流量在母公司不提供资金的情况下，足以偿还其现有债务和正常情况下可预期的债务，则该子公司应当根据所处的主要经济环境选择记账本位币。

母公司在对属于境外经营的子公司的个别财务报表进行折算时，常见的折算方法一般有四种：流动和非流动法、货币性与非货币性法、时态法和现时汇率法。

（1）流动和非流动法。即境外经营的资产负债表中的流动资产和流动负债项目按资产负债表日的现时汇率折算，非流动资产和非流动负债及实收资本等项目按取得时的历史汇率折算，留存收益项目按资产负债表的平衡原理轧差计算而得。利润表上折旧与摊销费用按相应资产取得时的历史汇率折算，其他收入和费用项目按报告期的平均汇率折算，销货成本根据"期初存货＋本期购货－期末存货"的关系确定。形成的折算损失，计入报告企业的合并损益中；形成的折算收益，已实现部分予以确认，未实现部分须予以递延，抵销以后期间形成的损失。本方法的优点在于能够反映境外经营的营运资金的报告货币等值，不改变境外经营的流动性。本方法的缺点：一是流动性与非流动性的划分与汇率的变动无关；二是折算结果的处理掩盖了汇率变动对合并净收益的影响，平滑了各期收益，与实际情况不符。

（2）货币性与非货币性法。即货币性资产和负债按期末现时汇率折算，非货币性资产和负债按历史汇率折算。属非货币性项目，应采用历史汇率折算，但当存货采用成本与市价孰低计量时，对以市价计量的存货用历史汇率折算显然不合适。本方法的优点在于货币性与非货币性的分类恰当地考虑了汇率变动对资产和负债的影响，改正了流动性与非流动性法的缺点。本方法的缺点在于仍然是用分类来解决外币报表的折算，而没有考虑会计计量的问题，使得有些项目分类未必与所选的汇率相关，如存货项目。

（3）时态法。即资产负债表各项目以过去价值计量的，采用历史汇率；以现在价值计量的，采用现时汇率，产生的折算损益应计入当年的合并净收益。

利润表各项目的折算与流动性与非流动法下利润表的折算相同。本方法不仅考虑了会计计量基础，而且改正了上述货币性与非货币性方法的缺点。但是，该方法是从报告企业的角度考虑问题，境外的子公司、分支机构等均被认为是报告企业经营活动在境外的延伸，与报告企业本身的外币交易原则相一致（有人将这一观点称为母公司货币观），这样实际上忽视了境外经营作为相对独立的实体（即境外实体）的情况。另外，按此方法对外币报表进行折算，由于各项目使用的折算汇率不同，所以产生的折算结果不可能保持外币报表在折算前的原有比率关系。

（4）现时汇率法。即资产和负债项目均应按现时汇率折算，实收资本按历史汇率折算，利润表各项目按当期（年）平均汇率折算，产生的折算损益作为所有者权益的一个单独项目予以列示。这一折算方法考虑了境外经营作为相对独立的实体的情况（有人将这一观点称为子公司货币观），着重于汇率变动对报告企业在境外经营的投资净额的影响，折算的结果使境外经营的会计报表中原有的财务关系不因折算而改变，所改变的仅是其表现方式。该方法改正了时态法的缺点。但却产生了另外的问题，即对所有的资产和负债均以现时汇率折算，如对以历史成本计价的固定资产等按现时汇率折算将显得不合适。

我国现行企业会计准则的相关规定要求母公司在折算属于境外经营的子公司的财务报表时采用现时汇率法，以便与我国《企业会计准则第33号——合并财务报表》所采用的实体理论保持一致。

母公司在对属于境外经营的子公司的外币财务报表进行折算前，首先应当调整该子公司的会计期间和会计政策，使子公司的会计期间和会计政策与母公司的会计期间和会计政策相一致；然后再根据调整后的会计政策及会计期间编制子公司相应货币（记账本位币以外的货币）的财务报表；最后才按照以下方法对该子公司的外币财务报表进行折算。

（1）资产负债表中的资产和负债项目，采用资产负债表日的即期汇率折算；所有者权益项目除"未分配利润"项目外，其他项目采用发生时的即期汇率折算。

（2）利润表中的收入和费用项目，采用交易发生日的即期汇率或即期汇率的近似汇率折算。

（3）产生的外币财务报表折算差额，在编制合并财务报表时，应在合并资产负债表中"其他综合收益"项目列示。

一般情况下，在对属于境外经营的子公司的外币财务报表进行折算时，所产生的外币报表折算差额通常等于以记账本位币反映的净资产减去以记账本位币反映的实收资本、资本公积、累计盈余公积及累计未分配利润后的余额。

属于境外经营的子公司的比较财务报表的折算，应比照上述规定进行处理。

在对属于境外经营的子公司的外币财务报表进行折算时，应特别注意以下两个问题。

（1）如果属于境外经营的子公司并不是全资子公司，则对子公司的外币财务报表进行折算时，少数股东应按其持股比例分担相应的外币报表折算差额。即母公司在编制合并财务报表时，应按少数股东在境外经营所有者权益中所享有的份额计算少数股东应分担的外币报表折算差额，并入少数股东权益列示于合并资产负债表。

（2）如果母公司拥有实质上构成对属于境外经营的子公司净投资的外币货币性项目，则母公司需对该外币货币性项目所产生的汇兑差额单独做特殊处理。

这里所讲的"实质上构成对属于境外经营的子公司净投资的外币货币性项目"通常是指长期应收项目，比如，母公司持有一项对该子公司的长期债权，母公司对该项长期债权没有明确的清收计划，且在可预见的未来期间不准备收回。此种情况下，母公司持有的该项长期债权实质上构成对该子公司的净投资。但是，需要注意的是，"实质上构成对属于境外经营的子公司净投资的外币货币性项目"通常不包括母公司与子公司之间因销售商品、提供劳务等日常活动所产生的长期债权。

对于母公司所持有的实质上构成对属于境外经营的子公司净投资的外币货币性项目，母公司在编制合并财务报表时，应分别按以下两种情况编制抵销分录。

①实质上构成对子公司净投资的外币货币性项目以母公司或子公司的记账本位币反映，则应在抵销长期应收应付项目的同时，将其产生的汇兑差额转入"其他综合收益"项目。即借记或贷记"财务费用——汇兑差额"项目，贷记或借记"其他综合收益"项目。

②实质上构成对子公司净投资的外币货币性项目以母、子公司的记账本位币以外的货币反映，则应将母、子公司此项外币货币性项目产生的汇兑差额相互抵销，差额转入"其他综合收益"项目。

如果合并财务报表中各子公司之间也存在实质上构成对另一子公司（境外经营）净投资的外币货币性项目，在编制合并财务报表时应比照上述方法编制相应的抵销分录。

2. 收集母公司对子公司长期股权投资与子公司所有者权益相关资料信息时的特殊考虑

收集母公司对子公司长期股权投资与子公司所有者权益相关资料信息时，母公司应注意所收集的信息应包括：自取得该子公司的控制权时，相关资产和负债的公允价值、相关资产的折旧（摊销）年限和已折旧（摊销）年限的相关资料；自取得该子公司的控制权以来，该子公司所实现的净利润、利润分配以及其他综合收益等情况的资料；以前年度长期股权投资与所有者权益抵销处理情况的相关资料等。

4.4 合并财务报表的编制程序

合并财务报表的编制需严格遵循一系列程序，本节将逐一介绍。

4.4.1 合并财务报表编制程序概述

合并财务报表的编制是一项极其复杂的工作，不仅涉及本企业的会计业务和财务报表，而且还涉及纳入合并范围的子公司的业务活动和财务报表。为了使合并财务报表的编制工作有条不紊，企业必须按照相应的编制程序有计划、有步骤地进行。

4.4.2 合并财务报表的具体编制程序

合并财务报表的具体编制程序一般分为五步，分别是设置合并工作底稿、将个别财务报表数据过入合并工作底稿并算出合计数额、编制调整分录与抵销分录、计算合并财务报表各项目的合并数额，以及填列合并财务报表。

（1）设置合并工作底稿。合并工作底稿的作用是为合并财务报表的编制提供基础。在合并工作底稿中，对母公司和纳入合并范围的子公司的个别财务报表各项目的数额进行汇总和抵销处理，最终计算得出合并财务报表各项目的合并数。

合并工作底稿的参考格式如表 4-6 所示。

表 4-6　合并工作底稿

编制单位：　　　　　　　　　　　　年　月　日　　　　　　　　　　　　单位：元

项目	母公司	子公司	调整分录		抵销分录		少数股东权益	合并数
			借方	贷方	借方	贷方		
资产负债表项目								
货币资金								
……								
利润表项目								
……								

（2）将母公司、纳入合并范围的子公司的个别资产负债表、利润表以及所有者权益变动表各项目的数据过入合并工作底稿，并在合并工作底稿中对母公司、子公司个别财务报表各项目的数据均进行加总，计算得出个别资产负债表、个别利润表及个别所有者权益变动表各个项目的合计数额。

（3）编制调整分录与抵销分录，将母公司与子公司、子公司相互之间发生的经济业务对个别财务报表有关项目的影响进行调整抵销处理。编制调整分录与抵销分录，进行调整抵销处理是合并财务报表编制的关键和主要内容，其目的在于将因会计政策以及计量基础的差异而对个别财务报表的影响进行调整，同时将个别财务报表各项目的加总数据中重复的因素等内容予以抵销。

（4）计算合并财务报表各项目的合并数额。即在母公司和纳入合并范围的子公司个别财务报表各项目加总数额的基础上，分别计算财务报表中的资产项目、负债项目、所有者权益项目、收入项目和费用项目的合并数。合并财务报表项目合并数额的计算方法如表 4-7 所示。

表 4-7　合并财务报表项目合并数额的计算方法

项目	具体要求
资产类项目	其合并数根据该项目加总的数额，加上该项目调整分录与抵销分录的借方发生额，减去该项目调整分录与抵销分录的贷方发生额计算确定
负债类项目和所有者权益类项目	其合并数根据该项目加总的数额，减去该项目调整分录与抵销分录的借方发生额，加上该项目调整分录与抵销分录的贷方发生额计算确定
收益类项目	其合并数根据该项目加总的数额，减去该项目调整分录与抵销分录的借方发生额，加上该项目调整分录与抵销分录的贷方发生额计算确定
成本费用类项目和利润分配类项目	其合并数根据该项目加总的数额，加上该项目调整分录与抵销分录的借方发生额，减去该项目调整分录与抵销分录的贷方发生额计算确定
"专项储备"和"一般风险准备"项目	因为该项目既不属于实收资本（或股本）、资本公积，也与留存收益、未分配利润不同，在长期股权投资与子公司所有者权益相互抵销后，应当按归属于母公司所有者的份额予以恢复

（5）填列合并财务报表。根据合并工作底稿中计算出的资产、负债、所有者权益、收入、成本费用类以及现金流量表中各项目的合并金额，填列生成正式的合并财务报表。合并所有者权益变动表也可以根据合并资产负债表和合并利润表进行编制。

第 5 章
长期股权投资与所有者权益的合并处理

本章导读

本章分别介绍了同一控制下企业合并和非同一控制下企业合并中母公司对子公司长期股权投资与子公司所有者权益的相关调整、抵销处理。读者学习时应注意对比、思考以下两个问题：①同一控制下企业合并与非同一控制下企业合并涉及的长期股权投资与所有者权益的合并处理有何区别；②合并日（购买日）与合并日后（购买日后）所涉及的长期股权投资与所有者权益的合并处理有何区别。

本章的内容和结构如下。

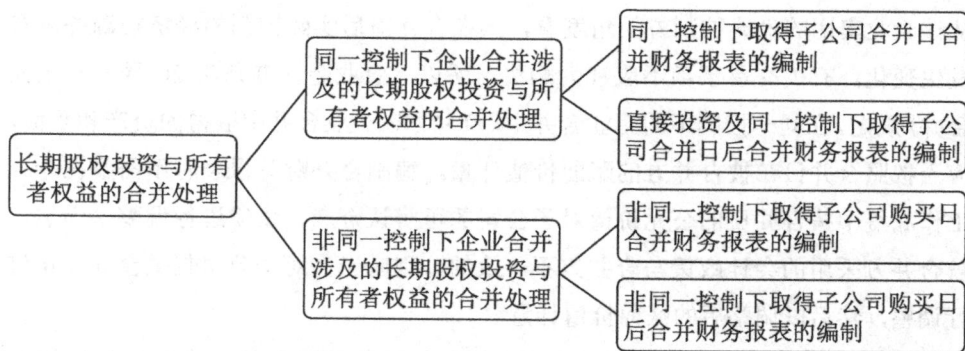

```
长期股权投资与所有者权益的合并处理
├─ 同一控制下企业合并涉及的长期股权投资与所有者权益的合并处理
│   ├─ 同一控制下取得子公司合并日合并财务报表的编制
│   └─ 直接投资及同一控制下取得子公司合并日后合并财务报表的编制
└─ 非同一控制下企业合并涉及的长期股权投资与所有者权益的合并处理
    ├─ 非同一控制下取得子公司购买日合并财务报表的编制
    └─ 非同一控制下取得子公司购买日后合并财务报表的编制
```

5.1 同一控制下企业合并涉及的长期股权投资与所有者权益的合并处理

同一控制下企业合并，在合并日及后续期间均涉及长期股权投资与所有者权益的合并处理，在抵销长期股权投资与子公司所有者权益项目之前，一般应先按权益法调整对子公司的长期股权投资。

5.1.1 同一控制下取得子公司合并日合并财务报表的编制

企业会计准则规定，同一控制下的企业合并中，母公司应当编制合并日的合并资产负债表、合并利润表和合并现金流量表。

编制合并日的合并资产负债表时，由于同一控制下的企业合并中，参与合并的企业在合并前后均受同一方或相同的多方最终控制且该控制并非暂时性的，也就是说，在本次企业合并之前，合并方与被合并方就已经属于同一企业集团了。从该企业集团的最终控制方的角度看，其在合并前后实际控制的经济资源并没有发生变化，有关交易事项不应视为购买，所以《企业会计准则第 20 号——企业合并》规定，在同一控制下的企业合并中，合并方在企业合并中取得的资产和负债，应当按照合并日在被合并方的账面价值计量，编制合并财务报表时不需要在合并工作底稿中按合并日的公允价值对子公司的可辨认资产、负债进行调整。当然，被合并方采用的会计政策与合并方不一致的，则应当先对子公司相关会计政策进行调整，然后以调整后的账面价值计量。

需要注意的是，如果同一控制下的企业合并中的被合并方是最终控制方以前年度从第三方收购来的，那么合并方编制财务报表时，应视同合并后形成的报告主体自最终控制方开始实施控制时起，一直是一体化存续下来的，应以被合并方的资产、负债（包括最终控制方收购被合并方而形成的商誉）在最终控制方财务报表中的账面价值为基础，进行相关会计处理。合并方的财务报表比较数据追溯调整的期间应不早于双方处于最终控制方的控制之下孰晚的时间。

编制合并日的合并利润表时，应当包括参与合并各方自合并当期期初至合并日所发生的收入、费用和利润。被合并方在合并前实现的净利润，应当在合并利润表中单列项目反映。

编制合并日的合并现金流量表时，应当包括参与合并各方自合并当期期初至合并日的现金流量。

编制合并日合并财务报表时，参与合并各方涉及内部交易的，应当予以抵销。关于各类内部交易的抵销，本书后续章节将专门作详细的讲解，本章主要讲解对子公司长期股权投资与子公司所有者权益中母公司所拥有的份额的抵销。

相关链接

同一控制下的企业合并，在合并日取得对其他参与合并企业控制权的一方为合并方，参与合并的其他企业为被合并方。合并日，是指合并方实际取得对被合并方控制权的日期。

案例 ▶▶▶▶

【例 5-1】甲公司和乙公司均是丙公司的子公司。2×20 年 1 月 1 日，甲公司以银行存款 3 000 万元自丙公司处取得乙公司 80% 有表决权有股份。相关手续已于当日办妥，甲公司取得了对乙公司的控制权。

2×20 年 1 月 1 日，乙公司个别财务报表中所有者权益的账面价值为 5 000 万元，其中股本为 1 000 万元，资本公积为 2 000 万元，盈余公积为 200 万元，未分配利润为 1 800 万元。

在该项企业合并过程中，甲公司另发生审计、法律服务、评估咨询等中介费用 40 万元。

2×20 年 1 月 1 日，甲公司针对上述合并事项进行相关账务处理后的资产负债表（简表）和乙公司的资产负债表（简表）如表 5-1 所示。

表 5-1 资产负债表（简表）

会合 01 表

编制单位：甲公司、乙公司　　　　　2×20 年 1 月 1 日　　　　　单位：万元

资产	甲公司	乙公司	负债及所有者权益	甲公司	乙公司
流动资产：			流动负债：		
货币资金	600	300	短期借款	200	100
交易性金融资产	400	200	交易性金融负债	0	0
衍生金融资产	0	0	衍生金融负债	0	0
应收票据	200	100	应付票据	400	200
应收账款	800	400	应付账款	800	400
应收款项融资	0	0	预收款项	600	300
预付款项	0	0	合同负债	0	0
其他应收款	0	0	应付职工薪酬	200	100
存货	1 000	500	应交税费	200	100
合同资产	0	0	其他应付款	0	0
持有待售资产	0	0	持有待售负债	0	0
一年内到期的非流动资产	0	0	一年内到期的非流动负债	0	0
其他流动资产	0	0	其他流动负债	0	0
流动资产合计	3 000	1 500	流动负债合计	2 400	1 200
非流动资产：			非流动负债：		
债权投资	1 200	600	长期借款	2 000	1 000
其他债权投资	200	100	应付债券	1 000	500
长期应收款	0	0	租赁负债	0	0
长期股权投资	6 000	3 000	长期应付款	0	0
其他权益工具投资	0	0	预计负债	0	0
其他非流动金融资产	0	0	递延收益	0	0
投资性房地产	0	0	递延所得税负债	200	100
固定资产	5 200	2 600	其他非流动负债	0	0
在建工程	0	0	非流动负债合计	3 200	1 600
生产性生物资产	0	0	负债合计	5 600	2 800
油气资产	0	0	所有者权益（或股东权益）：		
使用权资产	0	0	股本	2 000	1 000
无形资产	0	0	资本公积	4 000*	2 000
开发支出	0	0	其他综合收益	600	300

资产	甲公司	乙公司	负债及所有者权益	甲公司	乙公司
商誉	0	0	专项储备	0	0
长期待摊费用	0	0	盈余公积	400	200
递延所得税资产	0	0	未分配利润	3 000	1 500
其他非流动资产	0	0	所有者权益（或股东权益）合计	10 000	5 000
非流动资产合计	12 600	6 300			
资产总计	15 600	7 800	负债和所有者权益（或股东权益）总计	15 600	7 800

*假定甲公司在 2×20 年 1 月 1 日的资本公积余额 4 000 万元全部为"资本公积——股本溢价"。

假定不考虑其他因素。

由于甲、乙公司在本次企业合并前后均受丙公司最终控制，所以甲公司合并乙公司属于同一控制下的企业合并。甲公司个别财务报表中的账务处理如下。

借：长期股权投资　　　　　　　　　　　　（5 000×80%）4 000
　　贷：银行存款　　　　　　　　　　　　　　　　　　　3 000
　　　　资本公积——股本溢价　　　　　　　　　　　　　1 000
借：管理费用　　　　　　　　　　　　　　　　　　　　　40
　　贷：银行存款　　　　　　　　　　　　　　　　　　　　40

编制合并日的合并资产负债表时，甲公司在合并工作底稿中应当编制的相关抵销分录如下。

借：股本　　　　　　　　　　　　　　　　　　　　　1 000
　　资本公积　　　　　　　　　　　　　　　　　　　2 000
　　其他综合收益　　　　　　　　　　　　　　　　　　300
　　盈余公积　　　　　　　　　　　　　　　　　　　　200
　　未分配利润　　　　　　　　　　　　　　　　　　1 500
　　贷：长期股权投资　　　　　　　　　　　　　　　4 000
　　　　少数股东权益　　　　　　　　　　　　　　　1 000

同时，由于同一控制下企业合并中的合并双方在合并前后均受一方或相同多方控制、在合并前后均属于一个企业集团，故视同合并后形成的企业集团报告主体自最终控制方开始实施控制时一直是一体化存续下来的。编制合并资产负债表时，合并资产负债表的留存收益项目应当反映母子公司视同一直作为一个整体运行至合并日应实现的盈余公积和未分配利润的情况，因此在编制完母公司对子公司的长期股权投资与子公司所有者权益项目的抵销分录后，被合并方在企业合并前实现的留存收益中归属于合并方的部分，应自资本公积转入留存收益，即将上述抵销分录中所抵销的子公司留存收益中归属于合并方的部分予以恢复〔其中，盈余公积应恢复的金额 =200×80%=160（万元），未分配利润应恢复的金额 =1 500×80%=1 200（万元）〕。

借：资本公积   1 360

  贷：盈余公积   160

    未分配利润   1 200

此外还需要注意的是，不管是同一控制下的企业合并还是非同一控制下的企业合并，在编制对子公司的长期股权投资与子公司所有者权益项目的抵销分录中，如果子公司的所有者权益项目中的"专项储备"和"一般风险准备"项目有余额，那么在抵销分录中将"专项储备"和"一般风险准备"项目抵销后，应当按归属于母公司所有者的份额予以恢复，因为"专项储备"和"一般风险准备"项目既不属于实收资本（或股本）、资本公积，也与留存收益、未分配利润不同。

编制合并日的合并资产负债表时，甲公司的合并工作底稿具体如表5-2所示。

表5-2　合并工作底稿

编制单位：甲公司   2×20 年 1 月 1 日   单位：万元

项目	甲公司	乙公司	合计数	调整分录 借方	调整分录 贷方	抵销分录 借方	抵销分录 贷方	少数股东权益	合并数
流动资产：									
货币资金	600	300	900						900
交易性金融资产	400	200	600						600
衍生金融资产	0	0	0						0
应收票据	200	100	300						300
应收账款	800	400	1 200						1 200
应收款项融资	0	0	0						0
预付款项	0	0	0						0
其他应收款	0	0	0						0
存货	1 000	500	1 500						1 500
合同资产	0	0	0						0

项目	甲公司	乙公司	合计数	调整分录 借方	调整分录 贷方	抵销分录 借方	抵销分录 贷方	少数股东权益	合并数
持有待售资产	0	0	0						0
一年内到期的非流动资产	0	0	0						0
其他流动资产	0	0	0						0
流动资产合计	3 000	1 500	4 500						4 500
非流动资产:									0
债权投资	1 200	600	1 800						1 800
其他债权投资	200	100	300						300
长期应收款	0	0	0						0
长期股权投资	6 000	3 000	9 000				4000		5 000
其他权益工具投资	0	0	0						0
其他非流动金融资产	0	0	0						0
投资性房地产	0	0	0						0
固定资产	5 200	2 600	7 800						7 800
在建工程	0	0	0						0
生产性生物资产	0	0	0						0
油气资产	0	0	0						0
使用权资产	0	0	0						0
无形资产	0	0	0						0
开发支出	0	0	0						0
商誉	0	0	0						0
长期待摊费用	0	0	0						0
递延所得税资产	0	0	0						0
其他非流动资产	0	0	0						0
非流动资产合计	12 600	6 300	18 900				4 000		14 900
资产总计	15 600	7 800	23 400				4 000		19 400
流动负债:									
短期借款	200	100	300						300
交易性金融负债	0	0	0						0
衍生金融负债	0	0	0						0
应付票据	400	200	600						600
应付账款	800	400	1 200						1 200

项目	甲公司	乙公司	合计数	调整分录 借方	调整分录 贷方	抵销分录 借方	抵销分录 贷方	少数股东权益	合并数
预收款项	600	300	900						900
合同负债	0	0	0						0
应付职工薪酬	200	100	300						300
应交税费	200	100	300						300
其他应付款	0	0	0						0
持有待售负债	0	0	0						0
一年内到期的非流动负债	0	0	0						0
其他流动负债	0	0	0						0
流动负债合计	2 400	1 200	3 600						3 600
非流动负债:									
长期借款	2 000	1 000	3 000						3 000
应付债券	1 000	500	1 500						1 500
租赁负债	0	0	0						0
长期应付款	0	0	0						0
预计负债	0	0	0						0
递延收益	0	0	0						0
递延所得税负债	200	100	300						300
其他非流动负债	0	0	0						0
非流动负债合计	3 200	1 600	4 800						4 800
负债合计	5 600	2 800	8 400						8 400
所有者权益（或股东权益）:									
股本	2 000	1 000	3 000			1 000			2 000
资本公积	4 000	2 000	6 000	1 360		2 000			2 640
其他综合收益	600	300	900			300			600
专项储备	0	0	0						0
盈余公积	400	200	600		160	200			560
未分配利润	3 000	1 500	4 500		1 200	1 500			4 200
所有者权益（或股东权益）合计	10 000	5000	15 000	1 360	1 360	5 000			10 000
少数股东权益								1 000	1 000	1 000
负债和所有者权益（或股东权益）总计	15 600	7 800	23 400	1 360	1 360	5 000		1 000	19 400

5.1.2　直接投资及同一控制下取得子公司合并日后合并财务报表的编制

在合并日以后每期的资产负债表日编制合并财务报表时，母公司对子公司的长期股权投资与子公司所有者权益项目抵销分录进行抵销之前，应当先按权益法调整母公司对子公司的长期股权投资（在母公司个别财务报表中，该项长期股权投资是采用成本法核算，见本书第4章），使母公司对子公司的长期股权投资项目反映其在子公司所有者权益中所拥有权益的变动情况；然后，再将母公司对子公司长期股权投资项目与子公司所有者权益项目等内部交易相关的项目进行抵销处理，涉及内部交易的，将内部交易对合并财务报表的影响予以抵销；最后，在编制合并日合并工作底稿的基础上，编制合并资产负债表。

合并日以后每期的资产负债表日编制合并财务报表的相关流程如图5-1所示。

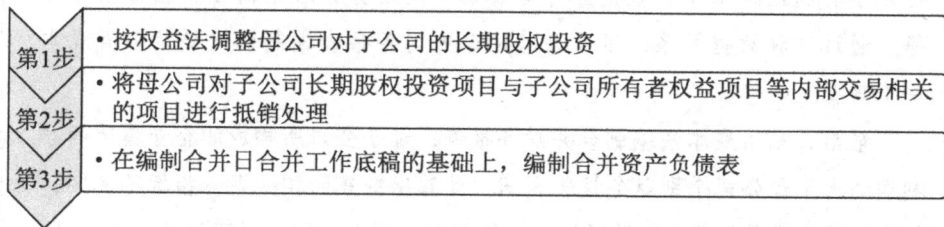

第1步	• 按权益法调整母公司对子公司的长期股权投资
第2步	• 将母公司对子公司长期股权投资项目与子公司所有者权益项目等内部交易相关的项目进行抵销处理
第3步	• 在编制合并日合并工作底稿的基础上，编制合并资产负债表

图5-1　合并日以后每期的资产负债表日编制合并财务报表相关流程

提示

母公司对子公司的长期股权投资在母公司个别财务报表中采用成本法核算的原因、编制合并财务报表时按权益法调整母公司对子公司的长期股权投资的原因分别如下。

（1）母公司对子公司的长期股权投资在母公司个别财务报表中采用成本法核算的原因。

首先，对母公司来说，既然通过股权投资在外形成了子公司，对外提供财务信息时，一定是合并财务报表而非个别财务报表。合并财务报表中已体现了对子公司投资计价的权益基础，提供更多的有用信息。为了简化核算，个别财务报表中不再采用权益法计价。这与国际财务报告准则的做法一致。

其次，由于子公司受母公司"控制"，平时采用成本法核算对子公司的股权投资，母公司要对子公司的投资增加报表利润，就必须宣告分配现金股利。可见，改按成本法能提高投资方所确认的投资收益的质量，使投资方的业绩更加真实，缩小财务报表操纵的空间，并避免上述"不良行为"。

（2）编制合并财务报表时按权益法调整母公司对子公司的长期股权投资的原因。

首先，采用成本法编制合并财务报表，母公司容易操纵利润。由于母公司对子公司实施控制，母公司可根据自身的现金或利润状况，决定子公司股利分配，从而以自己喜好的收益水平来报告收益。例如，母公司可以要求子公司只在母公司自己的经营发生亏损或萧条的年份支付股利。

其次，与采用权益法编制合并财务报表相比，采用成本法编制合并财务报表无法提供数据的验证功能。我们知道，通过合并财务报表中的抵销，合并净利润或期末留存收益应与母公司个别财务报表中的相关指标金额相等。通过这种数据关系，可自动验证合并财务报表编制的正确性。而成本法不具备这一特征。

最后，采用成本法编制合并财务报表，母子公司所构成的企业集团的净利润均大于母公司个别财务报表利润，计算出的集团相关财务指标不真实，投资回报率也易被歪曲。采用权益法编制合并财务报表，则可弥补上述不足。

1. 在合并工作底稿中按权益法调整母公司对子公司的长期股权投资

（1）对子公司当期实现净损益的调整。在合并工作底稿中将长期股权投资由成本法核算调整为权益法核算时，应当自取得对子公司长期股权投资的年度起，逐年按照子公司当年实现的净利润中属于母公司享有的份额，调整增加对子公司长期股权投资的金额，并调整增加当年投资收益。具体的调整分录如下。

借：长期股权投资

　　贷：投资收益

如果子公司当年发生了净亏损，则编制相反的会计分录。

（2）对子公司当期分配现金股利事项的调整。在合并工作底稿中将长期股权投资由成本法核算调整为权益法核算时，对于子公司当期分派的现金股利或宣告分派的现金股利中母公司享有的份额，应调整冲减长期股权投资的账面价值，同时调整减少原投资收益。具体的调整分录如下。

借：投资收益

　　　贷：长期股权投资

　　之所以要按子公司分派或宣告分派的现金股利调整减少投资收益，是因为在成本法核算的情况下，母公司在当期的个别财务报表中已按子公司分派或宣告分派的现金股利确认投资收益（即借记"应收股利"科目，贷记"投资收益"科目），而如果是采用权益法核算，则对于分派或宣告分派的现金股利应冲减长期股权投资（即借记"应收股利"科目，贷记"长期股权投资"科目）。由此可见，按权益法进行调整时，需要冲减成本法下确认的投资收益，同时按权益法的核算原则冲减长期股权投资。

　　（3）对子公司所发生的其他综合收益变动的调整。在合并工作底稿中将长期股权投资由成本法核算调整为权益法核算时，对于子公司当期所发生的其他综合收益变动额中母公司所享有的份额，应调整长期股权投资，同时计入其他综合收益。具体的调整分录如下。

借：长期股权投资

　　　贷：其他综合收益

或编制相反的会计分录。

　　（4）对子公司除净损益、分配现金股利、其他综合收益以外所有者权益的其他变动的调整。在合并工作底稿中将长期股权投资由成本法核算调整为权益法核算时，对于子公司当期所发生的所有者权益其他变动额中母公司所享有的份额，应调整长期股权投资，同时计入资本公积。具体的调整分录如下。

借：长期股权投资

　　　贷：资本公积

或编制相反的会计分录。

提示

　　需要注意的是，在取得子公司长期股权投资的第 2 年编制合并财务报表而将对子公司的长期股权投资由成本法调整为权益法核算时，应当先将第 1 年所编制的相关调整分录抄下来，并将其中的损益类项目（如"投资收益"项目）换成"未分配利润"项目。然后再针对子公司在第 2 年实现的净利润、分派或宣告分派的现金股利、发生的其他综合收益或其他权益变动等事项进行调整。以后年度也比照上述做法进行调整处理。

案例 ●●●●▶▶▶

【例5-2】接【例5-1】。甲公司和乙公司2×20年度个别财务报表如表5-3、表5-4和表5-5所示。

表5-3 资产负债表（简表）

会合01表

编制单位：甲公司、乙公司　　　　2×20年12月31日　　　　单位：万元

资产	甲公司	乙公司	负债及所有者权益	甲公司	乙公司
流动资产：			流动负债：		
货币资金	800	400	短期借款	400	200
交易性金融资产	400	200	交易性金融负债	0	0
衍生金融资产	0	0	衍生金融负债	0	0
应收票据	600	300	应付票据	500	250
应收账款	1 600	800	应付账款	700	350
应收款项融资	0	0	预收款项	600	300
预付款项	0	0	合同负债	0	0
其他应收款	0	0	应付职工薪酬	200	100
存货	1 000	500	应交税费	200	100
合同资产	0	0	其他应付款	0	0
持有待售资产	0	0	持有待售负债	0	0
一年内到期的非流动资产	0	0	一年内到期的非流动负债	0	0
其他流动资产	0	0	其他流动负债		0
流动资产合计	4 400	2 200	流动负债合计	2 600	1 300
非流动资产：			非流动负债：		
债权投资	1 200	600	长期借款	2 000	1 000
其他债权投资	1 200	600	应付债券	1 000	500
长期应收款	0	0	租赁负债	0	0
长期股权投资	6 000	3 000	长期应付款	0	0
其他权益工具投资	0	0	预计负债	0	0
其他非流动金融资产	0	0	递延收益	0	0
投资性房地产	0	0	递延所得税负债	200	100
固定资产	4 740	2 370	其他非流动负债	0	0
在建工程	0	0	非流动负债合计	3 200	1 600
生产性生物资产	0	0	负债合计	5 800	2 900
油气资产	0	0	所有者权益（或股东权益）：		

资产	甲公司	乙公司	负债及所有者权益	甲公司	乙公司
使用权资产	0	0	股本	2 000	1 000
无形资产	0	0	资本公积	4 000	2 500
开发支出	0	0	其他综合收益	1 600	300
商誉	0	0	专项储备	0	0
长期待摊费用	0	0	盈余公积	574	287
递延所得税资产	0	0	未分配利润	3 566	1 783
其他非流动资产	0	0	所有者权益（或股东权益）合计	11 740	5 870
非流动资产合计	13 140	6 570			
资产总计	17 540	8 770	负债和所有者权益（或股东权益）总计	17 540	8 770

表 5-4 利润表（简表）

会合 02 表

编制单位：甲公司、乙公司 　　　　2×20 年度 　　　　单位：万元

项目	甲公司	乙公司
一、营业收入	5 000	2 500
减：营业成本	2 000	1 000
税金及附加	800	400
销售费用	600	300
管理费用	400	200
研发费用	200	100
财务费用	200	100
加：其他收益	300	150
投资收益（损失以"-"号填列）	500	250
净敞口套期收益（损失以"-"号填列）	0	0
公允价值变动收益（损失以"-"号填列）	700	350
信用减值损失（损失以"-"号填列）	-100	-50
资产减值损失（损失以"-"号填列）	-900	-450
资产处置收益（损失以"-"号填列）	720	360
二、营业利润（亏损以"-"号填列）	2 020	1 010
加：营业外收入	860	430
减：营业外支出	560	280
三、利润总额（亏损总额以"-"号填列）	2 320	1 160
减：所得税费用	580	290

项目	甲公司	乙公司
四、净利润（净亏损以"-"号填列）	1 740	870
（一）持续经营净利润（净亏损以"-"号填列）	1 740	870
（二）终止经营净利润（净亏损以"-"号填列）	0	0
五、其他综合收益税后净额	1 000	0
（一）不能重分类进损益的其他综合收益	0	0
1.重新计量设定受益计划变动额	0	0
2.权益法下不能转损益的其他综合收益	0	0
3.其他权益工具投资公允价值变动	0	0
4.企业自身信用风险公允价值变动	0	0
（二）将重分类进损益的其他综合收益	1 000	0
1.权益法下可转损益的其他综合收益	0	0
2.其他债权投资公允价值变动	1 000	0
3.金融资产重分类计入其他综合收益的金额	0	0
4.其他债权投资信用减值准备	0	0
5.现金流量套期储备	0	0
6.外币财务报表折算差额	0	0
六、综合收益总额	2 740	870
七、每股收益：		
（一）基本每股收益	略	略
（二）稀释每股收益	略	略

表 5-5　所有者权益变动表（简表）

会合 04 表

编制单位：甲公司、乙公司　　　　　2×20 年度　　　　　单位：万元

项目	甲公司						乙公司					
	股本	资本公积	其他综合收益	盈余公积	未分配利润	所有者权益合计	股本	资本公积	其他综合收益	盈余公积	未分配利润	所有者权益合计
一、上年年末余额	2 000	4 000	600	400	3 000	10 000	1 000	2 000	300	200	1 500	5 000
加：会计政策变更												
前期差错更正												
其他												
二、本年年初余额	2 000	4 000	600	400	3 000	10 000	1 000	2 000	300	200	1 500	5 000

项目	甲公司						乙公司					
	股本	资本公积	其他综合收益	盈余公积	未分配利润	所有者权益合计	股本	资本公积	其他综合收益	盈余公积	未分配利润	所有者权益合计
三、本年增减变动金额（减少以"-"号填列）												
（一）综合收益总额			1 000		1 740	2 740			0		870	870
（二）所有者投入和减少资本												
1.所有者投入的普通股												
2.其他权益工具持有者投入资本												
3.股份支付计入所有者权益的金额								500				500
4.其他												
（三）利润分配												
1.提取盈余公积				174	174					87	87	
2.对所有者（或股东）的分配					1 000	1 000					500	500
3.其他												
（四）所有者权益内部结转												
1.资本公积转增资本（或股本）												
2.盈余公积转增资本（或股本）												
3.盈余公积弥补亏损												
4.设定受益计划变动额结转留存收益												
5.其他综合收益结转留存收益												
6.其他												
四、本年年末余额	2 000	4 000	1 600	574	3 566	11 740	1 000	2 500	300	287	1 783	5 870

乙公司在 2×20 年 1 月 1 日的股东权益总额为 7 800 万元，其中，股本为 1 000 万元，资本公积为 2 000 万元，其他综合收益为 300 万元，盈余公积为 200 万元，未分配利润为 1 500 万元。乙公司在 2×20 年 12 月 31 日的股东权益总额为 5 870 万元，其中，股本为 1 000 万元，资本公积为 2 500 万元，其他综合收益为 300 万元，盈余公积为 287 万元，未分配利润为 1 783 万元。

本例中，乙公司当年实现净利润 870 万元，因授予职工以权益结算的股份支付而导致其他权益（资本公积——其他资本公积）增加 500 万元，经公司董事会提议并经股东大会批准，2×20 年提取盈余公积 87 万元，向股东宣告分派现金股利 500 万元。

甲公司取得乙公司长期股权投资时的账面价值为 4 000 万元，由于个别财务报表中对该项长期股权投资采用成本法核算，所以该项长期股权投资在 2×20 年 12 月 31 日的账面价值仍为 4 000 万元。甲公司当年因乙公司宣告分配现金股利而确认的投资收益金额为 400 万元。

针对上述事项，甲公司在合并工作底稿中将该项长期股权投资由成本法核算的结果调整为权益法核算的结果的相关的调整分录如下。

借：长期股权投资——乙公司　　　　　　　　（870×80%）696
　　贷：投资收益　　　　　　　　　　　　　　　　　　　696
借：长期股权投资——乙公司　　　　　　　　（500×80%）400
　　贷：资本公积——其他资本公积　　　　　　　　　　　400
借：投资收益　　　　　　　　　　　　　　　（500×80%）400
　　贷：长期股权投资——乙公司　　　　　　　　　　　　400

经过上述调整分录后，甲公司对乙公司长期股权投资的账面价值为 4 696 万元（4 000+696+400-400）。甲公司对乙公司长期股权投资的账面价值 4 696 万元正好等于甲公司在乙公司股东权益中所拥有的份额（5 870×80%）。

2. 对子公司的长期股权投资与子公司所有者权益项目的抵销

在合并工作底稿中，以权益法的核算要求为基准，针对权益法和成本法的核算差异将对子公司的长期股权投资进行调整后，长期股权投资的金额正好反映母公司在子公司所有者权益中所拥有的份额（即，对于全资子公司来说，该长期股权投资的金额正好等于子公司所有者权益总额；对于非全资子公司来说，该长期股权投资的金额正好等于子公司所有者权益总额乘以母公司持股比例），在此基础上，按编制合并财务报表的要求将母公司与子公司之间的内部交易对合并财务报表的影响予以抵销。同时，在非全资子公司的情形下，对于子公司所有者权益中属于子公司少数股东的权益，应将其转为少数股东权益。

案例 ·····▶▶▶

【**例 5-3**】接【**例 5-2**】。将对乙公司的长期股权投资与乙公司所有者权益项目进行抵销的分录如下。

借：股本		1 000
资本公积		2 500
其他综合收益		300
盈余公积		287
未分配利润		1 783
贷：长期股权投资	（5 870×80%）	4 696
少数股东权益	（5 870×20%）	1 174

3. 对子公司的投资收益与子公司当年利润分配的抵销

子公司当期所发生的损益，将在合并工作底稿中通过各利润表的损益类项目归并入企业集团所对应的合并利润表中对应的损益类项目，而前面在合并工作底稿中按权益法调整对子公司长期股权投资时，又针对子公司所实现净损益中归属于母公司的部分确认了投资收益，如果不将这部分投资收益抵销，那么就会导致企业集团所对应的合并利润表重复反映子公司所发生的损益。同时，企业集团所对应的合并财务报表，应当反映的是母公司股东权益变动的情况，对于子公司当期的股东权益变动情况（如提取盈余公积、向股东分配股利以及未分配利润的变动情况）不应当在合并财务报表中反映。所以，应在合并工作底稿中将对子公司的投资收益与子公司当年利润分配相抵销。当然，对于非全资子公司，在抵销母公司对子公司的投资收益的同时，还需要考虑少数股东按所享有的子公司当期净利润份额计算确定的少数股东收益。

案例 ····▶▶▶

【例5-4】接【例5-2】。将对子公司的投资收益与子公司当年利润分配进行抵销。

借：投资收益　　　　　　　　　　　　　（870×80%）696

　　少数股东损益　　　　　　　　　　　（870×20%）174

　　年初未分配利润　　　　　　　　　　　　　　1 500

　贷：提取盈余公积　　　　　　　　　　　　　　　　　87

　　　向股东分配利润　　　　　　　　　　　　　　　500

　　　年末未分配利润　　　　　　　　　　　　　　1 783

为简化处理思路，此处省略了将被合并方在企业合并前实现的留存收益中归属于合并方的部分自资本公积转入留存收益（即将上述抵销分录中所抵销的子公司留存收益中归属于合并方的部分予以恢复）的处理。

根据上述调整抵销分录编制的合并工作底稿如表5-6所示。

表5-6　合并工作底稿

制单位：甲公司　　　　　　　　　2×20年12月31日　　　　　　　　单位：万元

项目	甲公司	乙公司	合计数	调整分录 借方	调整分录 贷方	抵销分录 借方	抵销分录 贷方	少数股东权益	合并数
资产负债表项目									
流动资产：									
货币资金	800	400	1 200						1 200
交易性金融资产	400	200	600						600
衍生金融资产	0	0	0						0
应收票据	600	300	900						900
应收账款	1 600	800	2 400						2 400
应收款项融资	0	0	0						0
预付款项	0	0	0						0
其他应收款	0	0	0						0
存货	1 000	500	1 500						1 500
合同资产	0	0	0						0
持有待售资产	0	0	0						0
一年内到期的非流动资产	0	0	0						0
其他流动资产	0	0	0						0

项目	甲公司	乙公司	合计数	调整分录 借方	调整分录 贷方	抵销分录 借方	抵销分录 贷方	少数股东权益	合并数
流动资产合计	4 400	2 200	6 600	0	0	0	0		6 600
非流动资产:									0
债权投资	1 200	600	1 800						1 800
其他债权投资	1 200	600	1 800						1 800
长期应收款	0	0	0						0
长期股权投资	6 000	3 000	9 000	1 096	400		4 696		5 000
其他权益工具投资	0	0	0						0
其他非流动金融资产	0	0	0						0
投资性房地产	0	0	0						0
固定资产	4 740	2 370	7 110						7 110
在建工程	0	0	0						0
生产性生物资产	0	0	0						0
油气资产	0	0	0						0
使用权资产	0	0	0						0
无形资产	0	0	0						0
开发支出	0	0	0						0
商誉	0	0	0						0
长期待摊费用	0	0	0						0
递延所得税资产	0	0	0						0
其他非流动资产	0	0	0						0
非流动资产合计	13 140	6 570	19 710	1 096	400	0	4 696		15 710
资产总计	17 540	8 770	26 310	1 096	400	0	4 696		22 310
流动负债:									
短期借款	400	200	600						600
交易性金融负债	0	0	0						0
衍生金融负债	0	0	0						0
应付票据	500	250	750						750
应付账款	700	350	1 050						1 050
预收款项	600	300	900						900
合同负债	0	0	0						0
应付职工薪酬	200	100	300						300
应交税费	200	100	300						300

项目	甲公司	乙公司	合计数	调整分录 借方	调整分录 贷方	抵销分录 借方	抵销分录 贷方	少数股东权益	合并数
其他应付款	0	0	0						0
持有待售负债	0	0	0						0
一年内到期的非流动负债	0	0	0						0
其他流动负债	0	0	0						0
流动负债合计	2 600	1 300	3 900	0	0	0	0		3 900
非流动负债：									
长期借款	2 000	1 000	3 000						3 000
应付债券	1 000	500	1 500						1 500
租赁负债	0	0	0						0
长期应付款	0	0	0						0
预计负债	0	0	0						0
递延收益	0	0	0						0
递延所得税负债	200	100	300						300
其他非流动负债	0	0	0						0
非流动负债合计	3 200	1 600	4 800	0	0	0	0		4 800
负债合计	5 800	2 900	8 700	0	0	0	0		8 700
所有者权益（或股东权益）：									
股本	2 000	1 000	3 000			1 000			2 000
资本公积	4 000	2 500	6 500		400	2 500			4 400
其他综合收益	1 600	300	1 900			300			1 600
专项储备	0	0	0						0
盈余公积	574	287	861			287			574
未分配利润	3 566	1 783	5 349	400	696	4 153	2 370		3 862
所有者权益（或股东权益）合计	11 740	5 870	17 610	400	1 096	8 240	2 370		12 436
少数股东权益								1 174	1 174
负债和所有者权益（或股东权益）总计	17 540	8 770	26 310	400	1 096	8 240	2 370	1 174	22 310
利润表项目									
一、营业收入	5 000	2 500	7 500						7 500
减：营业成本	2 000	1 000	3 000						3 000

项目	甲公司	乙公司	合计数	调整分录		抵销分录		少数股东权益	合并数
				借方	贷方	借方	贷方		
税金及附加	800	400	1 200						1 200
销售费用	600	300	900						900
管理费用	400	200	600						600
研发费用	200	100	300						300
财务费用	200	100	300						300
加：其他收益	300	150	450						450
投资收益（损失以"-"号填列）	500	250	750	400	696	696			350
净敞口套期收益（损失以"-"号填列）	0	0	0						0
公允价值变动收益（损失以"-"号填列）	700	350	1 050						1 050
信用减值损失（损失以"-"号填列）	-100	-50	-150						-150
资产减值损失（损失以"-"号填列）	-900	-450	-1 350						-1350
资产处置收益（损失以"-"号填列）	720	360	1 080						1 080
二、营业利润（亏损以"-"号填列）	2 020	1 010	3 030	400	696	696	0		2 630
加：营业外收入	860	430	1 290						1 290
减：营业外支出	560	280	840						840
三、利润总额（亏损总额以"-"号填列）	2 320	1 160	3 480	400	696	696	0		3 080
减：所得税费用	580	290	870						870
四、净利润（净亏损以"-"号填列）	1 740	870	2 610	400	696	696	0		2 210
少数股东损益						174			174
归属母公司股东损益									2 036

项目	甲公司	乙公司	合计数	调整分录 借方	调整分录 贷方	抵销分录 借方	抵销分录 贷方	少数股东权益	合并数
五、其他综合收益税后净额	1 000	0	1 000	0		0	0		1 000
（一）归属于母公司的其他综合收益的税后净额	1 000	0	1 000						1 000
（二）归属于少数股东的其他综合收益的税后净额	0	0	0						0
六、综合收益总额	2 740	870	3 610	400	696	870	0		3 036
股东权益变动表项目									
一、年初未分配利润	3 000	1 500	4 500			1 500			3 000
二、本年增减变动金额									
净利润	1 740	870	2 610	400	696	870			2 036
三、利润分配									
1.提取盈余公积	174	87	261				87		174
2.对股东的分配	1 000	500	1 500				500		1 000
四、年末未分配利润	3 566	1 783	5 349	400	696	4 153	2 370		3 862*

注：3 862=5 349-400+696-4 153+2 370。

根据上述合并工作底稿，甲公司可以编制2×20年度的合并资产负债表、合并利润表和合并所有者权益变动表，具体如表5-7、表5-8和表5-9所示。

表5-7 合并资产负债表

会合01表

编制单位：甲公司　　　　　　　　2×20年12月31日　　　　　　　　单位：万元

资产	期末余额	负债及所有者权益	期末余额
流动资产：		流动负债：	
货币资金	1 200	短期借款	600
交易性金融资产	600	交易性金融负债	0
衍生金融资产	0	衍生金融负债	0
应收票据	900	应付票据	750

资产	期末余额	负债及所有者权益	期末余额
应收账款	2 400	应付账款	1 050
应收款项融资	0	预收款项	900
预付款项	0	合同负债	0
其他应收款	0	应付职工薪酬	300
存货	1 500	应交税费	300
合同资产	0	其他应付款	0
持有待售资产	0	持有待售负债	0
一年内到期的非流动资产	0	一年内到期的非流动负债	0
其他流动资产	0	其他流动负债	0
流动资产合计	6 600	流动负债合计	3 900
非流动资产：		非流动负债：	
债权投资	1 800	长期借款	3 000
其他债权投资	1 800	应付债券	1 500
长期应收款	0	租赁负债	0
长期股权投资	5 000	长期应付款	0
其他权益工具投资	0	预计负债	0
其他非流动金融资产	0	递延收益	0
投资性房地产	0	递延所得税负债	300
固定资产	7 110	其他非流动负债	0
在建工程	0	非流动负债合计	4 800
生产性生物资产	0	负债合计	8 700
油气资产	0	所有者权益（或股东权益）：	
使用权资产	0	股本	2 000
无形资产	0	资本公积	4 400
开发支出	0	其他综合收益	1 600
商誉	0	专项储备	0
长期待摊费用	0	盈余公积	574
递延所得税资产	0	未分配利润	3 862
其他非流动资产	0	归属于母公司所有者权益（或股东权益）合计	12 436
非流动资产合计	15 710	少数股东权益	1 174
		所有者权益（或股东权益）合计	13 610
资产总计	22 310	负债和所有者权益（或股东权益）总计	22 310

表 5-8 合并利润表

会合 02 表

编制单位：甲公司   2×20 年度   单位：万元

项目	本期金额
一、营业收入	7 500
减：营业成本	3 000
税金及附加	1 200
销售费用	900
管理费用	600
研发费用	300
财务费用	300
加：其他收益	450
投资收益（损失以"-"号填列）	350
净敞口套期收益（损失以"-"号填列）	0
公允价值变动收益（损失以"-"号填列）	1 050
信用减值损失（损失以"-"号填列）	-150
资产减值损失（损失以"-"号填列）	-1 350
资产处置收益（损失以"-"号填列）	1 080
二、营业利润（亏损以"-"号填列）	2 630
加：营业外收入	1 290
减：营业外支出	840
三、利润总额（亏损总额以"-"号填列）	3 080
减：所得税费用	870
四、净利润（净亏损以"-"号填列）	2 210
归属母公司股东的净利润（净亏损以"-"号填列）	2 036
少数股东损益（净亏损以"-"号填列）	174
五、其他综合收益税后净额	1 000
（一）归属于母公司所有者的其他综合收益的税后净额	1 000
（二）归属于少数股东的其他综合收益的税后净额	0
六、综合收益总额	3 036

表5-9　合并所有者权益变动表

编制单位：甲公司　2×20年度　单位：元

项目	本年利润 归属于母公司所有者权益 实收资本（或股本）	其他权益工具 优先股	其他权益工具 永续债	其他权益工具 其他	资本公积	减：库存股	其他综合收益	专项储备	盈余公积	一般风险准备	未分配利润	小计	少数股东权益	所有者权益合计	上年利润 归属于母公司所有者权益 实收资本（或股本）	其他权益工具 优先股	其他权益工具 永续债	其他权益工具 其他	资本公积	减：库存股	其他综合收益	专项储备	盈余公积	一般风险准备	未分配利润	小计	少数股东权益	所有者权益合计
一、上年年末余额	2 000				4 000		600		400		3 000	10 000		10 000														
加：会计政策变更																												
前期差错更正																												
其他																												
二、本年年初余额	2 000				4 000		600		400		3 000	10 000	1 000	11 000														
三、本年增减变动金额（减少以"-"号填列）					400		1 000				2 036	3 436	274	3 710														
（一）综合收益总额							1 000				2 036	3 036	174	3 210														
（二）所有者投入和减少资本					400							400	100	500														

项目	本年利润														上年利润													
	归属于母公司所有者权益											少数股东权益	所有者权益合计		归属于母公司所有者权益											少数股东权益	所有者权益合计	
	实收资本（或股本）	其他权益工具			资本公积	减：库存股	其他综合收益	专项储备	盈余公积	一般风险准备	未分配利润	小计			实收资本（或股本）	其他权益工具			资本公积	减：库存股	其他综合收益	专项储备	盈余公积	一般风险准备	未分配利润	小计		
		优先股	永续债	其他												优先股	永续债	其他										
1. 所有者投入的普通股																												
2. 其他权益工具持有者投入资本																												
3. 股份支付计入所有者权益的金额					400								100	500													
4. 其他																												
（三）利润分配									174		1 174		100	1 100													
1. 提取盈余公积									174		174																	
2. 对所有者（或股东）的分配											1 000		100	1 100													
3. 其他																												

续表

项目	本年利润 归属于母公司所有者权益 实收资本（或股本）	其他权益工具 优先股	永续债	其他	资本公积	减：库存股	其他综合收益	专项储备	盈余公积	一般风险准备	未分配利润	小计	少数股东权益	所有者权益合计	上年利润 归属于母公司所有者权益 实收资本（或股本）	其他权益工具 优先股	永续债	其他	资本公积	减：库存股	其他综合收益	专项储备	盈余公积	一般风险准备	未分配利润	小计	少数股东权益	所有者权益合计
（四）所有者权益内部结转																												
1. 资本公积转增资本（或股本）																												
2. 盈余公积转增资本（或股本）																												
3. 盈余公积弥补亏损																												
4. 设定受益计划变动额结转留存收益																												
5. 其他综合收益结转留存收益																												
6. 其他																												
四、本年年末余额	2 000				4 400		1 600		574		3 862		1 174	13 610														

5.2 非同一控制下企业合并涉及的长期股权投资与所有者权益的合并处理

相比于同一控制下企业合并涉及的长期股权投资与所有者权益的合并处理，非同一控制下企业合并涉及的长期股权投资与所有者权益的合并处理要复杂一些。因为非同一控制下企业合并需要考虑合并商誉的计算、按购买日公允价值调整子公司的可辨认资产、负债等。

5.2.1 非同一控制下取得子公司购买日合并财务报表的编制

按照企业合并准则的规定，非同一控制下的企业合并，母公司应当编制购买日的合并资产负债表。因企业合并取得的被购买方各项可辨认资产、负债应当以公允价值列示，所以需要以购买日的公允价值对子公司财务报表进行调整。同时，对于非同一控制下的企业合并中母公司合并成本大于取得的子公司可辨认净资产公允价值份额的差额，在合并工作底稿中确认为合并商誉，并在合并资产负债表中列示。

合并商誉 = 合并成本 – 子公司可辨认净资产在购买日的公允价值 × 母公司持股比例

> **相关链接**
>
> 母公司应当设置备查簿，记录企业合并中取得的子公司各项可辨认资产、负债在购买日的公允价值。

非同一控制下取得子公司购买日合并财务报表的编制步骤如图 5-2 所示。

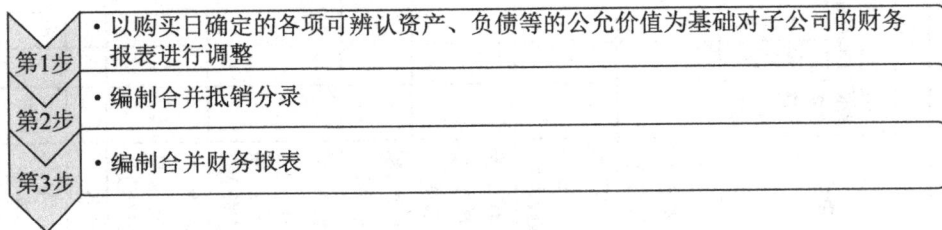

第1步	• 以购买日确定的各项可辨认资产、负债等的公允价值为基础对子公司的财务报表进行调整
第2步	• 编制合并抵销分录
第3步	• 编制合并财务报表

图 5-2　非同一控制下取得子公司购买日合并财务报表的编制步骤

注：购买日刚取得对子公司的长期股权投资，因此一般不涉及按权益法调整对子公司的长期股权投资。

1. 以购买日确定的各项可辨认资产、负债等的公允价值为基础对子公司的财务报表进行调整

非同一控制下的企业合并中，母公司在进行企业合并时，会对子公司的资产和负债进行评估以确定其价值，但是一般情况下，子公司在其个别财务报表中一般不会将该估值所产生的资产、负债公允价值的变动登记入账，其对外提供的财务报表仍然是以各项资产和负债原来的账面价值为基础进行编制。所以，母公司在编制购买日的合并财务报表时，需要按照其在购买日所评估确定的子公司各项可辨认资产、负债等的公允价值对其财务报表项目进行调整，然后以购买日子公司各项资产、负债的公允价值为基础编制购买日的合并财务报表。相关调整分录的一般形式如下。

借：固定资产／无形资产／存货等
　　贷：资本公积

如为评估减值，则编制相反分录。

相关链接

以购买日确定的各项可辨认资产、负债等的公允价值为基础对子公司的财务报表所做的调整，是以合并工作底稿调整分录的方式进行的，实际上相当于将各项资产、负债的公允价值变动模拟入账。

案例 ▶▶▶▶

【例5-5】2×20年1月1日，甲公司以银行存款5 000万元自丙公司处取得乙公司80%有表决权有股份。相关手续已于当日办妥，甲公司取得了对乙公司的控制权。

2×20年1月1日，乙公司个别财务报表中所有者权益的账面价值为5 000万元，其中股本为1 000万元，资本公积为2 000万元，其他综合收益为300万元，盈余公积为200万元，未分配利润为1 500万元。

在该项企业合并过程中，甲公司另发生审计、法律服务、评估咨询等中介费用40万元。

甲公司和丙公司不存在任何关联方关系。

2×20年1月1日，甲公司针对上述合并事项进行相关账务处理后的资产负债表（简表）和乙公司的资产负债表（简表）如表5-10所示。

表5-10　资产负债表（简表）

会合01表

编制单位：甲公司、乙公司　　　　2×20年1月1日　　　　单位：万元

资产	甲公司	乙公司	负债及所有者权益	甲公司	乙公司
流动资产：			流动负债：		
货币资金	600	300	短期借款	200	100
交易性金融资产	400	200	交易性金融负债	0	0
衍生金融资产	0	0	衍生金融负债	0	0
应收票据	200	100	应付票据	400	200
应收账款	800	400	应付账款	800	400
应收款项融资	0	0	预收款项	600	300
预付款项	0	0	合同负债	0	0
其他应收款	0	0	应付职工薪酬	200	100
存货	1 000	500	应交税费	200	100
合同资产	0	0	其他应付款	0	0
持有待售资产	0	0	持有待售负债	0	0
一年内到期的非流动资产	0	0	一年内到期的非流动负债	0	0
其他流动资产	0	0	其他流动负债	0	0
流动资产合计	3 000	1 500	流动负债合计	2 400	1 200
非流动资产：			非流动负债：		
债权投资	1 200	600	长期借款	2 000	1 000
其他债权投资	200	100	应付债券	1 000	500
长期应收款	0	0	租赁负债	0	0
长期股权投资	6 000	3 000	长期应付款	0	0
其他权益工具投资	0	0	预计负债	0	0
其他非流动金融资产	0	0	递延收益	0	0
投资性房地产	0	0	递延所得税负债	200	100
固定资产	5 200	2 600	其他非流动负债	0	0
在建工程	0	0	非流动负债合计	3 200	1 600
生产性生物资产	0	0	负债合计	5 600	2 800
油气资产	0	0	所有者权益（或股东权益）：		
使用权资产	0	0	股本	2 000	1 000

资产	甲公司	乙公司	负债及所有者权益	甲公司	乙公司
无形资产	0	0	资本公积	4 000	2 000
开发支出	0	0	其他综合收益	600	300
商誉	0	0	专项储备	0	0
长期待摊费用	0	0	盈余公积	400	200
递延所得税资产	0	0	未分配利润	3 000	1 500
其他非流动资产	0	0	所有者权益（或股东权益）合计	10 000	5 000
非流动资产合计	12 600	6 300			
资产总计	15 600	7 800	负债和所有者权益（或股东权益）总计	15 600	7 800

2×20年1月1日，甲公司经评估确定乙公司在购买日的可辨认净资产公允价值为6 000万元，比乙公司在购买日的所有者权益的账面价值高1 000万元，该差额主要是由乙公司的以下可辨认资产的公允价值与账面价值不等所导致。

乙公司持有的一栋行政办公楼。该行政办公楼的原价为500万元，采用年限平均法计提折旧，预计净残值为零，已累计计提折旧300万元，未计提固定资产减值准备，其在2×20年1月1日的账面价值为200万元，公允价值为800万元。截至2×20年1月1日，该行政办公楼的尚可使用寿命为10年。

乙公司持有的一批库存商品A。该批库存商品在2×20年1月1日的账面价值为100万元，公允价值为500万元。

假定不考虑所得税等其他因素。

由于甲公司和丙公司不存在任何关联方关系，说明在本次企业合并前，甲公司和乙公司并未同受丙公司最终控制，所以甲公司合并乙公司属于非同一控制下的企业合并。甲公司个别财务报表中的账务处理如下。

借：长期股权投资　　　　　　　　　　　　　　　　　　5 000
　　贷：银行存款　　　　　　　　　　　　　　　　　　　　5 000
借：管理费用　　　　　　　　　　　　　　　　　　　　40
　　贷：银行存款　　　　　　　　　　　　　　　　　　　　　40

针对乙公司可辨认资产在购买日的评估增值，甲公司编制购买日的合并资产负债表时，在合并工作底稿中应当编制的相关调整分录如下。

借：固定资产　　　　　　　　　　　　　　　（800-200）600

存货	（500-100）400
贷：资本公积	1 000

2. 编制合并抵销分录

在购买日编制合并财务报表时，所要编制的合并抵销分录，主要是将母公司对子公司长期股权投资与母公司在子公司所有者权益中所拥有的份额予以抵销。在编制这一抵销分录时，如果母公司合并成本大于取得的子公司可辨认净资产公允价值份额，则需要按差额在该抵销分录中确认相应的合并商誉。此外，如果该公司为非全资子公司，应将不属于母公司所拥有的份额在抵销分录中确认为少数股东权益，少数股东权益的金额也应以购买日子公司各项资产、负债的公允价值为基础乘以少数股东持股比例进行计算；如果该子公司为全资子公司，则不涉及少数股东权益的确认。

案例 ····▶▶▶

【例5-6】接【例5-5】。根据【例5-5】的有关调整处理，有关项目调整后的金额如下。

乙公司调整后的资本公积 =2 000+1 000=3 000（万元）。

A公司调整后的股东权益总额 =5 000+1 000=6 000（万元）。

甲公司合并乙公司过程中应确认的合并商誉 = 合并成本 - 子公司可辨认净资产在购买日的公允价值 × 母公司持股比例 =5 000-6 000×80%=200（万元）。

少数股东权益 =6 000×20%=1 200（万元）。

因此，编制购买日的合并资产负债表时，甲公司在合并工作底稿中应当编制的相关抵销分录如下。

借：股本	1 000
资本公积	3 000
其他综合收益	300
盈余公积	200
未分配利润	1 500
商誉	200
贷：长期股权投资	5 000
少数股东权益	（6 000×20%）1 200

3. 编制合并财务报表

在上述两步的基础上，编制购买日的合并工作底稿，据此计算得出合并资产负债表各项目的合并数，进而编制购买日的合并资产负债表。

案例 ·····▶▶▶

【**例 5-7**】接【**例 5-6**】。编制购买日的合并资产负债表时，甲公司的合并工作底稿具体如表 5-11 所示。

表 5-11　合并工作底稿

编制单位：甲公司　　　　　　　　　　　2×20 年 1 月 1 日　　　　　　　　　　单位：万元

项目	甲公司	乙公司	合计数	调整分录 借方	调整分录 贷方	抵销分录 借方	抵销分录 贷方	少数股东权益	合并数
流动资产：									
货币资金	600	300	900						900
交易性金融资产	400	200	600						600
衍生金融资产	0	0	0						0
应收票据	200	100	300						300
应收账款	800	400	1 200						1 200
应收款项融资	0	0	0						0
预付款项	0	0	0						0
其他应收款	0	0	0						0
存货	1 000	500	1 500	400					1 900
合同资产	0	0	0						0
持有待售资产	0	0	0						0
一年内到期的非流动资产	0	0	0						0
其他流动资产	0	0	0						0
流动资产合计	3 000	1 500	4 500	400					4 900
非流动资产：									0
债权投资	1 200	600	1 800						1 800
其他债权投资	200	100	300						300
长期应收款	0	0	0						0
长期股权投资	6 000	3 000	9 000				5 000		4 000
其他权益工具投资	0	0	0						0
其他非流动金融资产	0	0	0						0
投资性房地产	0	0	0						0

项目	甲公司	乙公司	合计数	调整分录 借方	调整分录 贷方	抵销分录 借方	抵销分录 贷方	少数股东权益	合并数
固定资产	5 200	2 600	7 800	600					8 400
在建工程	0	0	0						0
生产性生物资产	0	0	0						0
油气资产	0	0	0						0
使用权资产	0	0	0						0
无形资产	0	0	0						0
开发支出	0	0	0						0
商誉	0	0	0			200			200
长期待摊费用	0	0	0						0
递延所得税资产	0	0	0						0
其他非流动资产	0	0	0						0
非流动资产合计	12 600	6 300	18 900	600		200	5 000		14 700
资产总计	15 600	7 800	23 400	1 000		200	5 000		19 600
流动负债:									
短期借款	200	100	300						300
交易性金融负债	0	0	0						0
衍生金融负债	0	0	0						0
应付票据	400	200	600						600
应付账款	800	400	1 200						1 200
预收款项	600	300	900						900
合同负债	0	0	0						0
应付职工薪酬	200	100	300						300
应交税费	200	100	300						300
其他应付款	0	0	0						0
持有待售负债	0	0	0						0
一年内到期的非流动负债	0	0	0						0
其他流动负债	0	0	0						0
流动负债合计	2 400	1 200	3 600						3 600
非流动负债:									
长期借款	2 000	1 000	3 000						3 000
应付债券	1 000	500	1 500						1 500
租赁负债	0	0	0						0
长期应付款	0	0	0						0

项目	甲公司	乙公司	合计数	调整分录 借方	调整分录 贷方	抵销分录 借方	抵销分录 贷方	少数股东权益	合并数
预计负债	0	0	0						0
递延收益	0	0	0						0
递延所得税负债	200	100	300						300
其他非流动负债	0	0	0						0
非流动负债合计	3 200	1 600	4 800						4 800
负债合计	5 600	2 800	8 400						8 400
所有者权益（或股东权益）：									
股本	2 000	1 000	3 000			1 000			2 000
资本公积	4 000	2 000	6 000		1 000	3 000			4 000
其他综合收益	600	300	900			300			600
专项储备	0	0	0						0
盈余公积	400	200	600			200			400
未分配利润	3 000	1 500	4 500			1500			3 000
所有者权益（或股东权益）合计	10 000	5 000	15 000		1 000	6 000			10 000
少数股东权益								1200	1 200	1 200
负债和所有者权益（或股东权益）总计	15 600	7 800	23 400		1 000	6 000		1 200	19 600

甲公司在购买日编制的合并资产负债表如表 5-12 所示。

表 5-12 合并资产负债表

会合 01 表

编制单位：甲公司 2×20 年 1 月 1 日 单位：万元

资产	期末余额	负债及所有者权益	期末余额
流动资产：		流动负债：	
货币资金	900	短期借款	300
交易性金融资产	600	交易性金融负债	0
衍生金融资产	0	衍生金融负债	0
应收票据	300	应付票据	600
应收账款	1 200	应付账款	1 200
应收款项融资	0	预收款项	900
预付款项	0	合同负债	0
其他应收款	0	应付职工薪酬	300

资产	期末余额	负债及所有者权益	期末余额
存货	1 900	应交税费	300
合同资产	0	其他应付款	0
持有待售资产	0	持有待售负债	0
一年内到期的非流动资产	0	一年内到期的非流动负债	0
其他流动资产	0	其他流动负债	0
流动资产合计	4 900	流动负债合计	3 600
非流动资产：	0	非流动负债：	
债权投资	1 800	长期借款	3 000
其他债权投资	300	应付债券	1 500
长期应收款	0	租赁负债	0
长期股权投资	4 000	长期应付款	0
其他权益工具投资	0	预计负债	0
其他非流动金融资产	0	递延收益	0
投资性房地产	0	递延所得税负债	300
固定资产	8 400	其他非流动负债	0
在建工程	0	非流动负债合计	4 800
生产性生物资产	0	负债合计	8 400
油气资产	0	所有者权益（或股东权益）：	
使用权资产	0	股本	2 000
无形资产	0	资本公积	4 000
开发支出	0	其他综合收益	600
商誉	200	专项储备	0
长期待摊费用	0	盈余公积	400
递延所得税资产	0	未分配利润	3 000
其他非流动资产	0	归属于母公司所有者权益（或股东权益）合计	10 000
非流动资产合计	14 700	少数股东权益	1 200
资产总计	19 600	负债和所有者权益（或股东权益）总计	19 600

5.2.2 非同一控制下取得子公司购买日后合并财务报表的编制

母公司通过非同一控制下的企业合并取得子公司后，在未来持有期间内，每个会计期末均需要将其纳入合并范围，编制合并财务报表。

母公司通过非同一控制下的企业合并取得子公司后，在后续期间编制合并财务报表的步骤如图 5-3 所示。

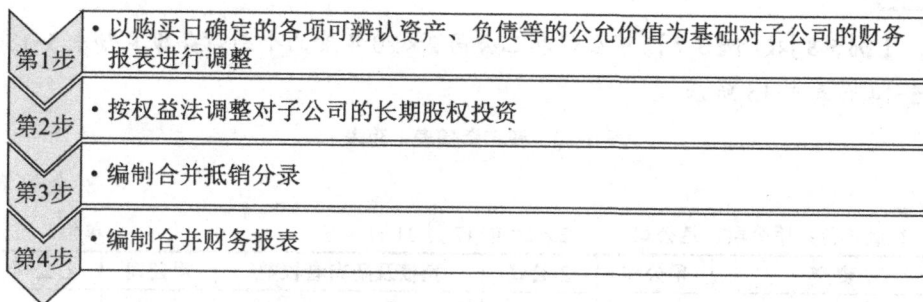

第1步	• 以购买日确定的各项可辨认资产、负债等的公允价值为基础对子公司的财务报表进行调整
第2步	• 按权益法调整对子公司的长期股权投资
第3步	• 编制合并抵销分录
第4步	• 编制合并财务报表

图 5-3　非同一控制下取得子公司在购买日之后编制合并财务报表的步骤

1. 以购买日确定的各项可辨认资产、负债等的公允价值为基础对子公司的财务报表进行调整

在购买日之后，子公司对外提供的财务报表仍然是以各项资产和负债原来的账面价值为基础进行编制，而母公司编制合并财务报表时，需要以其在购买日所评估确定的子公司各项可辨认资产、负债等的公允价值为基础，考虑上述可辨认资产、负债的相关后续计量，对其财务报表项目进行调整（比如，对于在购买日评估增值的子公司固定资产，应以购买日的公允价值为基础对子公司财务报表中的固定资产折旧金额进行调整；再比如，对于在购买日评估增值的子公司存货，应根据其在后续期间的对外销售情况，对相关营业成本金额等进行调整），然后以此为基础编制后续期间的合并财务报表。相关调整分录的一般形式如下。

借：固定资产——原价（评估增值额）

　　无形资产——原价（评估增值额）

　　存货等（评估增值额）

　　贷：资本公积

借：管理费用等

　　贷：固定资产——累计折旧（因评估增值而需调增的固定资产折旧额）

借：管理费用等

　　贷：无形资产——累计摊销（因评估增值而需调增的无形资产摊销额）

借：营业成本

　　贷：存货（评估增值额 × 对外售出比例）

如为评估减值，则编制相反分录。

案例 ••••▸▸▸

【例5-8】接【例5-7】。甲公司和乙公司2×20年度的个别财务报表如表5-13、表5-14和表5-15所示。

表 5-13　资产负债表（简表）

会合 01 表

编制单位：甲公司、乙公司　　　　2×20 年 12 月 31 日　　　　单位：万元

资产	甲公司	乙公司	负债及所有者权益	甲公司	乙公司
流动资产：			流动负债：		
货币资金	800	400	短期借款	400	200
交易性金融资产	400	200	交易性金融负债	0	0
衍生金融资产	0	0	衍生金融负债	0	0
应收票据	600	300	应付票据	500	250
应收账款	1 600	800	应付账款	700	350
应收款项融资	0	0	预收款项	600	300
预付款项	0	0	合同负债	0	0
其他应收款	0	0	应付职工薪酬	200	100
存货	1 000	500	应交税费	200	100
合同资产	0	0	其他应付款	0	0
持有待售资产	0	0	持有待售负债	0	0
一年内到期的非流动资产	0	0	一年内到期的非流动负债	0	0
其他流动资产	0	0	其他流动负债	0	0
流动资产合计	4 400	2 200	流动负债合计	2 600	1 300
非流动资产：			非流动负债：		
债权投资	1 200	600	长期借款	2 000	1 000
其他债权投资	1 200	600	应付债券	1 000	500
长期应收款	0	0	租赁负债	0	0
长期股权投资	6 000	3 000	长期应付款	0	0
其他权益工具投资	0	0	预计负债	0	0
其他非流动金融资产	0	0	递延收益	0	0
投资性房地产	0	0	递延所得税负债	200	100
固定资产	4 740	2 370	其他非流动负债	0	0
在建工程	0	0	非流动负债合计	3 200	1 600
生产性生物资产	0	0	负债合计	5 800	2 900
油气资产	0	0	所有者权益（或股东权益）：		

资产	甲公司	乙公司	负债及所有者权益	甲公司	乙公司
使用权资产	0	0	股本	2 000	1 000
无形资产	0	0	资本公积	4 000	2 500
开发支出	0	0	其他综合收益	1 600	300
商誉	0	0	专项储备	0	0
长期待摊费用	0	0	盈余公积	574	287
递延所得税资产	0	0	未分配利润	3 566	1 783
其他非流动资产	0	0	所有者权益（或股东权益）合计	11 740	5 870
非流动资产合计	13 140	6 570			
资产总计	17 540	8 770	负债和所有者权益（或股东权益）总计	17 540	8 770

表 5-14　利润表（简表）

会合 02 表

编制单位：甲公司、乙公司　　　　　2×20 年度　　　　　单位：万元

项目	甲公司	乙公司
一、营业收入	5 000	2 500
减：营业成本	2 000	1 000
税金及附加	800	400
销售费用	600	300
管理费用	400	200
研发费用	200	100
财务费用	200	100
加：其他收益	300	150
投资收益（损失以"-"号填列）	500	250
净敞口套期收益（损失以"-"号填列）	0	0
公允价值变动收益（损失以"-"号填列）	700	350
信用减值损失（损失以"-"号填列）	-100	-50
资产减值损失（损失以"-"号填列）	-900	-450
资产处置收益（损失以"-"号填列）	720	360
二、营业利润（亏损以"-"号填列）	2 020	1 010
加：营业外收入	860	430
减：营业外支出	560	280
三、利润总额（亏损总额以"-"号填列）	2 320	1 160

项目	甲公司	乙公司
减：所得税费用	580	290
四、净利润（净亏损以"-"号填列）	1 740	870
（一）持续经营净利润（净亏损以"-"号填列）	1 740	870
（二）终止经营净利润（净亏损以"-"号填列）	0	0
五、其他综合收益税后净额	1 000	0
（一）不能重分类进损益的其他综合收益	0	0
1. 重新计量设定受益计划变动额	0	0
2. 权益法下不能转损益的其他综合收益	0	0
3. 其他权益工具投资公允价值变动	0	0
4. 企业自身信用风险公允价值变动	0	0
（二）将重分类进损益的其他综合收益	1 000	0
1. 权益法下可转损益的其他综合收益	0	0
2. 其他债权投资公允价值变动	1 000	0
3. 金融资产重分类计入其他综合收益的金额	0	0
4. 其他债权投资信用减值准备	0	0
5. 现金流量套期储备	0	0
6. 外币财务报表折算差额	0	0
六、综合收益总额	2 740	870
七、每股收益		
（一）基本每股收益	略	略
（二）稀释每股收益	略	略

表 5-15　所有者权益变动表（简表）

会合 04 表

编制单位：甲公司、乙公司　　　　2×20 年度　　　　单位：万元

项目	甲公司						乙公司					
	股本	资本公积	其他综合收益	盈余公积	未分配利润	所有者权益合计	股本	资本公积	其他综合收益	盈余公积	未分配利润	所有者权益合计
一、上年年末余额	2 000	4 000	600	400	3 000	10 000	1 000	2 000	300	200	1 500	5 000
加：会计政策变更												
前期差错更正												

项目	甲公司						乙公司					
	股本	资本公积	其他综合收益	盈余公积	未分配利润	所有者权益合计	股本	资本公积	其他综合收益	盈余公积	未分配利润	所有者权益合计
其他												
二、本年年初余额	2 000	4 000	600	400	3 000	10 000	1 000	2 000	300	200	1 500	5 000
三、本年增减变动金额（减少以"−"号填列）												
（一）综合收益总额			1 000		1 740	2 740			0		870	870
（二）所有者投入和减少资本												
1. 所有者投入的普通股												
2. 其他权益工具持有者投入资本												
3. 股份支付计入所有者权益的金额								500				500
4. 其他												
（三）利润分配												
1. 提取盈余公积				174	174					87	87	
2. 对所有者（或股东）的分配					1 000	1 000					500	500
3. 其他												
（四）所有者权益内部结转												
1. 资本公积转增资本（或股本）												
2. 盈余公积转增资本（或股本）												
3. 盈余公积弥补亏损												
4. 设定受益计划变动额结转留存收益												
5. 其他综合收益结转留存收益												

项目	甲公司						乙公司					
	股本	资本公积	其他综合收益	盈余公积	未分配利润	所有者权益合计	股本	资本公积	其他综合收益	盈余公积	未分配利润	所有者权益合计
6.其他												
四、本年年末余额	2 000	4 000	1 600	574	3 566	11 740	1 000	2 500	300	287	1 783	5 870

乙公司在2×20年1月1日的股东权益总额为7 800万元，其中，股本为1 000万元，资本公积为2 000万元，其他综合收益为300万元，盈余公积为200万元，未分配利润为1 500万元。乙公司在2×20年12月31日的股东权益总额为5 870万元，其中，股本为1 000万元，资本公积为2 500万元，其他综合收益为300万元，盈余公积为287万元，未分配利润为1 783万元。

本例中，乙公司当年实现净利润870万元，因授予职工以权益结算的股份支付而导致其他权益（资本公积——其他资本公积）增加500万元，经公司董事会提议并经股东大会批准，2×20年提取盈余公积87万元，向股东宣告分派现金股利500万元。截至2×20年12月31日，甲公司在购买日评估增值的乙公司存货（库存商品A）已对外部第三方售出2.5%。

甲公司取得乙公司长期股权投资时的账面价值为5 000万元，由于个别财务报表中对该项长期股权投资采用成本法核算，所以该项长期股权投资在2×20年12月31日的账面价值仍为5 000万元。甲公司当年因乙公司宣告分配现金股利而确认的投资收益金额为400万元。

根据上述资料，甲公司在2×20年12月31日编制合并财务报表时，需要以购买日确定的各项可辨认资产、负债等的公允价值为基础对子公司的财务报表进行如下调整。

借：固定资产   （800-200）600

   存货   （500-100）400

  贷：资本公积   1 000

借：管理费用   （600÷10）60

  贷：固定资产——累计折旧   60

借：营业成本   （400×2.5%）10

  贷：存货   10

2. 按权益法调整对子公司的长期股权投资

在合并工作底稿中按权益法调整母公司对子公司的长期股权投资的基本思路，已在"5.1.1 同一控制下取得子公司合并日合并财务报表的编制"中详细介绍，此处不赘述。

但是需要重点强调的一点是，由于子公司个别财务报表是按其资产、负债的原账面价值为基础编制的，其当期计算的净利润也是以其资产、负债的原账面价值为基础计算的结果，而母公司在购买日评估确认的子公司可辨认资产、负债的公允价值与其原账面价值存在差额时，这些可辨认资产、负债会在经营过程中因使用、销售或偿付而实现其公允价值，其实现的公允价值对子公司当期净利润的影响需要在净利润计算中予以反映。因此非同一控制下的企业合并中，在按权益法调整母公司对子公司的长期股权投资时，需要先对子公司的账面净利润进行相应的调整处理。

案例 ┈┈▶▶▶

【例5-9】接【例5-8】。甲公司在编制合并工作底稿时对相关项目的调整计算如下。

（1）调整后的乙公司净利润 =870（乙公司的账面净利润）-60（固定资产公允价值增值计算的折旧而调增管理费用）-10（购买日存货公允价值增值的实现而调增营业成本）=800（万元）。

乙公司调整后的本年年末未分配利润 =1 500（年初的未分配利润）+800（调整后的净利润）-87（提取盈余公积）-500（分派的现金股利）=1 713（万元）。

权益法下甲公司对乙公司投资的投资收益 =800×80%=640（万元）。

因此，甲公司在合并工作底稿中将该项长期股权投资由成本法核算的结果调整为权益法核算的结果的相关调整分录如下。

借：长期股权投资　　　　　　　　　　　　　　　　　　640

　　贷：投资收益　　　　　　　　　　　　　　　　　　　　640

针对乙公司所发生的其他权益变动500万元（因授予职工以权益结算的股份支付而增加的资本公积——其他资本公积），权益法下甲公司应相应调整长期股权投资账面价值并计入资本公积。

借：长期股权投资——乙公司　　　　　　　　　（500×80%）400

　　　　贷：资本公积——其他资本公积　　　　　　　　　　　　　　　400

　　针对乙公司宣告分派的现金股利，甲公司应编制的调整分录如下。

　　借：投资收益　　　　　　　　　　　　　　　　（500×80%）400

　　　　贷：长期股权投资——乙公司　　　　　　　　　　　　　400

　　（2）经过编制上述调整分录后，甲公司对乙公司长期股权投资的账面价值为
5 640万元（5 000+640+400-400）。甲公司对乙公司长期股权投资的账面价值
5 640万元正好等于甲公司在乙公司所有者（股东）权益中所拥有的份额（6 800
万元×80%）加上合并商誉的金额（200万元）。

　　其中，乙公司所有者（股东）权益6 800万元=股本1 000万元+资本公积（2 500万
元+1 000万元）+其他综合收益300万元+盈余公积287万元+未分配利润1 713万元。

3. 编制合并抵销分录

　　在购买日之后编制合并财务报表时，所要编制的合并抵销分录，主要包括以
下三类。

　　①将母公司对子公司长期股权投资与母公司在子公司所有者权益中所拥有的
份额予以抵销。

　　②将母公司对子公司的投资收益与子公司当年利润分配予以抵销。

　　③将母子公司等之间内部交易及相关内部债权债务等予以抵销。

　　其中第③类抵销分录将在后续章节进行详细讲解。

案例 ····▶▶▶

　　【例5-10】接【例5-9】。

　　（1）将甲公司对乙公司的长期股权投资与甲公司在乙公司股东权益中拥有
的份额予以抵销。

　　在合并工作底稿中，其抵销分录如下。

　　借：股本　　　　　　　　　　　　　　　　　　　　　　1 000

　　　　资本公积　　　　　　　　　　　　　　（2 500+1 000）3 500

　　　　其他综合收益　　　　　　　　　　　　　　　　　　　300

　　　　盈余公积　　　　　　　　　　　　　　　　　　　　　287

　　　　未分配利润　　　　　　　　　　　　　　　　　　　1 713

商誉　　　　　　　　　　　　　　　　　　　　　　200

　　贷：长期股权投资　　　　　　　　　　　　　　　　5 640

　　　　少数股东权益　　　　　　　（6 800×20%）1 360

（2）将甲公司对乙公司的投资收益与乙公司当年利润分配予以抵销。

借：投资收益　　　　　　　　　　　（800×80%）640

　　少数股东损益　　　　　　　　　（800×20%）160

　　年初未分配利润　　　　　　　　　　　　　1 500

　　贷：提取盈余公积　　　　　　　　　　　　　　　87

　　　　向股东分配利润　　　　　　　　　　　　　500

　　　　年末未分配利润　　　　　　　　　　　　1 713

根据上述调整抵销分录编制的合并工作底稿如表5-16所示。

表5-16　合并工作底稿

编制单位：甲公司　　　　　　2×20年12月31日　　　　　单位：万元

项目	甲公司	乙公司	合计数	调整分录		抵销分录		少数股东权益	合并数
				借方	贷方	借方	贷方		
资产负债表项目									
流动资产：									
货币资金	800	400	1 200						1 200
交易性金融资产	400	200	600						600
衍生金融资产	0	0	0						0
应收票据	600	300	900						900
应收账款	1 600	800	2 400						2 400
应收款项融资	0	0	0						0
预付款项	0	0	0						0
其他应收款	0	0	0						0
存货	1 000	500	1 500	400	10				1 890
合同资产	0	0	0						0
持有待售资产	0	0	0						0
一年内到期的非流动资产	0	0	0						0
其他流动资产	0	0	0						0
流动资产合计	4 400	2 200	6 600	400	10	0	0		6 990

项目	甲公司	乙公司	合计数	调整分录借方	调整分录贷方	抵销分录借方	抵销分录贷方	少数股东权益	合并数
非流动资产：									0
债权投资	1 200	600	1 800						1 800
其他债权投资	1 200	600	1 800						1 800
长期应收款	0	0	0						0
长期股权投资	6 000	3 000	9 000	1 040	400		5 640		4 000
其他权益工具投资	0	0	0						0
其他非流动金融资产	0	0	0						0
投资性房地产	0	0	0						0
固定资产	4 740	2 370	7 110	600	60				7 650
在建工程	0	0	0						0
生产性生物资产	0	0	0						0
油气资产	0	0	0						0
使用权资产	0	0	0						0
无形资产	0	0	0						0
开发支出	0	0	0						0
商誉	0	0	0			200			200
长期待摊费用	0	0	0						0
递延所得税资产	0	0	0						0
其他非流动资产	0	0	0						0
非流动资产合计	13 140	6 570	19 710	1 640	460	200	5 640		15 450
资产总计	17 540	8 770	26 310	2 040	470	200	5 640		22 440
流动负债：									
短期借款	400	200	600						600
交易性金融负债	0	0	0						0
衍生金融负债	0	0	0						0
应付票据	500	250	750						750
应付账款	700	350	1 050						1 050
预收款项	600	300	900						900
合同负债	0	0	0						0
应付职工薪酬	200	100	300						300

项目	甲公司	乙公司	合计数	调整分录 借方	调整分录 贷方	抵销分录 借方	抵销分录 贷方	少数股东权益	合并数
应交税费	200	100	300						300
其他应付款	0	0	0						0
持有待售负债	0	0	0						0
一年内到期的非流动负债	0	0	0						0
其他流动负债	0	0	0						0
流动负债合计	2 600	1 300	3 900	0	0	0	0		3 900
非流动负债：									
长期借款	2 000	1 000	3 000						3 000
应付债券	1 000	500	1 500						1 500
租赁负债	0	0	0						0
长期应付款	0	0	0						0
预计负债	0	0	0						0
递延收益	0	0	0						0
递延所得税负债	200	100	300						300
其他非流动负债	0	0	0						0
非流动负债合计	3 200	1 600	4 800	0	0	0	0		4 800
负债合计	5 800	2 900	8 700	0	0	0	0		8 700
所有者权益（或股东权益）：									
股本	2 000	1 000	3 000			1 000			2 000
资本公积	4 000	2 500	6 500		1 400	3 500			4 400
其他综合收益	1 600	300	1 900			300			1 600
专项储备	0	0	0						0
盈余公积	574	287	861			287			574
未分配利润	3 566	1 783	5 349	470	640	4 013	2 300		3 806
所有者权益（或股东权益）合计	11 740	5 870	17 610	470	2 040	9 100	2 300		12 380
少数股东权益								1 360	1 360
负债和所有者权益（或股东权益）总计	17 540	8 770	26 310	470	2 040	9 100	2 300	1 360	22 440
利润表项目									

项目	甲公司	乙公司	合计数	调整分录		抵销分录		少数股东权益	合并数
				借方	贷方	借方	贷方		
一、营业收入	5 000	2 500	7 500						7 500
减：营业成本	2 000	1 000	3 000	10					3 010
税金及附加	800	400	1 200						1 200
销售费用	600	300	900						900
管理费用	400	200	600	60					660
研发费用	200	100	300						300
财务费用	200	100	300						300
加：其他收益	300	150	450						450
投资收益（损失以"−"号填列）	500	250	750	400	640	640			350
净敞口套期收益（损失以"−"号填列）	0	0	0						0
公允价值变动收益（损失以"−"号填列）	700	350	1 050						1 050
信用减值损失（损失以"−"号填列）	−100	−50	−150						−150
资产减值损失（损失以"−"号填列）	−900	−450	−1 350						−1 350
资产处置收益（损失以"−"号填列）	720	360	1 080						1 080
二、营业利润（亏损以"−"号填列）	2 020	1 010	3 030	470	640	<u>640</u>	0		2 560
加：营业外收入	860	430	1 290						1 290
减：营业外支出	560	280	840						840
三、利润总额（亏损总额以"−"号填列）	2 320	1 160	3 480	470	640	<u>640</u>	0		3 010
减：所得税费用	580	290	870						870
四、净利润（净亏损以"−"号填列）	1 740	870	2 610	470	640	<u>640</u>	0		2 140
少数股东损益						160			160
归属母公司股东损益									1 980
五、其他综合收益税后净额	1 000	0	1 000	0		0	0		1 000

项目	甲公司	乙公司	合计数	调整分录 借方	调整分录 贷方	抵销分录 借方	抵销分录 贷方	少数股东权益	合并数
（一）归属于母公司的其他综合收益的税后净额	1 000	0	1 000						1 000
（二）归属于少数股东的其他综合收益的税后净额	0	0	0						0
六、综合收益总额	2 740	870	3 610	470	640	<u>800</u>	0		2 980
股东权益变动表项目									
一、年初未分配利润	3 000	1 500	4 500			1 500			3 000
二、本年增减变动金额									
净利润	1 740	870	2 610	470	640	<u>800</u>			1 980
三、利润分配									
1. 提取盈余公积	174	87	261				87		174
2. 对股东的分配	1 000	500	1 500				500		1 000
四、年末未分配利润	3 566	1 783	5 349	<u>470</u>	<u>640</u>	<u>4 013</u>	<u>2 300</u>		3 806

甲公司在 2×20 年 12 月 31 日编制的合并资产负债表如表 5-17 所示。

表 5-17　合并资产负债表

会合 01 表

编制单位：甲公司　　　　　　　2×20 年 12 月 31 日　　　　　　　　单位：万元

资产	期末余额	负债及所有者权益	期末余额
流动资产：		流动负债：	
货币资金	1 200	短期借款	600
交易性金融资产	600	交易性金融负债	0
衍生金融资产	0	衍生金融负债	0
应收票据	900	应付票据	750
应收账款	2 400	应付账款	1 050
应收款项融资	0	预收款项	900
预付款项	0	合同负债	0
其他应收款	0	应付职工薪酬	300
存货	1 890	应交税费	300

资产	期末余额	负债及所有者权益	期末余额
合同资产	0	其他应付款	0
持有待售资产	0	持有待售负债	0
一年内到期的非流动资产	0	一年内到期的非流动负债	0
其他流动资产	0	其他流动负债	0
流动资产合计	6 990	流动负债合计	3 900
非流动资产:		非流动负债:	
债权投资	1 800	长期借款	3 000
其他债权投资	1 800	应付债券	1 500
长期应收款	0	租赁负债	0
长期股权投资	4 000	长期应付款	0
其他权益工具投资	0	预计负债	0
其他非流动金融资产	0	递延收益	0
投资性房地产	0	递延所得税负债	300
固定资产	7 650	其他非流动负债	0
在建工程	0	非流动负债合计	4 800
生产性生物资产	0	负债合计	8 700
油气资产	0	所有者权益（或股东权益）:	
使用权资产	0	股本	2 000
无形资产	0	资本公积	4 400
开发支出	0	其他综合收益	1 600
商誉	200	专项储备	0
长期待摊费用	0	盈余公积	574
递延所得税资产	0	未分配利润	3 806
其他非流动资产	0	归属于母公司所有者权益（或股东权益）合计	12 380
非流动资产合计	15 450	少数股东权益	1 360
		所有者权益（或股东权益）合计	13 740
资产总计	22 440	负债和所有者权益（或股东权益）总计	22 440

甲公司在 2×20 年 12 月 31 日编制的合并利润表如表 5-18 所示。

表 5-18 合并利润表

会合 02 表

编制单位：甲公司　　　　　　　　　2×20 年度　　　　　　　　　单位：万元

项目	本期金额
一、营业收入	7 500
减：营业成本	3 010
税金及附加	1 200
销售费用	900
管理费用	660
研发费用	300
财务费用	300
加：其他收益	450
投资收益（损失以"−"号填列）	350
净敞口套期收益（损失以"−"号填列）	0
公允价值变动收益（损失以"−"号填列）	1 050
信用减值损失（损失以"−"号填列）	−150
资产减值损失（损失以"−"号填列）	−1 350
资产处置收益（损失以"−"号填列）	1 080
二、营业利润（亏损以"−"号填列）	2 560
加：营业外收入	1 290
减：营业外支出	840
三、利润总额（亏损总额以"−"号填列）	3 010
减：所得税费用	870
四、净利润（净亏损以"−"号填列）	2 140
归属母公司股东的净利润（净亏损以"−"号填列）	1 980
少数股东损益（净亏损以"−"号填列）	160
五、其他综合收益税后净额	1 000
（一）归属于母公司所有者的其他综合收益的税后净额	1 000
（二）归属于少数股东的其他综合收益的税后净额	0
六、综合收益总额	2 980

甲公司在 2×20 年 12 月 31 日编制的合并所有者权益变动表如表 5-19 所示。

表 5-19　合并所有者权益变动表

2×20 年度

合合 04 表

编制单位：甲公司　　　　　　　　　　　　　　　　　　　　　　　　　单位：元

项目	本年利润														上年利润													
	归属于母公司所有者权益												少数股东权益	所有者权益合计	归属于母公司所有者权益												少数股东权益	所有者权益合计
	实收资本（或股本）	其他权益工具			资本公积	减：库存股	其他综合收益	专项储备	盈余公积	一般风险准备	未分配利润	小计			实收资本（或股本）	其他权益工具			资本公积	减：库存股	其他综合收益	专项储备	盈余公积	一般风险准备	未分配利润	小计		
		优先股	永续债	其他												优先股	永续债	其他										
一、上年年末余额	2 000				4 000		600		400		3 000	10 000		10 000														
加：会计政策变更																												
前期差错更正																												
其他																												
二、本年年初余额	2 000				4 000		600		400		3 000	10 000	1 000	11 000														
三、本年增减变动金额（减少以"-"号填列）					400		1 000				1 980	3 380	260	3 640														
（一）综合收益总额							1 000				1 980	2 980	160	3 140														
（二）所有者投入和减少资本					400								100	500														
1.所有者投入的普通股																												
2.其他权益工具持有者投入资本																												

项目	本年利润														上年利润													
	归属于母公司所有者权益												少数股东权益	所有者权益合计	归属于母公司所有者权益												少数股东权益	所有者权益合计
	实收资本（或股本）	其他权益工具			资本公积	减：库存股	其他综合收益	专项储备	盈余公积	一般风险准备	未分配利润	小计			实收资本（或股本）	其他权益工具			资本公积	减：库存股	其他综合收益	专项储备	盈余公积	一般风险准备	未分配利润	小计		
		优先股	永续债	其他												优先股	永续债	其他										
3. 股份支付计入所有者权益的金额					400								100	500														
4. 其他																												
（三）利润分配																												
1. 提取盈余公积									174		1 174		100	1 100														
2. 对所有者（或股东）的分配									174		174																	
3. 其他											1 000		100	1 100														
（四）所有者权益内部结转																												
1. 资本公积转增资本（或股本）																												
2. 盈余公积转增资本（或股本）																												
3. 盈余公积弥补亏损																												
4. 设定受益计划变动额结转留存收益																												
5. 其他综合收益结转留存收益																												
6. 其他																												
四、本年末余额	2 000				4 400		1 600		574		3 806		1 360	13 740														

第 6 章
内部商品交易的合并处理

本章导读

　　本章主要讲解企业集团内部成员企业之间进行内部商品交易的合并抵销处理，本章的难点在于连续编制合并财务报表的情形下涉及存货跌价准备和递延所得税因素时合并抵销分录的编制。读者在学习时这一部分时，注意分别从企业集团角度和内部购买方（或内部销售方）角度来分析和理解。

　　本章的内容和结构如下。

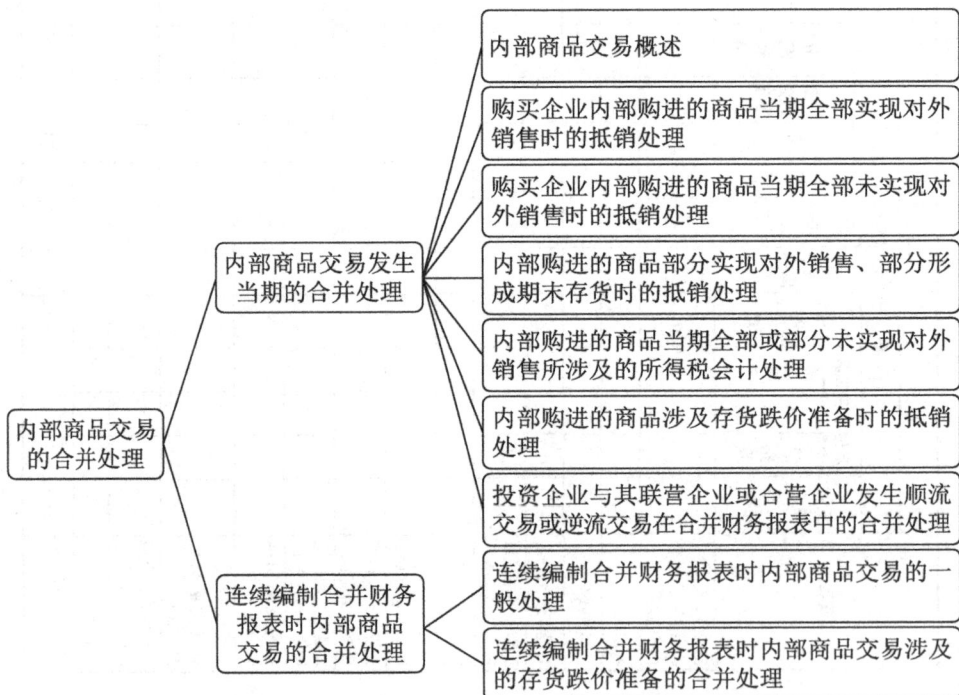

```
                                        ┌─ 内部商品交易概述
                                        │
                                        ├─ 购买企业内部购进的商品当期全部实现对外
                                        │  销售时的抵销处理
                                        │
                                        ├─ 购买企业内部购进的商品当期全部未实现对
                                        │  外销售时的抵销处理
                                        │
                          内部商品交易发生 ├─ 内部购进的商品部分实现对外销售、部分形
                          当期的合并处理   │  成期末存货时的抵销处理
                                        │
                                        ├─ 内部购进的商品当期全部或部分未实现对外
                                        │  销售所涉及的所得税会计处理
   内部商品交易                           │
   的合并处理                            └─ 内部购进的商品涉及存货跌价准备时的抵销
                                           处理

                                        ┌─ 投资企业与其联营企业或合营企业发生顺流
                                        │  交易或逆流交易在合并财务报表中的合并处理
                          连续编制合并财务 │
                          报表时内部商品   ├─ 连续编制合并财务报表时内部商品交易的一
                          交易的合并处理   │  般处理
                                        │
                                        └─ 连续编制合并财务报表时内部商品交易涉及
                                           的存货跌价准备的合并处理
```

6.1 内部商品交易发生当期的合并处理

内部商品交易在企业集团的内部成员企业之间比较常见，由于其所产生的未实现内部销售损益会"扭曲"合并财务报表所反映的会计信息，所以需要对其进行抵销。

6.1.1 内部商品交易概述

内部商品交易是指企业集团内部成员企业之间（企业集团内部母公司与子公司、子公司相互之间）发生的商品购销活动。企业集团内部成员企业之间发生这样的交易行为时，由于各相关成员企业是独立核算的会计主体，所以销售方需要针对该销售行为确认销售收入、结转相应的成本，并计算当期销售损益，购买方则需要确认所购入的资产等。但是，站在企业集团这一会计主体的角度来看，上述交易行为所涉及的经济利益仅仅是在企业集团内部流动，并未真正实现，因此在编制合并财务报表时，需要对其编制内部交易抵销分录，将相关的未实现内部销售损益予以抵销。

6.1.2 购买企业内部购进的商品当期全部实现对外销售时的抵销处理

此种情况是指企业集团内部成员企业中的一方（内部销售方）向另一方（内部购买方）销售商品后，内部购买方在该内部交易发生当期就将该商品销售给企业集团外部第三方。

在这种情况下，内部销售方向内部购买方销售商品时即确认了销售收入并结转了销售成本，同时在其个别财务报表中分别反映为营业收入和营业成本，并确认了损益。内部购买方将该批商品对企业集团外部第三方销售时，也会确认销售收入并结转销售成本，同时在其个别财务报表中分别反映为营业收入和营业成本，并确认了损益。但是从企业集团的整体来看，这一购销业务只是实现了一次销售，其销售收入为内部购买方向企业集团外部第三方销售该批商品时的售价，其销售成本为内部销售方向内部购买方销售该批商品时所结转的销售成本，内部销售方所确认的营业收入属于内部销售收入，内部购买方所确认的营业成本属于内部销售成本，两者之差即为内部销售损益，应当予以抵销，其抵销分录即为借记"营业收入"项目，贷记"营业成本"项目。

案例 ▪▪▪▶▶▶

【例6-1】2×20年1月1日，甲公司以银行存款3 000万元作为合并对价，自丙公司处取得乙公司80%的股权，取得这部分股权投资后，甲公司能够控制乙公司，将乙公司纳入其合并财务报表合并范围。甲公司和乙公司均为增值税一般纳税人企业，其商品销售业务所适用的增值税税率均为13%。

2×20年7月1日，甲公司向乙公司销售一批库存商品，甲公司向乙公司开具的增值税专用发票上注明的销售价格为300万元，增值税税额为39万元。甲公司该批库存商品的成本为200万元，未计提过存货跌价准备。相关货款已于销售当日收存银行。

截至2×20年12月31日，乙公司已将该批商品全部销售给无关第三方丁公司，乙公司向丁公司开具的增值税专用发票上注明的销售价格为450万元，增值税税额为58.5万元。相关货款已于销售当日收存银行。

本例中，甲公司向乙公司销售该批商品时的会计分录如下。

借：银行存款 339
　　贷：主营业务收入 300
　　　　应交税费——应交增值税（销项税额） 39
借：主营业务成本 200
　　贷：库存商品 200

乙公司从甲公司购入该批商品时的会计分录如下。

借：库存商品 300
　　应交税费——应交增值税（进项税额） 39
　　贷：银行存款 339

乙公司向丁公司销售该批商品时的会计分录如下。

借：银行存款 508.5
　　贷：主营业务收入 450

应交税费——应交增值税（销项税额）   58.5

    借：主营业务成本   300

        贷：库存商品   300

　　而从企业集团的角度来看，上述一系列交易行为实质上就相当于是甲、乙公司所组成的企业集团向集团外部第三方丁公司销售一批库存商品，销售价格为450万元，库存商品成本为200万元。因此在编制合并财务报表时，需要将甲公司个别财务报表中所确认的主营业务收入300万元与乙公司个别财务报表中所确认的主营业务成本300万元予以抵销，即甲公司在合并工作底稿中应编制的抵销分录如下。

    借：营业收入   300

        贷：营业成本   300

6.1.3　购买企业内部购进的商品当期全部未实现对外销售时的抵销处理

　　这种情况是指企业集团内部成员企业中的一方（内部销售方）向另一方（内部购买方）销售商品后，内部购买方在该内部交易发生当期没有将该商品销售给企业集团外部第三方，该批商品在内部购买方账上形成存货。

　　在这种情况下，内部销售方向内部购买方销售商品时即确认了销售收入并结转了销售成本，同时在其个别财务报表中分别反映为营业收入和营业成本，并确认了损益。而内部购买方在取得该批商品入账时，按照内部售价确认了存货成本，并在其个别资产负债表中作为资产列示。

　　由于截至本期期末内部购买方没有将该批商品销售给企业集团外部第三方，所以从企业集团的角度来看，这批商品实质上相当于仅仅是移动了存放地点（甚至可能连存放地点都未曾改变），不应确认销售收入、结转销售成本，也不应当改变该批存货的入账成本。所以在编制合并财务报表时，应当将内部销售方所确认的销售收入和销售成本抵销，同时将内部购买方确认的存货成本中所包含的未实现内部销售损益抵销。

内部购买方确认的存货成本中所包含的未实现内部销售损益，实际上就是销售企业在该项内部交易中所产生的销售毛利。

也就是说，内部购买方个别财务报表中的该存货价值包括两部分内容：一部分为真正的存货成本，另一部分为内部销售方的销售毛利（销售收入减去销售成本的差额）。从企业集团整体来看，这部分销售毛利并不是真正实现的利润，这个内部交易行为，实质上仅仅是企业集团内部的物资调拨活动，既不会实现利润，也不会增加商品的价值。

综上所述，针对此种情况，母公司在编制合并财务报表时应编制的抵销分录为：按内部销售价格借记"营业收入"项目，按所销售的存货的账面价值，贷记"营业成本"项目，同时按未实现内部销售损益，借记或贷记"存货"项目。

案例 ····▶▶▶

【例6-2】2×20年1月1日，甲公司以银行存款3 000万元作为合并对价，自丙公司处取得乙公司80%的股权，取得这部分股权投资后，甲公司能够控制乙公司，将乙公司纳入其合并财务报表合并范围。甲公司和乙公司均为增值税一般纳税人企业，其商品销售业务所适用的增值税税率均为13%。

2×20年7月1日，甲公司向乙公司销售一批库存商品，甲公司向乙公司开具的增值税专用发票上注明的销售价格为300万元，增值税税额为39万元。甲公司该批库存商品的成本为200万元，未计提过存货跌价准备。相关货款已于销售当日收存银行。

截至2×20年12月31日，乙公司尚未将该批商品对外售出，将其作为存货列示于其个别财务报表。

本例中，甲公司向乙公司销售该批商品时的会计分录如下。

借：银行存款   339

  贷：主营业务收入   300

    应交税费——应交增值税（销项税额） 39

借：主营业务成本   200

　　　　贷：库存商品　　　　　　　　　　　　　　　　　　　200

乙公司从甲公司购入该批商品时的会计分录如下。

　　借：库存商品　　　　　　　　　　　　　　　　　　　300

　　　　应交税费——应交增值税（进项税额）　　　　　　39

　　　　贷：银行存款　　　　　　　　　　　　　　　　　　339

　　而从企业集团的角度来看，上述一系列交易行为实质上仅仅相当于是甲、乙公司所组成的企业集团内部调拨物资，并不存在销售行为。因此在编制合并财务报表时，需要将甲公司个别财务报表中所确认的主营业务收入300万元、所结转的主营业务成本200万元予以抵销，同时抵销个别财务报表中所虚增的"存货"项目金额100万元。

　　借：营业收入　　　　　　　　　　　　　　　　　　　300

　　　　贷：营业成本　　　　　　　　　　　　　　　　　　200

　　　　　　存货　　　　　　　　　　　　　　　　　　　100

　　【拓展】本例中，如果甲公司向乙公司销售该批库存商品时的售价为150万元，且该批库存商品的成本仍为200万元，未计提过存货跌价准备。不考虑其他因素，则该项内部交易形成的是未实现内部销售损失，此时的抵销分录如下。

　　借：营业收入　　　　　　　　　　　　　　　　　　　150

　　　　存货　　　　　　　　　　　　　　　　　　　　　50

　　　　贷：营业成本　　　　　　　　　　　　　　　　　　200

6.1.4　内部购进的商品部分实现对外销售、部分形成期末存货时的抵销处理

　　这种情况是指企业集团内部成员企业中的一方（内部销售方）向另一方（内部购买方）销售商品后，内部购买方在该内部交易发生当期将该批商品的一部分（比如40%）销售给企业集团外部第三方，剩余部分在内部购买方账上形成存货。

　　在这种情况下，编制合并财务报表抵销分录时，可以将内部购买的商品分解为两部分来理解：一部分为当期购进并全部实现对外销售；另一部分为当期购进但未实现对外销售而形成期末存货。

【例6-3】接**【例6-2】**。假定截至2×20年12月31日,乙公司已将该批商品的40%对外售出,剩余60%尚未对外出售,作为存货列示于其个别财务报表。

在这种情况下,可以将乙公司已对外售出的40%的商品按照**【例6-1】**的思路进行抵销处理。

借:营业收入　　　　　　　　　　　　　　　　　　　（300×40%）120

　　贷:营业成本　　　　　　　　　　　　　　　　　　　　　　　　120

同时,将乙公司尚未对外售出的60%的商品按照**【例6-2】**的思路进行抵销处理。

借:营业收入　　　　　　　　　　　　　　　　　　　（300×60%）180

　　贷:营业成本　　　　　　　　　　　　　　　　　　　　　　　　120

　　　　存货　　　　　　　　　　　　　　　　　[（300-200）×60%]60

也可以按照如下方法进行抵销处理。

（1）按照内部销售收入的数额,借记"营业收入"项目,贷记"营业成本"项目。

借:营业收入　　　　　　　　　　　　　　　　　　　　　　　　　300

　　贷:营业成本　　　　　　　　　　　　　　　　　　　　　　　　300

（2）按照期末存货价值中包含的未实现内部销售损益的数额,借记"营业成本"项目,贷记"存货"项目。本例中,期末存货价值中包含的未实现内部销售损益的数额＝（300-200）×60%=60（万元）。

借:营业成本　　　　　　　　　　　　　　　　　　　　　　　60

　　贷:存货　　　　　　　　　　　　　　　　　　　　　　　　60

6.1.5　内部购进的商品当期全部或部分未实现对外销售所涉及的所得税会计处理

我国的企业会计准则规定,所得税会计采用了资产负债表债务法核算,要求会计主体从资产负债表出发,通过比较资产负债表上列示的资产、负债按照会计准则规定确定的账面价值与按照税法规定确定的计税基础,对于两者之间的差异分别应纳税暂时性差异与可抵扣暂时性差异,确认相关的递延所得税负债与递延所得税资产。

资产的账面价值代表的是某项资产在持续持有及最终处置的一定期间内为企业带来未来经济利益的总额。资产的计税基础是指企业收回资产账面价值过程中，计算应纳税所得额时按照税法规定可以自应税经济利益中抵扣的金额，即某一项资产在未来期间计税时按照税法规定可以税前扣除的总金额。资产的账面价值小于其计税基础的，表明该项资产于未来期间产生的经济利益流入低于按照税法规定允许税前扣除的金额，产生可抵减未来期间应纳税所得额的因素，减少未来期间以所得税税款的方式流出企业的经济利益，应确认为递延所得税资产。反之，一项资产的账面价值大于其计税基础的，两者之间的差额会增加企业于未来期间的应纳税所得额及应交所得税，对企业形成经济利益流出的义务，应确认为递延所得税负债。

内部购进的商品当期全部未实现对外销售的情况下，母公司在编制合并财务报表时，需要对企业集团内部商品交易进行合并抵销处理，在抵销分录中借记或贷记"存货"项目，导致在合并财务报表中反映的存货资产的账面价值发生增减变动；而计税基础是按照税法规定确定的（内部商品交易发生后，内部购买方所取得的该存货的入账成本一般即为该存货的计税基础），上述合并抵销处理并不影响存货资产的计税基础，导致存货资产的账面价值与其计税基础不一致，产生了可抵扣暂时性差异或应纳税暂时性差异。为了使合并财务报表全面反映所得税相关的影响，特别是当期所负担的所得税费用的情况，应当进行所得税会计核算，在计算确定存货资产的账面价值与计税基础之间差异的基础上，确认相应的递延所得税资产或递延所得税负债。

案例 ·····▶▶▶

【例 6-4】甲公司持有乙公司 80% 的股权，能够对乙公司实施控制。假定甲公司和乙公司所适用的企业所得税税率均为 25%，均采用资产负债表债务法核算企业所得税。

2×20 年 7 月 1 日，甲公司向乙公司销售一批库存商品，甲公司向乙公司开具的增值税专用发票上注明的销售价格为 600 万元，增值税税额为 78 万元。甲公司该批库存商品的成本为 400 万元，未计提过存货跌价准备。相关货款已于销售当日收存银行。

截至 2×20 年 12 月 31 日，乙公司已将该批商品的 60% 对外售出，剩余 40% 尚未对外出售，作为存货列示于其个别财务报表。

假定不考虑其他因素。

本例中，母公司（甲公司）在编制合并财务报表时，针对上述内部交易应编制如下抵销分录。

借：营业收入   600
  贷：营业成本   600
借：营业成本   [（600-400）×40%]80
  贷：存货   80

上述内部交易抵销分录，导致"存货"项目的账面价值减少了 80 万元，但是其计税基础并不受上述抵销分录的影响，"存货"项目的账面价值比其计税基础少 80 万元，所以母公司需要确认递延所得税资产 20 万元（80×25%），相应的会计分录如下。

借：递延所得税资产   20
  贷：所得税费用   20

6.1.6 内部购进的商品涉及存货跌价准备时的抵销处理

我国企业会计准则规定，存货在资产负债表日应当按照成本与可变现净值孰低计量。当存货成本低于可变现净值时，存货按成本计量；当存货成本高于可变现净值时，存货按可变现净值计量，同时按照成本高于可变现净值的差额计提存货跌价准备，计入当期损益。某一企业从其所在的企业集团内部购入的存货，也需按上述原则进行期末计量。

相关链接

可变现净值是指在日常活动中，存货的估计售价减去至完工时估计将要发生的成本、估计的销售费用以及相关税费后的金额。

企业对存货计提存货跌价准备的会计分录为：借记"资产减值损失"科目，贷记"存货跌价准备"科目。如为转回存货跌价准备，则编制相反的会计分录。

某一企业从其所在的企业集团内部购入商品后，如果该商品因毁损、陈旧过时而导致其可变现净值下跌，低于内部购买方的入账成本时，则内部购买方需要按该存货的可变现净值低于其在内部购买方账上的成本的差额，对该存货计提跌价准备。而从整个企业集团来看，该企业集团所认可的该商品的成本，是内部交易发生前该商品在内部销售方账上的成本，因此企业集团所认可的存货跌价准备是该商品的可变现净值低于其在内部销售方账上的成本的差额。

也就是说，内部购买方所计提的存货跌价准备的金额与从企业集团层面来看应计提的存货跌价准备可能存在差异（即从企业集团的角度来看，内部购买方可能多计提了存货跌价准备或少计提了存货跌价准备），因此在编制合并财务报表时，需要对该差异进行抵销。

案例 ····▶▶▶

【例 6-5】甲公司持有乙公司 80% 的股权，能够对乙公司实施控制。甲公司和乙公司对存货均采用成本与可变现净值孰低进行期末计量，其所适用的企业所得税税率均为 25%，均采用资产负债表债务法核算企业所得税。

2×20 年 7 月 1 日，甲公司向乙公司销售一批库存商品，甲公司向乙公司开具的增值税专用发票上注明的销售价格为 1 500 万元，增值税税额为 195 万元。甲公司该批库存商品的成本为 1 000 万元，此前未计提过存货跌价准备。相关货款已于销售当日收存银行。

截至 2×20 年 12 月 31 日，乙公司已将该批商品的 40% 对外售出，剩余 60% 尚未对外出售，作为存货列示于其个别财务报表。

由于该商品的市场价格下跌，乙公司在 2×20 年 12 月 31 日预计其所持有的剩余商品的可变现净值为 700 万元。

假定不考虑其他因素。

本例中，乙公司该批存货的入账成本为 1 500 万元，对外售出 40% 后，期末持有的存货成本为 900 万元（1 500×60%），而其可变现净值为 700 万元，因此乙公司需对其计提 200 万元的存货跌价准备，相关会计分录如下。

借：资产减值损失   200

  贷：存货跌价准备   200

而从企业集团的角度来看，截至 2×20 年 12 月 31 日，企业集团所持有的存货的成本为 600 万元（1 000×60%），可变现净值为 700 万元，截至 2×20 年 12 月 31 日尚未售出的存货并没有发生减值，不需要计提存货跌价准备。因此母公司（甲公司）在编制合并财务报表时，需要将乙公司所计提的存货跌价准备 200 万元予以抵销。

综上所述，母公司在编制合并财务报表时，针对上述内部交易应编制如下抵销分录。

借：营业收入　　　　　　　　　　　　　　　　　　　　1 500
　　贷：营业成本　　　　　　　　　　　　　　　　　　　　1 500
借：营业成本　　　　　　　　[（1 500-1 000）×60%]300
　　贷：存货　　　　　　　　　　　　　　　　　　　　　300
借：存货——存货跌价准备　　　　　　　　　　　　　　200
　　贷：资产减值损失　　　　　　　　　　　　　　　　　200

上述内部交易抵销分录，导致"存货"项目的账面价值减少了 100 万元（300-200），但是其计税基础并不受上述抵销分录的影响，导致"存货"项目的账面价值比其计税基础少 100 万元，所以需要确认递延所得税资产 25 万元（100×25%），相应的会计分录如下。

借：递延所得税资产　　　　　　　　　　　　　　　　　25
　　贷：所得税费用　　　　　　　　　　　　　　　　　　25

【拓展】如果乙公司在 2×20 年 12 月 31 日所持有的剩余商品的可变现净值为 500 万元，则乙公司需要对上述商品计提 400 万元（900-500）存货跌价准备。从企业集团的角度来看，截至 2×20 年 12 月 31 日，企业集团所持有的存货的成本为 600 万元（1 000×60%），可变现净值为 500 万元，截至 2×20 年 12 月 31 日尚未售出的存货已发生减值，应计提存货跌价准备=600-500=100（万元）。

由此可见，乙公司对上述存货多计提了 300 万元（400-100）存货跌价准备，所以母公司（甲公司）在编制合并财务报表时，需要将乙公司多计提的存货跌价准备 300 万元予以抵销。

借：营业收入　　　　　　　　　　　　　　　　　　　　1 500
　　贷：营业成本　　　　　　　　　　　　　　　　　　　　1 500
借：营业成本　　　　　　　　[（1 500-1 000）×60%]300

贷：存货   300

借：存货——存货跌价准备   300

贷：资产减值损失   300

上述内部交易抵销分录，没有导致"存货"项目的账面价值减少，其计税基础也不受上述抵销分录的影响，因此母公司在编制合并财务报表时，不需要针对上述事项在合并工作底稿中调整或抵销递延所得税资产（负债）。

6.1.7 投资企业与其联营企业或合营企业发生顺流交易或逆流交易在合并财务报表中的合并处理

对于联营企业或合营企业向投资企业出售资产的逆流交易，在该交易存在未实现内部交易损益的情况下（即有关资产未对外部独立第三方出售），投资企业在采用权益法计算确认应享有联营企业或合营企业的投资损益时，应抵销该未实现内部交易损益的影响。当投资企业自其联营企业或合营企业购买资产时，在将该资产出售给外部独立的第三方之前，不应确认联营企业或合营企业因该交易产生的损益中本企业应享有的部分。

此种情况下，如果投资企业另有子公司而需要编制合并财务报表时，那么该投资企业与联营企业或合营企业因逆流交易产生的未实现内部交易损益，在未对外部独立第三方出售之前，体现在投资企业持有资产的账面价值当中。投资企业对外编制合并财务报表时，应在合并财务报表中对长期股权投资及包含未实现内部交易损益的资产账面价值进行调整，抵销有关资产账面价值中包含的未实现内部交易损益，并相应调整对联营企业或合营企业的长期股权投资，具体调整分录如下。

借：长期股权投资

贷：存货

或编制相反的会计分录。

上述对逆流交易的处理在投资方的个别财务报表及合并财务报表中的处理方式不同的原因在于，个别财务报表反映的法律主体的资产、负债、收入、费用情况，投资方以支付既定的价款自其联营企业、合营企业取得有关资产后，在有关资产未对外部独立第三方出售的情况下，该资产的价值在其个别财务报表中应体现为按照实际支付的购买价款确定的成本，虽然有关未实现内部交易损益体现在该项资产的账面价值中，但从法律主体价值交换的角度来看，无法调整有关交易在个别财务报表中的价值。相比之下，合并财务报表更多体现的是会计主体的概念，对于从会计理念出发，投资方与其在联营企业、合营企业中持有的股权作为一个整体反映的情况下，有关资产账面价值中包含的未实现内部交易损益可以在合并财务报表中予以抵销，相应恢复长期股权投资的账面价值。

案例 ····▶▶▶

【例6-6】2×20年1月1日，甲公司以银行存款6 000万元取得乙公司40%的股权，取得这部分股权投资后，甲公司对乙公司具有重大影响，甲公司采用权益法核算其对乙公司的长期股权投资。

2×20年1月1日，乙公司可辨认净资产公允价值为20 000万元。取得投资时乙公司各项可辨认资产、负债的公允价值与账面价值均相等。

2×20年9月13日，乙公司销售给甲公司一批商品，该批商品的成本为1 000万元，售价为1 500万元。

2×20年乙公司实现净利润1 400万元。截至2×20年年末，甲公司已将该批商品的20%出售给外部第三方。

此外，甲公司还持有丙公司80%的股权，能够对丙公司实施控制，甲公司采用成本法核算其对丙公司的长期股权投资。

不考虑其他因素，则甲公司在其账簿中的相关账务处理如下。

（1）2×20年1月1日。

借：长期股权投资——投资成本　　　　　　　　　（20 000×40%）8 000
　　贷：银行存款　　　　　　　　　　　　　　　　　　　　　　　6 000
　　　　营业外收入　　　　　　　　　　　　　　　　　　　　　　2 000

（2）2×20年12月31日。

调整后的乙公司2×20年净利润＝1 400-（1 500-1 000）×80%＝1 000（万元）。

借：长期股权投资——损益调整　　　　　　　　　　（1 000×40%）400
　　贷：投资收益　　　　　　　　　　　　　　　　　　　　　　　400

（3）进行上述处理后，由于甲公司另有子公司（丙公司），需要编制合并财务报表，在合并财务报表中，因该未实现内部交易损益体现在甲公司所持有存货的账面价值当中，所以应在合并财务报表中进行以下调整。

借：长期股权投资——损益调整　　[（1 500-1 000）×80%×40%] 160

贷：存货　　　　　　　　　　　　　　　　　　　　　　　160

对于投资企业与其联营企业、合营企业之间的顺流交易，如果投资企业另有子公司而需要编制合并财务报表，那么相关抵销处理在投资企业的个别财务报表与合并财务报表中也存在差异。在投资企业的个别财务报表中，因出售资产等体现为其个别利润表中的收入、成本等项目，考虑到个别财务报表反映的是独立的法律主体的经济利益变动情况，在有关资产流出投资企业且投资企业收取价款或取得收取价款等权利，满足收入确认条件时，因该未实现内部交易损益相应进行的调整无法调减上述收入和成本，在个别财务报表中仅能通过长期股权投资的损益确认予以体现。在投资企业编制合并财务报表时，因合并财务报表体现的是会计主体的理念，有关未实现的收入和成本可以在合并财务报表中予以抵销，相应地调整原权益法下确认的投资收益，具体调整分录如下。

借：营业收入

贷：营业成本

投资收益

案例 ····▶▶▶

【例6-7】2×20年1月1日，甲公司以银行存款5 000万元取得乙公司30%的股权，取得这部分股权投资后，甲公司对乙公司具有重大影响，甲公司采用权益法核算其对乙公司的长期股权投资。

2×20年1月1日，乙公司可辨认净资产公允价值为10 000万元。取得投资时乙公司各项可辨认资产、负债的公允价值与账面价值均相等。

2×20年5月6日，甲公司销售给乙公司一批商品，该批商品成本为800万元，售价为1 000万元。

2×20年乙公司实现净利润1 120万元。截至2×20年年末，乙公司已将该批商品的40%出售给外部第三方。

此外，甲公司还持有丙公司60%的股权，能够对丙公司实施控制，甲公司采用成本法核算其对丙公司的长期股权投资。

不考虑其他因素,则甲公司在其账簿中的相关账务处理如下。

(1) 2×20 年 1 月 1 日。

借:长期股权投资——投资成本　　　　　　　　　　　　　　5 000

　　贷:银行存款　　　　　　　　　　　　　　　　　　　　　　5 000

(2) 2×20 年 12 月 31 日。

调整后的乙公司 2×20 年净利润 = 1 120-(1 000-800)×60% = 1 000(万元)。

借:长期股权投资——损益调整　　　　　(1 000×40%)400

　　贷:投资收益　　　　　　　　　　　　　　　　　　　　　400

(3) 进行上述处理后,由于甲公司另有子公司(丙公司),需要编制合并财务报表,所以应在合并财务报表中进行以下调整。

借:营业收入　　　　　　　　　　　　(1 000×60%×40%)240

　　贷:营业成本　　　　　　　　　　　(800×60%×40%)192

　　投资收益　　　　　　　　　　[(1 000-800)×60%×40%]48

6.2　连续编制合并财务报表时内部商品交易的合并处理

连续编制合并财务报表时,对于内部商品交易,除了需要考虑对本期内部存货购销的未实现内部销售损益予以抵销外,还需要考虑上期抵销的存货价值中包含的未实现内部销售损益对本期期初未分配利润的影响。

6.2.1　连续编制合并财务报表时内部商品交易的一般处理

母公司将子公司纳入合并财务报表范围后,在丧失对该子公司的控制之前的每个会计期间,一般均需要编制合并财务报表。因此,对于企业集团内的母公司与子公司之间或子公司与子公司之间在某一会计期间所发生的内部商品交易,如果内部购买方没有在内部交易发生当期将相关商品全部对外售出,则在下一会计期间编制合并财务报表时,需要考虑上期抵销的存货价值中包含的未实现内部销售损益对期初未分配利润的影响因素。

也就是说,在连续编制合并财务报表的情况下,首先必须将上期抵销的存货价值中包含的未实现内部销售损益对本期期初未分配利润的影响予以抵销，调整本期期初未分配利润的数额；然后再对本期内部存货购销进行合并处理。其具体合并处理步骤如图 6-1 所示。

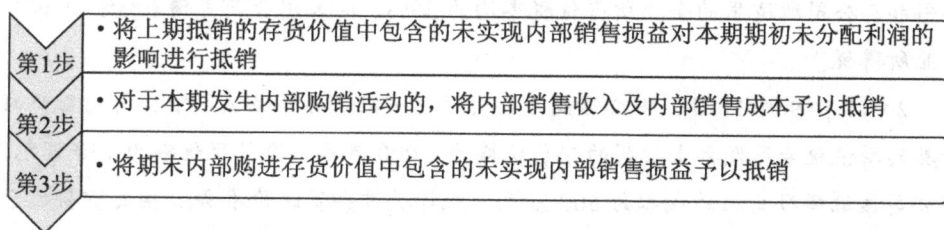

第1步	• 将上期抵销的存货价值中包含的未实现内部销售损益对本期期初未分配利润的影响进行抵销
第2步	• 对于本期发生内部购销活动的，将内部销售收入及内部销售成本予以抵销
第3步	• 将期末内部购进存货价值中包含的未实现内部销售损益予以抵销

图 6-1　连续编制合并财务报表时内部商品交易的合并处理步骤

第 1 步是指母公司在编制合并财务报表时，应按照上期内部购进存货价值中包含的未实现内部销售损益的数额，借记"期初未分配利润"项目，贷记"营业成本"项目。

这一抵销分录实际上是假定截至上期期末内部购买方尚未对外售出的存货在本期已全部对外售出，即上期内部购进的存货中包含的未实现内部销售损益在本期已全部实现利润，故将上期未实现内部销售损益转为本期实现利润，冲减当期的合并销售成本。

第 2 步是指母公司在编制合并财务报表时，应按照本期新发生的内部商品交易中内部销售方所确认的销售收入数额，借记"营业收入"项目，贷记"营业成本"项目。

这一抵销分录实际上是假定内部购买方已将本期新购入的商品全部对外售出。

第 3 步是指母公司在编制合并财务报表时，应按照购买企业期末内部购入存货价值中包含的未实现内部销售损益的数额，借记"营业成本"项目，贷记"存货"项目。

这一抵销分录是对第 1 步和第 2 步抵销分录的"修正"，因为第 1 步和第 2 步是假定上期购进且留存至本期的存货和本期新购进的存货均在本期全部对外售出而编制的抵销分录，但是实际上上期购进且留存至本期的存货和本期新购进的存货在本期并不一定全部对外售出，因此需要在第 1 步和第 2 步的基础上，针对本期期末实际留存的存货（包括上期结转形成的本期存货）中包含的未实现内部销售损益进行抵销，同时调整第 1 步和第 2 步中多冲减的营业成本。

【**例6-8**】甲公司持有乙公司80%的股权，能够对乙公司实施控制。假定甲公司和乙公司所适用的企业所得税税率均为25%，均采用资产负债表债务法核算企业所得税。

2×20年9月11日，甲公司向乙公司销售一批库存商品A，甲公司向乙公司开具的增值税专用发票上注明的销售价格为1 000万元，增值税税额为130万元。甲公司该批库存商品的成本为500万元，未计提过存货跌价准备。相关货款已于销售当日收存银行。

截至2×20年12月31日，乙公司已将该批商品A的60%对外售出，剩余40%尚未对外出售，作为存货列示于其个别财务报表。

2×21年2月15日，甲公司向乙公司销售一批库存商品B，甲公司向乙公司开具的增值税专用发票上注明的销售价格为2 000万元，增值税税额为260万元。甲公司该批库存商品的成本为1 200万元，未计提过存货跌价准备。相关货款已于销售当日收存银行。

截至2×21年12月31日，乙公司于2×20年自甲公司购入的商品A已累计对外售出90%，剩余10%尚未对外出售，作为存货列示于其个别财务报表。乙公司于2×21年自甲公司购入的商品B已累计对外售出30%，剩余70%尚未对外出售，作为存货列示于其个别财务报表。

假定不考虑其他因素。

本例中，母公司（甲公司）在编制合并财务报表时，针对上述内部交易应编制如下抵销分录。

2×20年12月31日。

借：营业收入　　　　　　　　　　　　　　　　　　　　1 000
　　贷：营业成本　　　　　　　　　　　　　　　　　　　　　1 000
借：营业成本　　　　　　　　　〔（1 000-500）×40%〕200
　　贷：存货　　　　　　　　　　　　　　　　　　　　　　　200

上述内部交易抵销分录，导致"存货"项目的账面价值减少了200万元，但是其计税基础并不受上述抵销分录的影响，"存货"项目的账面价值比其计税基础少200万元，所以需要确认递延所得税资产50万元（200×25%），相应的会计分录如下。

借：递延所得税资产　　　　　　　　　　　　　　　　　　50
　　贷：所得税费用　　　　　　　　　　　　　　　　　　　　　50

2×21年12月31日。

借：年初未分配利润　　　　　　　　　　　　　　　200
　　贷：营业成本　　　　　　　　　　　　　　　　　　　　　200

借：递延所得税资产　　　　　　　　　　　　　　　　50
　　贷：年初未分配利润　　　　　　　　　　　　　　　　　　50

借：营业收入　　　　　　　　　　　　　　　　2 000
　　贷：营业成本　　　　　　　　　　　　　　　　　　　　2 000

借：营业成本　　〔（1 000-500）×10%+（2 000-1 200）×70%〕610
　　贷：存货　　　　　　　　　　　　　　　　　　　　　　610

2×21年12月31日所编制的上述内部交易抵销分录，导致"存货"项目的账面价值减少了610万元，但是其计税基础并不受上述抵销分录的影响，"存货"项目的账面价值比其计税基础少610万元，所以确认递延所得税资产余额为152.5万元（610×25%）。而递延所得税资产的期初余额为50万元，因此本期应当调增递延所得税资产102.5万元（152.5-50），相应的会计分录如下。

借：递延所得税资产　　　　　　　　　　　　　　　102.5
　　贷：所得税费用　　　　　　　　　　　　　　　　　　　102.5

相关链接

一般情况下，本期应确认的递延所得税资产（负债）=递延所得税资产（负债）的期末余额－递延所得税资产（负债）的期初余额。

6.2.2　连续编制合并财务报表时内部商品交易涉及的存货跌价准备的合并处理

在连续编制合并财务报表的情况下，如果内部商品交易在上期涉及存货跌价准备的抵销，那么，母公司一方面应该将上期存货跌价准备的有关处理对本期期初未分配利润等的影响予以抵销；另一方面，对于这些内部交易所形成的存货，如果企业在本期的个别财务报表中对其补提或者冲销了存货跌价准备，那么也应予以抵销。常见的抵销处理如下。

（1）上期内部交易形成的存货，如果内部购买方在上期的个别财务报表中多计提了存货跌价准备，则需要将上期存货跌价准备的有关处理对本期期初未分配利润等的影响予以抵销。

借：存货——存货跌价准备

　　贷：未分配利润——年初

（2）上期内部交易形成的存货在本期对外销售的情况下，如果内部购买方在上期个别财务报表中多计提了存货跌价准备，那么该存货在本期对外出售时，内部购买方会将上期多计提的存货跌价准备结转至营业成本。对于个别财务报表中的这一处理，母公司编制合并财务报表时也应予以抵销。

借：营业成本

　　贷：存货——存货跌价准备

（3）上期内部交易形成的存货在本期没有对外销售的情况下，如果内部购买方在本期个别财务报表中将上期多计提的存货跌价准备予以转回，或内部购买方在本期个别财务报表中对该存货补提了存货跌价准备，则母公司编制合并财务报表时也需要根据具体情况进行相应的抵销。

借：存货——存货跌价准备

　　贷：资产减值损失

或者：

借：资产减值损失

　　贷：存货——存货跌价准备

案例 ····▶▶▶

【例6-9】甲公司持有乙公司80%的股权，能够对乙公司实施控制。假定甲公司和乙公司所适用的企业所得税税率均为25%，均采用资产负债表债务法核算企业所得税。

2020年6月15日，甲公司向乙公司销售一批商品，销售价格为2 000万元，销售成本为1 600万元；乙公司购进的该商品本年全部未实现对外销售而形成期末存货。乙公司年末发现该存货已部分陈旧，其可变现净值降至1 840万元，为此，乙公司年末对该存货计提存货跌价准备 160 万元。

2021 年 8 月 3 日，乙公司又从甲公司购进存货 3 000 万元，甲公司销售该商品的成本为 2 400 万元。

截至 2021 年 12 月 31 日，乙公司于 2020 年 6 月 15 日自甲公司购进的存货已全部售出，销售价格为 2 600 万元；乙公司于 2021 年 8 月 3 日自甲公司购进的存货已对外销售 40%，对外销售价格为 1 500 万元，剩余 60% 形成期末存货（其取得成本为 1 800 万元）。该内部购进存货在 2021 年 12 月 31 日的可变现净值为 1 600 万元。乙公司于 2021 年末对其计提存货跌价准备 200 万元。

假定不考虑其他因素。

（1）甲公司在 2020 年 12 月 31 日编制合并财务报表时，应编制的抵销分录如下。

借：营业收入   2 000
 贷：营业成本   2 000
借：营业成本   （2 000-1 600）400
 贷：存货   400
借：存货——存货跌价准备   160
 贷：资产减值损失   160
借：递延所得税资产   60
 贷：所得税费用   60

【解析】① 2020 年 12 月 31 日所编制的第三笔分录可按如下思路理解。

站在乙公司个别财务报表的角度，该批存货成本为 2 000 万元，可变现净值为 1 840 万元，应计提的存货跌价准备 =（2 000-1 840）=160（万元）。

站在企业集团合并财务报表的角度，该批存货成本为 1 600 万元，可变现净值为 1 840 万元，不应该计提存货跌价准备。

由此可见，站在企业集团合并财务报表的角度，乙公司个别财务报表上多计提了存货跌价准备 160 万元，所以，甲公司在 2020 年末编制合并财务报表时应当抵销的存货跌价准备金额为 160 万元。

② 2020 年 12 月 31 日所编制的第四笔分录可按如下两种思路理解。

思路一：2020 年 12 月 31 日所编制的抵销分录导致"存货"项目账面价值减

少的金额 =400-160=240（万元），由于存货的计税基础不受上述抵销分录的影响，所以上述抵销处理导致存货账面价值减少了 240 万元，在合并工作底稿中应确认的递延所得税资产 =240×25%=60（万元）。

思路二：分别从企业集团角度和个别财务报表角度考虑暂时性差异的发生额，然后编制抵销分录。本题中，从内部购买方个别财务报表的角度来看，存货发生了减值，计提存货跌价准备后的存货账面价值为 1 840 万元；再看计税基础，计税基础是按税收法规计算确定的，母子公司内部交易发生后，按税收法规所确定的存货计税基础为 2 000 万元；存货资产的账面价值小于计税基础，产生可抵扣暂时性差异，应确认的递延所得税资产 =（2 000-1 840）×25%=40（万元）。从企业集团合并财务报表的角度来看，该批存货的账面价值为 1 600 万元，计税基础为 2 000 万元；存货资产的账面价值小于计税基础，产生可抵扣暂时性差异，应确认的递延所得税资产 =（2 000-1 600）×25%=100（万元）。

由此可见，内部购买方个别财务报表中少确认了递延所得税资产 60 万元（100-40），所以编制合并财务报表时应再确认递延所得税资产 60 万元。

（2）2021 年 12 月 31 日编制合并抵销分录如下。

①对 2020 年所发生的内部交易涉及的商品编制的抵销分录如下。

借：未分配利润——年初   400
   贷：营业成本   400

借：存货——存货跌价准备   160
   贷：未分配利润——年初   160

借：递延所得税资产   60
   贷：未分配利润——年初   60

借：营业成本   160
   贷：存货——存货跌价准备   160

【解析】乙公司对该批存货计提了存货跌价准备 160 万元，将该批存货对外出售时，乙公司会将存货跌价准备转入主营业务成本。

借：存货跌价准备   160
   贷：主营业务成本   160

站在企业集团合并财务报表的角度来看，由于企业集团不认可该存货跌价准备，所以将该批存货对外出售时，不需要编制将存货跌价准备转入主营业务成本的分录。在编制合并财务报表时，应将乙公司编制的"将存货跌价准备转入主营业务成本"的分录予以抵销。

②对 2021 年所发生的内部交易涉及的商品编制的抵销分录如下。

借：营业收入 3 000
　　贷：营业成本 3 000
借：营业成本 360
　　贷：存货 [（3 000-2 400）×60%] 360
借：存货——存货跌价准备 200
　　贷：资产减值损失 200
借：所得税费用 20
　　贷：递延所得税资产 20

【解析】递延所得税资产期初余额为 60 万元，可抵扣暂时性差异期末余额=-160+160+360-200=160（万元），递延所得税资产期末应有余额=160×25%=40（万元），所以应转回递延所得税资产 20 万元（60-40）。

【拓展】假设 2021 年年末，该内部购进存货的可变现净值为 1 300 万元（上例为 1 600 万元），乙公司计提的存货跌价准备为 500 万元。则 2021 年 12 月 31 日编制的合并抵销分录如下。

借：未分配利润——年初 400
　　贷：营业成本 400
借：存货——存货跌价准备 160
　　贷：未分配利润——年初 160
借：递延所得税资产 60
　　贷：未分配利润——年初 60
借：营业成本 160
　　贷：存货——存货跌价准备 160
借：营业收入 3 000
　　贷：营业成本 3 000

借：营业成本　　　　　　　　　　　　　　　　　　　　　　　360

　　贷：存货　　　　　　　　　　　　[（3 000-2 400）×60%］360

借：存货——存货跌价准备　　　　　　　　　　　　　　　　360

　　贷：资产减值损失　　　　　　　　　　　　　　　　　　　360

借：所得税费用　　　　　　　　　　　　　　　　　　　　　60

　　贷：递延所得税资产　　　　　　　　　　　　　　　　　　　60

【解析】该笔分录是抵销个别财务报表本期多计提的存货跌价准备，从个别财务报表的角度来看，期初存货跌价准备余额160万元，本期因销售而全部结转，期末存货跌价准备余额＝1 800-1 300＝500（万元），说明本期计提500万元；从企业集团的角度来看，期初及本期结转存货跌价准备均为0元，期末存货跌价准备余额＝2 400×60%-1 300＝140（万元），则本期应计提140万元。比较可知，个别财务报表多计提的存货跌价准备＝500-140＝360（万元），所以，在编制合并财务报表时应予抵销。

第 7 章
内部长期资产交易的合并处理

| 本章导读 |

　　本章主要讲解企业集团内部成员企业之间进行内部长期资产交易的合并抵销处理，常见的内部长期资产交易包括内部固定资产交易和内部无形资产交易。内部长期资产交易的合并抵销处理与内部商品交易的合并抵销处理之间的区别主要在于前者涉及折旧费用、摊销费用的抵销处理，而后者不涉及。

　　本章的内容和结构如下。

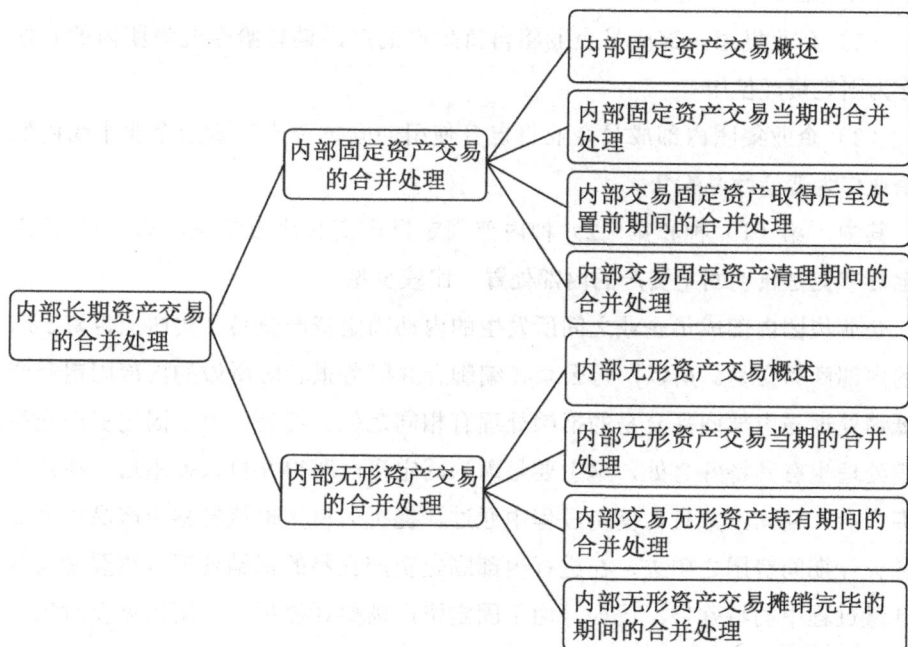

```
                                            ┌─ 内部固定资产交易概述
                                            │
                                            ├─ 内部固定资产交易当期的合并
                         内部固定资产交易     │   处理
                         的合并处理      ────┤
                                            ├─ 内部交易固定资产取得后至处
                                            │   置前期间的合并处理
                                            │
 内部长期资产交易                            └─ 内部交易固定资产清理期间的
 的合并处理                                      合并处理

                                            ┌─ 内部无形资产交易概述
                                            │
                                            ├─ 内部无形资产交易当期的合并
                         内部无形资产交易     │   处理
                         的合并处理      ────┤
                                            ├─ 内部交易无形资产持有期间的
                                            │   合并处理
                                            │
                                            └─ 内部无形资产交易摊销完毕的
                                                期间的合并处理
```

7.1　内部固定资产交易的合并处理

内部固定资产交易的合并处理，需结合固定资产在个别财务报表中的核算特点进行考虑，特别是固定资产折旧费用的计提等，因此内部固定资产交易的合并处理比一般的内部商品交易的合并处理要复杂一些。

7.1.1　内部固定资产交易概述

内部固定资产交易，是指企业集团内部成员企业之间（企业集团内部母公司与子公司、子公司相互之间）发生的与固定资产有关的购销业务。具体而言，内部固定资产交易可分为以下三种类型。

（1）企业集团内部成员企业将自身使用的固定资产变卖给企业集团内的其他企业作为固定资产使用。

（2）企业集团内部成员企业将自身生产的产品销售给企业集团内的其他企业作为固定资产使用。

（3）企业集团内部成员企业将自身使用的固定资产变卖给企业集团内的其他企业作为普通商品销售。

其中，第（1）种和第（2）种内部固定资产交易比较常见，第（3）种内部固定资产交易属于固定资产的内部处置，比较少见。

企业集团内部成员企业之间所发生的内部固定资产交易，实质上也属于广义上的内部商品交易。所以，母公司在编制合并财务报表时所做的内部固定资产交易抵销处理与内部商品交易的抵销处理有相同之处。但是，内部固定资产交易的抵销处理也有其特殊之处，这主要是因为固定资产取得并投入使用后，往往要跨越多个会计期间，并且在使用过程中通过计提折旧将其价值转移至产品生产成本或各会计期间费用之中去，在进行内部固定资产交易的抵销处理时需要考虑其后续计量过程中的特殊性。比如，由于固定资产需要计提折旧，所以涉及对每一次计提的折旧费用中包含的未实现内部销售损益的抵销问题，也涉及每期累计折旧中包含的未实现内部销售损益的抵销问题；同时，由于固定资产的持有期间往往横跨多个会计期间，所以涉及使用该固定资产期间编制合并财务报表的年初未分配利润的调整问题。这些因素相叠加后，导致内部固定资产交易的抵销处理比一般的内部商品交易的抵销处理要复杂一些。

在编制内部固定资产交易抵销分录时，可以将财务报表中的"固定资产"项目，细分为"固定资产——原价"项目、"固定资产——累计折旧"项目以及"固定资产——固定资产减值准备"项目等三个细分项目。

7.1.2　内部固定资产交易当期的合并处理

在内部固定资产交易当期，在合并工作底稿中需要将内部交易所产生的未实现内部销售损益予以抵销，同时需要将未实现内部销售损益对当期折旧、减值准备的计提等的影响予以抵销，此外还需要考虑内部固定资产交易相关所得税会计的合并处理。

1. 内部固定资产交易但当期未计提折旧的抵销处理

（1）企业集团内部固定资产变卖交易的抵销处理。

企业集团内部固定资产变卖交易，是指企业集团内部成员企业中的一方（内部销售方）将其自用的固定资产变卖给另一方（内部购买方），内部购买方取得该项资产后继续作为固定资产进行核算。

在这种情况下，内部销售方向内部购买方销售固定资产时，应将"固定资产"科目、"累计折旧"科目和"固定资产减值准备"科目等的余额结平，同时确认固定资产变卖损益，计入"资产处置损益"科目。即在内部销售方个别资产负债表中表现为"固定资产"科目金额减少，并在内部销售方个别利润表中表现为"资产处置收益"科目金额增加或减少。而内部购买方应该确认固定资产，即在内部购买方个别资产负债表中表现为"固定资产"科目的增加，且该增加额中既包括了内部销售方所结转的固定资产账面价值，同时还包括了内部销售方在销售时所确认的资产处置损益。

站在企业集团的角度来看，这一交易行为实质上仅仅是企业集团内部的固定资产调拨，即仅仅是将固定资产挪了位置，既不应该调增或调减固定资产价值，也不应该产生固定资产的处置收益或处置损失。因此，必须将内部销售方因该项内部固定资产交易所实现的损益予以抵销，同时将内部购买方固定资产原价中包含的未实现内部销售损益予以抵销。具体而言，就是在合并工作底稿中编制抵销分录时，按照该内部交易固定资产的转让价格与其原账面价值之间的差额，借记"资产处置收益"项目，贷记"固定资产——原价"项目。如果该内部交易的固定资产转让价格低于其原账面价值，则按其差额，借记"固定资产——原价"项目，贷记"资产处置收益"项目。经过上述抵销处理后，该项固定资产在合并财务报表中仍以上述内部交易发生前的原账面价值进行反映。

案例 ⋯⋯▶▶▶

【例7-1】2×20年1月1日，甲公司以银行存款3 000万元作为合并对价，自丙公司处取得乙公司80%的股权，取得这部分股权投资后，甲公司能够控制乙公司，将乙公司纳入其合并财务报表合并范围。甲公司和乙公司均为增值税一般纳税人企业，其不动产销售业务所适用的增值税税率均为9%。

2×20年12月11日，甲公司将其一栋行政办公楼出售给乙公司，甲公司向乙公司开具的增值税专用发票上注明的销售价格为1 000万元，增值税税额为90万元。甲公司该栋行政办公楼的原价为2 000万元，已累计计提折旧1 200万元，已计提固定资产减值准备200万元。相关款项已于销售当日收存银行。

本例中，甲公司向乙公司销售该栋行政办公楼时的会计分录如下。

借：固定资产清理	600
累计折旧	1 200
固定资产减值准备	200
贷：固定资产	2 000
借：银行存款	1 090
贷：固定资产清理	1 000
应交税费——应交增值税（销项税额）	90
借：固定资产清理	400
贷：资产处置损益	400

乙公司从甲公司购入该栋行政办公楼时的会计分录如下。

借：固定资产	1 000
应交税费——应交增值税（进项税额）	90
贷：银行存款	1 090

而从企业集团的角度来看，发生上述交易行为后，该栋行政办公楼仍然属于本企业集团，不应该调整固定资产价值，也不应该确认资产处置损益。因此编制合并财务报表时，需要将甲公司个别财务报表中所确认的资产处置损益400万元与乙公司个别财务报表中多确认的固定资产原价400万元予以抵销。即甲公司在合并工作底稿中应编制的抵销分录如下。

借：资产处置收益 400

　贷：固定资产——原价 400

经过上述抵销处理后，该项固定资产内部交易在个别财务报表中所实现的损益被抵销，该项固定资产在合并财务报表中反映的价值为600万元。

（2）企业集团内部一方将产品销售给另一方作为固定资产的交易的抵销处理。

此种情况是指企业集团内部成员企业中的一方（内部销售方）向另一方（内部购买方）销售商品后，内部购买方将该商品用于生产商品、提供劳务、出租或经营管理，而不是将其用于出售，从而使该资产符合固定资产的定义，被确认为一项固定资产。

在这种情况下，内部销售方向内部购买方销售商品时确认了销售收入并结转了销售成本，在其个别财务报表中分别反映为营业收入和营业成本，并确认了损益。而内部购买方则应该确认固定资产，即在内部购买方个别资产负债表中表现为"固定资产"项目的增加，且该增加额中包括了内部销售方在销售时所确认的销售损益。

站在企业集团的角度来看，这一交易行为实质上仅仅是企业集团将本集团自产的产品用作固定资产，只需要按该产品的原成本借记"固定资产"科目或"在建工程"科目，贷记"库存商品"科目，既不应该调增或调减该资产的价值，也不应该产生商品销售损益。因此，必须将内部销售方因该项内部固定资产交易所实现的损益予以抵销，同时将内部购买方固定资产原价中包含的未实现内部销售损益（即销售企业销售该产品的销售收入与销售成本之间的差额）予以抵销。具体而言，就是在合并工作底稿中编制抵销分录时，按照内部销售方所确认的销售收入借记"营业收入"项目，按照内部销售方所结转的销售成本贷记"营业成本"项目，同时按内部购买方确认的固定资产原价中所包含的未实现内部销售损益贷记"固定资产——原价"项目。

【例 7-2】甲公司为一家防盗保险柜生产、销售公司。2×20 年 1 月 1 日,甲公司以银行存款 5 000 万元作为合并对价,自丙公司处取得乙公司 60% 的股权,取得这部分股权投资后,甲公司能够控制乙公司,将乙公司纳入其合并财务报表合并范围。甲公司和乙公司均为增值税一般纳税人企业,其商品销售业务所适用的增值税税率均为 13%。

2×20 年 12 月 11 日,甲公司将一台大型高级商用防盗保险柜出售给乙公司,甲公司向乙公司开具的增值税专用发票上注明的销售价格为 20 万元,增值税税额为 2.6 万元。甲公司该台保险柜的成本为 16 万元,未计提过存货跌价准备。相关款项已于销售当日收存银行。

本例中,甲公司向乙公司销售该台保险柜时的会计分录如下。

借:银行存款   22.6

 贷:主营业务收入   20

   应交税费——应交增值税(销项税额)   2.6

借:主营业务成本   16

 贷:库存商品   16

乙公司从甲公司购入该台保险柜时的会计分录如下。

借:固定资产   20

  应交税费——应交增值税(进项税额)   2.6

 贷:银行存款   22.6

而从企业集团的角度来看,上述交易行为实质上是企业集团将本集团自产的保险柜转作固定资产,只需要按该产品的原成本 16 万元借记"固定资产"科目,贷记"库存商品"科目,既不应该调增或调减该资产的价值,也不应该产生商品销售损益。因此编制合并财务报表时,需要将甲公司个别财务报表中所确认的主营业务收入 20 万元、主营业务成本 16 万元与乙公司个别财务报表中多确认的固定资产原价 4 万元予以抵销。即甲公司在合并工作底稿中应编制的抵销分录如下。

借:营业收入   20

 贷:营业成本   16

   固定资产——原价   4

经过上述抵销处理后，该项内部固定资产交易在个别财务报表中所实现的损益被抵销，该项固定资产在合并财务报表中反映的价值为 16 万元。

2. 内部固定资产交易且当期计提折旧的合并处理

企业取得固定资产后，应当按照确定的折旧方法对其计提折旧，将其成本分摊到各个会计期间。因此，在内部固定资产交易发生后，内部购买方应自该项固定资产达到预定用途后的下月起对其计提折旧。由于内部购买方是以该固定资产的取得成本作为其原价计提折旧，而该取得成本中包含内部销售方由于该内部固定资产交易所确认的损益（即未实现内部销售损益），相应地在该内部交易固定资产使用过程中其各期计提的折旧额中，也包含未实现内部销售损益摊销的金额。因此编制合并财务报表时，还必须将当期该内部交易固定资产计提的折旧额中相当于未实现内部销售损益的摊销金额（即多计提折旧的数额），从该内部交易固定资产当期计提的折旧费用和该固定资产累计折旧中予以抵销。

具体而言，母公司在编制合并财务报表时，针对内部固定资产交易且当期计提折旧的合并处理步骤如下。

（1）抵销内部交易发生时内部销售方确认的未实现内部销售损益和内部购买方多确认的固定资产原价。

如果企业集团内部成员企业中的一方（内部销售方）将其自用的固定资产变卖给另一方（内部购买方），内部购买方取得该项资产后继续作为固定资产进行核算，则按照该内部交易固定资产的转让价格与其原账面价值之间的差额，借记"资产处置收益"项目，贷记"固定资产原价"项目。该内部交易的固定资产转让价格低于其原账面价值的，按其差额，借记"固定资产原价"项目，贷记"资产处置收益"项目。

如果企业集团内部成员企业中的一方（内部销售方）向另一方（内部购买方）销售商品后，内部购买方将其作为固定资产进行核算，则按照内部销售方所确认的销售收入借记"营业收入"项目，按照内部销售方所结转的销售成本贷记"营业成本"项目，同时按内部购买方确认的固定资产原价中所包含的未实现内部销售损益贷记"固定资产——原价"项目。

（2）抵销内部购买方对内部交易固定资产计提折旧时因未实现内部销售损益而多计提的折旧费用和累计折旧金额。

企业对固定资产计提折旧时，应借记成本费用类科目，贷记"累计折旧"科目，一方面增加当期的费用，另一方面形成累计折旧。所以，母公司在合并工作底稿中对内部交易固定资产当期多计提的折旧额进行抵销时，应按当期多计提的折旧数额，借记"固定资产——累计折旧"项目，贷记"管理费用"等项目（为便于理解，此处所涉及的内部交易固定资产均假定为管理用固定资产，其各期多计提的折旧费用均通过"管理费用"项目进行抵销处理）。

案例 ⋯⋯▶▶▶

【例7-3】甲公司为一家机器设备生产制造公司，该公司持有乙公司80%的股权，能够对乙公司实施控制。

2×20年6月20日，甲公司将其生产的一台机器设备销售给乙公司，甲公司向乙公司开具的增值税专用发票上注明的销售价格为400万元，增值税税额为52万元。甲公司该台机器设备的成本为200万元，未计提过存货跌价准备。相关货款已于销售当日收存银行。

乙公司购入的该台机器设备专供该公司行政管理部门使用，于购入当日达到预定可使用状态，其预计使用寿命为10年，预计净残值为零，采用直线法计提折旧。

甲公司和乙公司对该类机器设备的折旧方法、折旧年限、预计净残值的确定方法是一致的。不考虑其他因素。

本例中，母公司（甲公司）在2×20年年末编制合并财务报表时，针对内部交易发生时所产生的未实现内部销售损益，应编制如下抵销分录。

借：营业收入　　　　　　　　　　　　　　　　　　　400

　　贷：营业成本　　　　　　　　　　　　　　　　　　　　　200

　　　　固定资产——原价　　　　　　　　　　　　　　　　　200

乙公司购入该台机器设备后，将其作为固定资产核算，并自2×20年7月开始对该项固定资产计提折旧。乙公司在2×20年下半年对该项固定资产应计提的折旧额＝（入账成本－预计净残值）÷折旧年限×（6÷12）＝（400-0）÷10×（6÷12）=20（万元）。

站在企业集团合并财务报表的角度来看，相当于是企业集团将自产产品转为固定资产使用，应当按照产品成本200万元转入固定资产，在2×20年下半年对该项固定资产应计提的折旧额＝（入账成本－预计净残值）÷折旧年限×（6÷12）＝

（200-0）÷10×（6÷12）=10（万元）。

也就是说，对于企业集团来说，乙公司个别财务报表中多计提了10万元（20-10）的折旧额，应当予以抵销。

借：固定资产——累计折旧　　　　　　　　　　　　　10

　　贷：管理费用　　　　　　　　　　　　　　　　　　　　　10

3. 内部固定资产交易当期计提固定资产减值准备的合并处理

我国企业会计准则规定，在固定资产的后续计量过程中，如果该项固定资产出现诸如陈旧过时、实体已经损坏、已经或者将被闲置、终止使用或者计划提前处置等情形而出现减值迹象时，应当对其进行减值测试。如果经减值测试确定该项固定资产的账面价值高于其可收回金额时，则表明该项固定资产发生了减值，企业应当对其确认资产减值损失，并把该项固定资产的账面价值减记至可收回金额。企业集团内部成员企业之间发生内部交易所形成的固定资产，也需按上述原则进行处理。

> **相关链接**
>
> 　　资产可收回金额的估计，应当根据其公允价值减去处置费用后的净额与资产预计未来现金流量的现值两者之间较高者确定。因此，要估计资产的可收回金额，通常需要同时估计该资产的公允价值减去处置费用后的净额和资产预计未来现金流量的现值。
>
> 　　资产的公允价值减去处置费用后的净额，通常反映的是资产如果被出售或者处置时可以收回的净现金收入。
>
> 　　资产预计未来现金流量的现值，应当按照资产在持续使用过程中和最终处置时所产生的预计未来现金流量，选择恰当的折现率对其进行折现后的金额加以确定。
>
> 　　企业对固定资产计提资产减值损失的会计分录为：借记"资产减值损失"科目，贷记"固定资产减值准备"科目。

某一企业从其所在的企业集团内部购入资产并将其作为固定资产核算后，如果该固定资产在内部购买方个别财务报表中的账面价值高于其可收回金额时，内部购买方需要按该项固定资产的账面价值与可收回金额的差额，对该固定资产计提减值准备。而从整个企业集团来看，企业集团所认可的该固定资产的账面价值，是以内部交易发生前该固定资产在内部销售方账上的成本为基础计算的，企业集团所认可的固定资产减值准备应当以企业集团所认可的该固定资产的账面价值与可收回金额进行比较。因此，企业集团所认可的固定资产减值准备金额与内部购买方个别财务报表中所计提的固定资产减值准备金额可能不一致，编制合并财务报表时，需要按该差额抵销固定资产减值准备和资产减值损失金额。

案例 ·····▶▶▶

【例7-4】甲公司持有乙公司80%的股权，能够对乙公司实施控制。

2×20年6月20日，甲公司将其一台自用的管理用固定资产销售给乙公司，甲公司向乙公司开具的增值税专用发票上注明的销售价格为500万元，增值税税额为65万元。甲公司该项固定资产的原价为800万元，已累计计提折旧400万元，未计提过固定资产减值准备。相关货款已于销售当日收存银行。

乙公司购入的该项固定资产专供该公司行政管理部门使用，于购入当日达到预定可使用状态，其预计使用寿命为10年，预计净残值为零，采用直线法计提折旧。

2×20年12月31日，乙公司经减值测试确定该项固定资产的可收回金额为450万元。

甲公司和乙公司对该类机器设备的折旧方法、折旧年限、预计净残值的确定方法是一致的。不考虑其他因素。

本例中，母公司（甲公司）在2×20年年末编制合并财务报表时，针对内部交易发生时所产生的未实现内部销售损益，应编制如下抵销分录。

借：资产处置收益   100

 贷：固定资产——原价   100

2×20年下半年，乙公司在个别财务报表中所计提的折旧金额＝（入账成本－预计净残值）÷折旧年限×（6÷12）＝（500-0）÷10×（6÷12）＝25（万元）。从企业集团的角度来看，该项固定资产在2×20年下半年应计提的折旧金额＝（400-0）÷10×（6÷12）＝20（万元），所以2×20年下半年乙公司个别财务报表中多计提了5万元（25-20）折旧，甲公司应当编制如下抵销分录。

借：固定资产——累计折旧   5

 贷：管理费用   5

2×20 年 12 月 31 日，该项固定资产计提减值准备前在乙公司账上的账面价值 =500-25=475（万元），而可收回金额为 450 万元，表明该项固定资产发生了减值，应当计提的资产减值损失 =475-450=25（万元）。

而从企业集团合并财务报表的角度来看，该项固定资产计提减值准备前的账面价值 =400-20=380（万元），而可收回金额为 450 万元，表明该项固定资产没有发生减值，不需要计提资产减值损失。

综上所述，甲公司在编制合并财务报表时，应当将乙公司个别财务报表中所计提的资产减值损失和固定资产减值准备金额予以抵销。

借：固定资产——固定资产减值准备   25

  贷：资产减值损失   25

4. 内部固定资产交易相关所得税会计的合并处理

对于企业集团成员企业之间内部交易所形成的固定资产，母公司在编制合并财务报表时，需要对该项固定资产所涉及的未实现内部销售损益进行合并抵销处理，在抵销分录中借记或贷记"固定资产"项目，由此导致在合并财务报表中反映的固定资产的账面价值发生增减变动；而计税基础是按照税法规定确定的（内部固定资产交易发生时，该项固定资产的计税基础一般等于内部购买方取得该固定资产时的入账成本，在后续计量期间，该项固定资产的计税基础 = 固定资产入账成本 - 按税法规定应计提的折旧额），上述合并抵销处理并不影响固定资产的计税基础，由此导致固定资产的账面价值与其计税基础不一致，从而产生了可抵扣暂时性差异或应纳税暂时性差异。为了使合并财务报表全面反映所得税相关的影响，特别是当期所负担的所得税费用的情况，应当进行所得税会计核算，在计算确定固定资产的账面价值与计税基础之间差异的基础上，确认相应的递延所得税资产或递延所得税负债。

案例 ▶▶▶▶

【**例 7-5**】甲公司持有乙公司 60% 的股权，能够对乙公司实施控制。

2×20 年 6 月 15 日，甲公司将其一台自产产品销售给乙公司，甲公司向乙公司开具的增值税专用发票上注明的销售价格为 600 万元，增值税税额为 78 万元。甲公司该台产品的成本为 400 万元。相关货款已于销售当日收存银行。

乙公司购入的该项固定资产专供该公司行政管理部门使用，于购入当日达到预定可使用状态，其预计使用寿命为5年，预计净残值为零，采用直线法计提折旧。

2×20年12月31日，乙公司经减值测试确定该项固定资产的可收回金额为420万元。

甲公司和乙公司对该类固定资产的折旧方法、折旧年限、预计净残值的确定方法是一致的。不考虑其他因素。甲公司与乙公司的所得税税率均为25%，采用资产负债表债务法核算所得税。

本例中，母公司（甲公司）在2×20年年末编制合并财务报表时，针对上述内部固定资产交易应编制如下抵销分录。

借：营业收入　　　　　　　　　　　　　　　　　　　　　　600
　　贷：营业成本　　　　　　　　　　　　　　　　　　　　　　　　400
　　　　固定资产——原价　　　　　　　　　　　　　　　　　　　　200
借：固定资产——累计折旧　　　　[（600-400）÷5×（6÷12）] 20
　　贷：管理费用　　　　　　　　　　　　　　　　　　　　　　　　　20

2×20年12月31日，该项固定资产计提减值准备前在乙公司账上的账面价值=600-600÷5×（6÷12）=540（万元），而可收回金额为420万元，表明该项固定资产发生了减值，应当计提的资产减值损失=540-420=120（万元）。

而从企业集团合并财务报表的角度来看，该项固定资产计提减值准备前的账面价值=400-400÷5×（6÷12）=360（万元），而可收回金额为420万元，表明该项固定资产没有发生减值，不需要计提资产减值损失。

综上所述，甲公司编制合并财务报表时，应当将乙公司个别财务报表中所计提的资产减值损失和固定资产减值准备金额予以抵销。

借：固定资产——固定资产减值准备　　　　　　　　　　　　120
　　贷：资产减值损失　　　　　　　　　　　　　　　　　　　　　120

上述内部交易抵销分录，导致"固定资产"项目的账面价值减少了60万元（200-20-120），但是其计税基础并不受上述抵销分录的影响，由此导致"固定资产"项目的账面价值比其计税基础少60万元，所以需要确认递延所得税资产15万元（60×25%），相应的会计分录如下。

借：递延所得税资产　　　　　　　　　　　　　　　　　　　15
　　贷：所得税费用　　　　　　　　　　　　　　　　　　　　　　15

7.1.3 内部交易固定资产取得后至处置前期间的合并处理

在内部交易固定资产取得后至处置前期间，内部购买方一直持有该项固定资产，并按期对其计提折旧计入当期成本或费用，如发生减值，还需对该项固定资产计提减值准备并计入资产减值损失。由于内部购买方在个别财务报表中所做的上述会计处理，均是在包含未实现内部销售损益的固定资产原价的基础上进行的，所以导致内部购买方账上的固定资产原价、固定资产累计折旧、固定资产减值准备比企业集团所认可的金额要多（如果内部固定资产交易中的销售价格比该项资产在内部销售方账上的原账面价值小，则内部购买方账上的固定资产原价、固定资产累计折旧、固定资产减值准备比企业集团所认可的金额要少）。因此母公司在每个资产负债表日编制合并财务报表时，均需要针对内部交易的固定资产编制相应的抵销分录。其具体的合并处理步骤如图 7-1 所示：

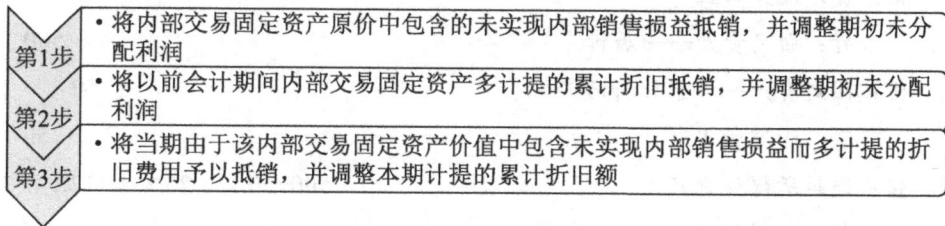

第1步	• 将内部交易固定资产原价中包含的未实现内部销售损益抵销，并调整期初未分配利润
第2步	• 将以前会计期间内部交易固定资产多计提的累计折旧抵销，并调整期初未分配利润
第3步	• 将当期由于该内部交易固定资产价值中包含未实现内部销售损益而多计提的折旧费用予以抵销，并调整本期计提的累计折旧额

图 7-1 连续编制合并财务报表时内部固定资产交易的合并处理步骤

第 1 步，是指按照固定资产原价中包含的未实现内部销售损益的数额，借记"年初未分配利润"项目，贷记"固定资产——原价"项目。

第 2 步，是指按照以前会计期间抵销该内部交易固定资产因包含未实现内部销售损益而多计提的累计折旧额，借记"固定资产——累计折旧"项目，贷记"年初未分配利润"项目。

第 3 步，是指按照本期该内部交易的固定资产多计提的折旧额，借记"固定资产——累计折旧"项目，贷记"管理费用"等项目。

案例 ▸▸▸▸

【例 7-6】甲公司（非上市公司）持有乙公司 80% 的股权，能够对乙公司实施控制。

2022 年 6 月 10 日，甲公司将其账面价值为 2 000 万元的某项固定资产以 2 500

万元的价格变卖给乙公司，并确认资产处置损益 500 万元。乙公司购入后作为固定资产使用，并以 2 500 万元作为固定资产的成本入账。

固定资产于当日达到预定可使用状态并交付管理部门使用。该固定资产的尚可使用年限为 5 年，预计净残值为零，乙公司采用直线法计提折旧。

2024 年年末，该项固定资产出现减值迹象，经减值测试，乙公司确定该项固定资产可收回金额为 1 000 万元。

甲公司与乙公司的所得税税率均为 25%，采用资产负债表债务法核算所得税。

根据上述资料，甲公司在 2022 年至 2025 年编制合并财务报表的相关抵销分录如下。

（1）甲公司 2022 年编制合并财务报表时，抵销分录如下。

借：资产处置收益		500
贷：固定资产——原价		500
借：固定资产——累计折旧		50
贷：管理费用		50
借：递延所得税资产	［（500-50）×25%］	112.5
贷：所得税费用		112.5

（2）甲公司 2023 年编制合并财务报表时，抵销分录如下。

借：年初未分配利润	500
贷：固定资产——原价	500
借：固定资产——累计折旧	50
贷：年初未分配利润	50
借：递延所得税资产	112.5
贷：年初未分配利润	112.5
借：固定资产——累计折旧	100
贷：管理费用	100
借：所得税费用	25
贷：递延所得税资产	25

（3）甲公司 2024 年编制合并财务报表时，抵销分录如下。

借：年初未分配利润	500

　　　　贷：固定资产——原价　　　　　　　　　　　　　　　　500

　借：固定资产——累计折旧　　　　　　　　　　　　150

　　　　贷：年初未分配利润　　　　　　　　　　　　　　　150

　借：递延所得税资产　　　　　　　　　　　　　　　87.5

　　　　贷：年初未分配利润　　　　　　　　　　　　　　　87.5

　借：固定资产——累计折旧　　　　　　　　　　　100

　　　　贷：管理费用　　　　　　　　　　　　　　　　　　100

　借：固定资产——固定资产减值准备［（2 500-2 500÷5×2.5）-1 000］

　　　　　　　　　　　　　　　　　　　　　　　　　　250

　　　　贷：资产减值损失　　　　　　　　　　　　　　　250

　借：所得税费用　　　　　　　　　　　　　　　　　87.5

　　　　贷：递延所得税资产　　　　　　　　　　　　　　87.5

　　【解析】2024 年年末，从乙公司个别财务报表的角度来看，该项固定资产在计提减值准备前的账面价值是 1 250 万元，可收回金额是 1 000 万元，说明该项固定资产发生了减值，应当计提资产减值损失 250 万元。

　　从企业集团合并财务报表的角度来看，该项固定资产在减值测试前的账面价值是 1 000 万元，可收回金额是 1 000 万元，因此没有发生减值。所以从企业集团合并财务报表的角度来看，应将个别财务报表计提的 250 万元的资产减值准备抵销。

　　本年末，该项固定资产的可抵扣暂时性差异期末余额＝"固定资产"项目贷方发生额减去借方发生额＝500-150-100-250=0，所以递延所得税资产期末余额是 0，期初余额是 87.5 万元，所以应转回递延所得税资产 87.5 万元。

　　（4）甲公司 2025 年编制合并财务报表时，抵销分录如下。

　借：年初未分配利润　　　　　　　　　　　　　　500

　　　　贷：固定资产——原价　　　　　　　　　　　　　　500

　借：固定资产——累计折旧　　　　　　　　　　250

　　　　贷：年初未分配利润　　　　　　　　　　　　　　　250

　借：固定资产——固定资产减值准备　　　　　250

　　　　贷：年初未分配利润　　　　　　　　　　　　　　　250

7.1.4 内部交易固定资产清理期间的合并处理

按照固定资产清理时点与该项固定资产预计使用期限届满时点的关系，可以将内部交易固定资产清理划分为三种情形，具体如图7-2所示。

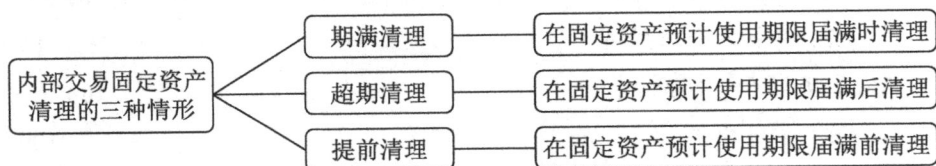

```
                        ┌── 期满清理 ──── 在固定资产预计使用期限届满时清理
内部交易固定资产 ────────┼── 超期清理 ──── 在固定资产预计使用期限届满后清理
清理的三种情形          └── 提前清理 ──── 在固定资产预计使用期限届满前清理
```

图7-2 内部交易固定资产清理的三种情形

内部交易固定资产被清理在内部购买方的账簿中表现为相关"固定资产"科目、"累计折旧"科目和"固定资产减值准备"科目等的余额被结平，并按照该固定资产清理收入减去该固定资产净值以及有关清理费用后的余额确认为资产处置损益，在内部购买方的个别资产负债表中反映为"固定资产"项目金额减少，在内部购买方的个别利润表中反映为"资产处置收益"项目金额的增加或减少。站在企业集团合并财务报表的角度，也是反映为"固定资产"项目金额减少，"资产处置收益"项目金额发生增减变动，只是由于未实现内部销售损益因素的影响，导致内部购买方个别财务报表相关项目金额与企业集团合并财务报表相关项目金额之间存在差异，需要进行抵销。

1. 内部交易固定资产使用期限届满进行清理期间的合并处理

对于内部购买方，在内部交易固定资产使用期限届满进行清理的会计期间期末，内部固定资产实体已不复存在，包括未实现内部销售损益在内的该内部交易固定资产的价值已全部转移到各会计期间实现的损益之中，因此不存在未实现内部销售损益抵销问题。所以从企业集团的角度来说，在编制合并财务报表时，一方面应当调整年初未分配利润；另一方面，将当期由于该内部交易固定资产因包含未实现内部销售损益而多计提的折旧费用予以抵销，因为在该项固定资产被清理的会计期间里，从期初至被清理前的这段时间里该固定资产仍处于使用之中，仍应计提折旧，本期计提折旧中仍然包含因内部未实现销售损益而多计提的折旧额，所以也需要将当期多计提的折旧额予以抵销。

【例 7-7】甲公司（非上市公司）持有乙公司 80% 的股权，能够对乙公司实施控制。

2018 年 6 月 1 日，甲公司将一台自产产品出售给乙公司，售价（不含增值税）为 500 万元，增值税税额为 65 万元，产品成本为 400 万元。乙公司购入后作为固定资产使用，双方款项已结清。乙公司另外支付有关费用 150 万元，固定资产于当日交付管理部门使用，该固定资产预计使用年限为 5 年，预计净残值为零。乙公司采用直线法计提折旧。

2023 年 6 月，该固定资产使用期满时，乙公司将其报废清理，取得残值变价收入 10 万元。

甲公司与乙公司的所得税税率均为 25%，采用资产负债表债务法核算所得税。

根据上述资料，甲公司在 2018 年至该项固定资产被清理处置期间编制合并财务报表时的相关抵销分录分别如下。

（1）2018 年年末（固定资产已被使用 0.5 年）编制合并财务报表时，应当编制的抵销分录如下。

① 借：营业收入　　　　　　　　　　　　　　　　　　　　　500

　　　贷：营业成本　　　　　　　　　　　　　　　　　　　　　400

　　　　　固定资产——原价　　　　　　　　　　　　　　　　　100

② 借：固定资产——累计折旧　　　　　（100÷5÷12×6）10

　　　贷：管理费用　　　　　　　　　　　　　　　　　　　　　10

③ 借：递延所得税资产　　　　　　　　［（100-10）×25%］22.5

　　　贷：所得税费用　　　　　　　　　　　　　　　　　　　22.5

（2）2019 年年末（固定资产已被使用 1.5 年）编制合并财务报表时，应当编制的抵销分录如下。

① 借：年初未分配利润　　　　　　　　　　　　　　　　　　100

　　　贷：固定资产——原价　　　　　　　　　　　　　　　　　100

② 借：固定资产——累计折旧　　　　　　　　　　　　　　　10

　　　贷：年初未分配利润　　　　　　　　　　　　　　　　　　10

③借：固定资产——累计折旧　　　　　　　　　　　　　　　　　20

　　贷：管理费用　　　　　　　　　　　　　　　　　　　　　　　　20

④借：递延所得税资产　　　　　　　［（100-10）×25%］22.5

　　贷：年初未分配利润　　　　　　　　　　　　　　　　　　　22.5

⑤借：所得税费用　　　　　　　　　　　　　（20×25%）5

　　贷：递延所得税资产　　　　　　　　　　　　　　　　　　　　5

（3）2020年年末（固定资产已被使用2.5年）编制合并财务报表时，应当编制的抵销分录如下。

①借：年初未分配利润　　　　　　　　　　　　　　　　　　100

　　贷：固定资产——原价　　　　　　　　　　　　　　　　　　100

②借：固定资产——累计折旧　　　　　　　　　　　　　　　30

　　贷：年初未分配利润　　　　　　　　　　　　　　　　　　　30

③借：固定资产——累计折旧　　　　　　　　　　　　　　　20

　　贷：管理费用　　　　　　　　　　　　　　　　　　　　　　　20

④借：递延所得税资产　　　　　　　［（100-30）×25%］17.5

　　贷：年初未分配利润　　　　　　　　　　　　　　　　　　17.5

⑤借：所得税费用　　　　　　　　　　　　　（20×25%）5

　　贷：递延所得税资产　　　　　　　　　　　　　　　　　　　　5

（4）2021年年末（固定资产已被使用3.5年）编制合并财务报表时，应当编制的抵销分录如下。

①借：年初未分配利润　　　　　　　　　　　　　　　　　　100

　　贷：固定资产——原价　　　　　　　　　　　　　　　　　　100

②借：固定资产——累计折旧　　　　　　　　　　　　　　　50

　　贷：年初未分配利润　　　　　　　　　　　　　　　　　　　50

③借：固定资产——累计折旧　　　　　　　　　　　　　　　20

　　贷：管理费用　　　　　　　　　　　　　　　　　　　　　　　20

④借：递延所得税资产　　　　　　　［（100-50）×25%］12.5

　　贷：年初未分配利润　　　　　　　　　　　　　　　　　　12.5

⑤借：所得税费用　　　　　　　　　　　　　（20×25%）5

　　贷：递延所得税资产　　　　　　　　　　　　　　　　　　　　5

（5）2022 年年末（固定资产已被使用 4.5 年）编制合并财务报表时，应当编制的抵销分录如下。

①借：年初未分配利润   100

  贷：固定资产——原价   100

②借：固定资产——累计折旧   70

  贷：年初未分配利润   70

③借：固定资产——累计折旧   20

  贷：管理费用   20

④借：递延所得税资产 $[（100-70）\times25\%]$ 7.5

  贷：年初未分配利润   7.5

⑤借：所得税费用 $（20\times25\%）$ 5

  贷：递延所得税资产   5

（6）2023 年 6 月底（固定资产已被使用 5 年）编制合并财务报表时，应当编制的抵销分录如下。

①借：年初未分配利润   100

  贷：固定资产——原价   100

②借：固定资产——累计折旧   90

  贷：年初未分配利润   90

③借：固定资产——累计折旧   10

  贷：管理费用   10

④借：递延所得税资产 $[（100-90）\times25\%]$ 2.5

  贷：年初未分配利润   2.5

⑤借：所得税费用 $（10\times25\%）$ 2.5

  贷：递延所得税资产   2.5

将 2023 年 6 月底合并工作底稿中编制的上述几笔抵销分录合并起来，具体如下。

借：年初未分配利润   10

 贷：管理费用   10

借：所得税费用   2.5

 贷：年初未分配利润   2.5

从合并后抵销分录可以得出如下结论。

①由于不管站在内部购买方个别财务报表的角度还是站在企业集团合并财务报表的角度看，该项固定资产都已经不复存在，所以编制抵销分录中实质上已不再体现"固定资产"项目。

②由于该固定资产已经不存在了，所以暂时性差异为0，与该项固定资产相关的递延所得税资产余额为0。

2. 内部交易固定资产超期使用进行清理期间的合并处理

内部交易固定资产超期使用，是指在内部交易形成的固定资产达到预定可使用寿命之后，内部购买方仍继续使用了一段期间后才对该项固定资产进行清理。

在内部交易固定资产使用寿命届满时起至其被实际清理的会计期间，由于该项固定资产已提足折旧，所以该项固定资产在资产负债表的"固定资产"项目中反映的金额一般为零。如果该项固定资产存在预计净残值，该项固定资产在资产负债表的"固定资产"项目中反映的金额等于其预计净残值。该项固定资产的未实现内部销售损益已随着折旧的计提而不复存在，因此，在编制对该内部交易固定资产进行清理的会计期间的合并财务报表时，不需要进行合并处理。

案例 ⋯⋯▶▶▶

【例7-8】接【例7-7】。假定该内部交易固定资产截至2024年年末仍未清理。

在2024年年（第7年）末编制合并财务报表时，因为该资产已不存在未实现内部销售损益了，所以不需要再对该项内部交易编制抵销分录。

3. 内部交易固定资产使用期限未满提前进行清理期间的合并处理

在这种情况下，购买企业内部交易固定资产实体已不复存在，所以不存在未实现内部销售损益抵销问题，但由于固定资产提前报废，固定资产原价中包含的未实现内部销售损益随着清理而成为实现的损益。对于销售企业来说，因该内部交易固定资产所实现的利润，作为年初未分配利润的一部分结转到购买企业对该内部交易固定资产进行清理的会计期间。为此，首先必须调整年初未分配利润；其次在固定资产进行清理前仍需计提折旧，本期计提折旧中仍然包含多计提的折旧，需要将多计提的折旧费用予以抵销。

案例 ......▶▶▶

【**例7-9**】接【**例7-7**】。假定乙公司在2022年年末（固定资产已被使用4.5年）对该内部交易的固定资产进行清理，并取得清理净收益30万元。

根据上述资料，甲公司在2022年年末（固定资产已被使用4.5年）编制合并财务报表时，应当编制的抵销分录如下。

（1）借：年初未分配利润　　　　　　　　　　　　　　　　　100

　　　　贷：资产处置收益　　　　　　　　　　　　　　　　　　　100

（2）借：资产处置收益　　　　　　　　　　　　　　　　　　70

　　　　贷：年初未分配利润　　　　　　　　　　　　　　　　　　70

（3）借：资产处置收益　　　　　　　　　　　　　　　　　　20

　　　　贷：管理费用　　　　　　　　　　　　　　　　　　　　　20

（4）借：递延所得税资产　　　　　[（100-70）×25%] 7.5

　　　　贷：年初未分配利润　　　　　　　　　　　　　　　　　　7.5

（5）由于不管站在内部购买方个别财务报表的角度还是站在企业集团合并财务报表的角度看，该项固定资产都已经不复存在，所以暂时性差异余额为0，与该项固定资产相关的递延所得税资产余额应为0，所以应当将合并财务报表中的递延所得税资产期初余额7.5万元予以转回。

借：所得税费用　　　　　　　　　　　　　　　　　　　　　7.5

　　贷：递延所得税资产　　　　　　　　　　　　　　　　　　　7.5

7.2　内部无形资产交易的合并处理

无形资产的核算思路与固定资产的核算思路非常相似，因此内部无形资产交易的合并处理与内部固定资产交易的合并处理有相似之处，但两者之间也存在一些差异。

7.2.1　内部无形资产交易概述

内部无形资产交易，是指企业集团内部成员企业之间（企业集团内部母公司与子公司、子公司相互之间）发生的与无形资产有关的购销业务。

无形资产，是指企业拥有或者控制的没有实物形态的可辨认非货币性资产。无形资产通常包括专利权、非专利技术、商标权、著作权、特许权、土地使用权等。

无形资产与固定资产类似，在取得并投入使用后，往往要跨越多个会计期间，并且在使用过程中通过计提摊销额将其价值转移至产品生产成本或各会计期间费用之中去，在进行内部无形资产交易的抵销处理时需要考虑其后续计量过程中的特殊性。比如，由于无形资产需要计提摊销额，所以涉及对每一次计提的摊销费用中包含的未实现内部销售损益的抵销问题，也涉及每期累计摊销中包含的未实现内部销售损益的抵销问题；同时，由于无形资产的持有期间往往横跨多个会计期间，所以涉及使用该无形资产期间编制合并财务报表的年初未分配利润的调整问题。这些因素相叠加后，导致内部无形资产交易的抵销处理比一般的内部商品交易的抵销处理要复杂一些。

在编制内部无形资产交易抵销分录时，可以将财务报表中的"无形资产"项目，细分为"无形资产——原价"项目、"无形资产——累计摊销"项目以及"无形资产——无形资产减值准备"项目三个细分项目。

7.2.2 内部无形资产交易当期的合并处理

在企业集团内部成员企业中一方（内部出售方）将其持有的无形资产出售给另一方（内部购买方）时，内部出售方应结转无形资产账面价值，同时按照无形资产售价与其账面价值的差额确认资产处置损益；内部购买方则会按照购买价格等确定无形资产入账成本，该入账成本中包含内部销售方所赚取的收益或所发生的损失。对于企业集团来讲，这部分损益属于未实现内部销售损益，因此，母公司编制企业集团的合并财务报表时，应按照内部交易时该无形资产账面价值中包含的未实现内部销售损益的数额，借记"资产处置收益"项目，按交易时该内部交易无形资产账面价值中包含的未实现内部销售损益的数额，贷记"无形资产——原价"项目（如内部购买方出售该项无形资产时发生了净损失，则编制相反分录）。

内部购买方取得该项无形资产后，将在该项无形资产的预计使用寿命内按照确定的摊销方法对无形资产价值进行摊销，其摊销额分期计入各期的成本费用。

由于内部购买方确定的无形资产成本中包含内部交易发生时所产生的未实现内部销售损益，所以内部购买方在其个别财务报表中所计提的各期摊销额中，也会包含一部分未实现内部销售损益。对于这部分未实现内部销售损益所构成的无形资产摊销额，企业集团并不认可，因此母公司编制企业集团的合并财务报表时，应按本期该内部交易无形资产摊销额中包含的未实现内部销售损益的数额（即该无形资产价值中包含的未实现内部销售损益除以该无形资产的摊销年限得出的金额），借记"无形资产——累计摊销"项目，贷记"管理费用"等项目（如内部购买方出售该项无形资产时发生了净损失，则编制相反分录）。

案例 ▶▶▶▶

【例7-10】甲公司持有乙公司80%的股权，能够对乙公司实施控制。

2×20年7月10日，甲公司将其持有的一项无形资产出售给乙公司，售价为500万元。甲公司该项无形资产的原价为700万元，已累计摊销300万元，未计提过无形资产减值准备。相关货款已于销售当日收存银行。

乙公司购入的该项无形资产专供该公司行政管理部门使用，于购入当日达到预定可使用状态，其预计使用寿命为5年，预计净残值为零，采用直线法进行摊销。

甲公司和乙公司对该类无形资产的摊销方法、摊销年限、预计净残值的确定方法是一致的。不考虑其他因素。甲公司与乙公司的所得税税率均为25%，采用资产负债表债务法核算所得税。

本例中，母公司（甲公司）在2×20年年末编制合并财务报表时，针对内部交易发生时所产生的未实现内部销售损益，应编制如下抵销分录。

借：资产处置收益　　　　　　　　　　　　　　　　100

　　贷：无形资产——原价　　　　　　　　　　　　　100

乙公司购入后，将其作为无形资产核算，并自2×20年7月开始对该项无形资产计提摊销费用。乙公司在2×20年下半年对该项无形资产应计提的摊销额 = （入账成本 - 预计净残值）÷ 摊销年限 × （6÷12）=（500-0）÷5×（6÷12）= 50（万元）。

站在企业集团合并财务报表的角度来看，该项无形资产在2×20年7月的账面价值为400万元，2×20年下半年应计提的摊销额 =（400-0）÷5×（6÷12）= 40（万元）。

也就是说，对于企业集团来说，乙公司个别财务报表中多计提了摊销额10万元（50-40），应当予以抵销。

借：无形资产——累计摊销   10

 贷：管理费用   10

同时，根据上述抵销分录，在合并财务报表层面确认相应的递延所得税资产。

借：递延所得税资产   ［（100-10）×25%］22.5

 贷：所得税费用   22.5

7.2.3 内部交易无形资产持有期间的合并处理

在内部交易无形资产取得后至处置前期间，内部购买方一直持有该项无形资产，并按期对其进行摊销计入当期成本或费用，如发生减值，还需对该项无形资产计提减值准备并计入资产减值损失。由于内部购买方在个别财务报表中所做的上述会计处理，均是在包含未实现内部销售损益的无形资产原价的基础上进行的，所以导致内部购买方账上的无形资产原价、无形资产累计摊销、无形资产减值准备比企业集团所认可的金额要多（如果内部无形资产交易中的销售价格比该项资产在内部销售方账上的原账面价值小，则内部购买方账上的无形资产原价、无形资产累计摊销、无形资产减值准备比企业集团所认可的金额要少），所以母公司在每个资产负债表日编制合并财务报表时，均需要针对内部交易的无形资产编制相应的抵销分录。

首先，将内部交易无形资产原价中包含的未实现内部销售损益抵销，并调整年初未分配利润，即按内部交易发生时无形资产价值中包含的未实现内部销售损益的数额，借记"年初未分配利润"项目，贷记"无形资产——原价"项目；其次，将以前会计期间内部交易无形资产多计提的累计摊销抵销，并调整年初未分配利润，即按上期期末该内部交易无形资产累计摊销金额中包含的已摊销未实现内部销售损益的数额，借记"无形资产——累计摊销"项目，贷记"年初未分配利润"项目；最后，将当期由于该内部交易无形资产价值中包含未实现内部销售损益而多计提的摊销费用予以抵销，并调整本期计提的累计摊销额，即按本期因该内部交易无形资产价值中包含未实现内部销售损益而多计算的摊销金额，借记"无形资产——累计摊销"项目，贷记"管理费用"项目。

【**例7-11**】甲公司（非上市公司）持有乙公司70%的股权，能够对乙公司实施控制。

2022年1月1日，甲公司将其账面价值为1 000万元的某项无形资产以1 500万元的价格变卖给乙公司，并确认资产处置损益500万元。乙公司购入后作为无形资产使用，并以1 500万元作为无形资产的成本入账。

该项无形资产于当日达到预定可使用状态并交付销售部门使用。该无形资产的尚可使用年限为5年，预计净残值为零，乙公司采用直线法计提摊销。

2024年年末，该项无形资产出现减值迹象。经减值测试，乙公司确定该项无形资产可收回金额为300万元。

甲公司与乙公司的所得税税率均为25%，采用资产负债表债务法核算所得税。

根据上述资料，甲公司在2022年至2024年编制合并财务报表时的相关抵销分录如下。

（1）甲公司2022年编制合并财务报表时，抵销分录如下。

借：资产处置收益		500
贷：无形资产——原价		500
借：无形资产——累计摊销	［（1 000-500）÷5］100	
贷：销售费用		50
借：递延所得税资产	［（500-100）×25%］100	
贷：所得税费用		100

（2）甲公司2023年编制合并财务报表时，抵销分录如下。

借：年初未分配利润	500
贷：无形资产——原价	500
借：无形资产——累计摊销	100
贷：年初未分配利润	100
借：递延所得税资产	100
贷：年初未分配利润	100
借：无形资产——累计摊销	100
贷：销售费用	100

借：所得税费用   25

  贷：递延所得税资产   25

（3）甲公司2024年编制合并财务报表时，抵销分录如下。

借：年初未分配利润   500

  贷：无形资产——原价   500

借：无形资产——累计摊销   200

  贷：年初未分配利润   200

借：递延所得税资产   75

  贷：年初未分配利润   75

借：无形资产——累计摊销   100

  贷：销售费用   100

2024年年末，从乙公司个别财务报表的角度来看，该项无形资产在计提减值准备前的账面价值 $=1\,500-1\,500 \div 5 \times 3 = 600$（万元），可收回金额为300万元，说明该项无形资产发生了减值，应当计提资产减值损失300万元（600-300）。

从企业集团合并财务报表的角度来看，该项无形资产在计提减值准备前的账面价值 $=1\,000-1\,000 \div 5 \times 3 = 400$（万元），可收回金额为300万元，说明该项无形资产发生了减值，应当计提资产减值损失100万元（400-300）。

由此可知，由于未实现内部销售损益的存在，乙公司个别财务报表多计提了200万元资产减值损失（300-100），应当予以抵销。

借：无形资产——无形资产减值准备   200

  贷：资产减值损失   200

借：所得税费用   75

  贷：递延所得税资产   75

7.2.4 内部无形资产交易摊销完毕的期间的合并处理

从购买企业来说，该内部交易无形资产到期时，其账面价值已摊销完毕，包含在其中的未实现内部销售损益的数额也摊销完毕，无形资产账面价值经摊销后为零。对于转让企业来说，因该内部交易无形资产实现的收益，作为年初未分配利润的一部分结转到以后的会计期间，直到购买企业对该内部交易无形资产到期的会计期间。从整个企业来说，随着该内部交易无形资产的使用期满，其包含的未实现内部销售损益也转化为已实现损益。由于销售企业因该内部交易无形资产所实现的收益，作为年初未分配利润的一部分结转到购买企业该内部交易无形资产到期的会计期间，所以首先必须调整年初未分配利润，其次，在该无形资产到期的会计期间，本期无形资产摊销额中仍然包含无形资产价值中包含的未实现内部销售损益的摊销额，这一数额仍须进行抵销处理。

案例 ····▶▶▶

【例7-12】甲公司持有乙公司55%的股权，能够对乙公司实施控制。

2020年1月1日，甲公司将一项无形资产出售给乙公司，售价为500万元，该项无形资产的原价为600万元，已累计摊销300万元。乙公司购入后将其作为无形资产核算，供管理部门使用。交易发生当日，双方款项已结清。

该项无形资产已于购买当日交付乙公司管理部门使用，乙公司预计该项无形资产使用年限为5年，预计净残值为零。乙公司采用直线法计提摊销。

2025年6月，该无形资产使用期满时，乙公司将其报废清理，取得残值变价收入10万元。

甲公司与乙公司的所得税税率均为25%，采用资产负债表债务法核算所得税。

根据上述资料，甲公司在2020年至该项无形资产被清理处置期间编制合并财务报表时的相关抵销分录分别如下。

（1）2020年年末（无形资产已被使用1年）编制合并财务报表时，应当编制的抵销分录如下。

①借：资产处置收益　　　　　　　　　　　［500-（600-300）］200
　　贷：无形资产——原价　　　　　　　　　　　　　　　　　　200

②借：无形资产——累计摊销　　　　　　　　　　　　（200÷5）40
　　贷：管理费用　　　　　　　　　　　　　　　　　　　　　　40

③借：递延所得税资产　　　　　　　　　　　［（200-40）×25%］40
　　贷：所得税费用　　　　　　　　　　　　　　　　　　　　　40

（2）2021年年末（无形资产已被使用2年）编制合并财务报表时，应当编制的抵销分录如下。

①借：年初未分配利润　　　　　　　　　　　　　　　　　200

　　贷：无形资产——原价　　　　　　　　　　　　　　　　　　200

②借：无形资产——累计摊销　　　　　　　　　　　　　　40

　　贷：年初未分配利润　　　　　　　　　　　　　　　　　　40

③借：无形资产——累计摊销　　　　　　　　　　　　　　40

　　贷：管理费用　　　　　　　　　　　　　　　　　　　　　40

④借：递延所得税资产　　　　　　　　　［（200-40）×25%］40

　　贷：年初未分配利润　　　　　　　　　　　　　　　　　　40

⑤借：所得税费用　　　　　　　　　　　　　　（40×25%）10

　　贷：递延所得税资产　　　　　　　　　　　　　　　　　　10

（3）2022年年末（无形资产已被使用3年）编制合并财务报表时，应当编制的抵销分录如下。

①借：年初未分配利润　　　　　　　　　　　　　　　　　200

　　贷：无形资产——原价　　　　　　　　　　　　　　　　　　200

②借：无形资产——累计摊销　　　　　　　　　　　　　　80

　　贷：年初未分配利润　　　　　　　　　　　　　　　　　　80

③借：无形资产——累计摊销　　　　　　　　　　　　　　40

　　贷：管理费用　　　　　　　　　　　　　　　　　　　　　40

④递延所得税资产　　　　　　　　　　　［（200-80）×25%］30

　　贷：年初未分配利润　　　　　　　　　　　　　　　　　　30

⑤借：所得税费用　　　　　　　　　　　　　　（40×25%）10

　　贷：递延所得税资产　　　　　　　　　　　　　　　　　　10

（4）2023年年末（无形资产已被使用4年）编制合并财务报表时，应当编制的抵销分录如下。

①借：年初未分配利润　　　　　　　　　　　　　　　　　200

　　贷：无形资产——原价　　　　　　　　　　　　　　　　　　200

②借：无形资产——累计摊销　　　　　　　　　　　　　120

　　贷：年初未分配利润　　　　　　　　　　　　　　　　　120

③借：无形资产——累计摊销　　　　　　　　　　　　　　40

　　贷：管理费用　　　　　　　　　　　　　　　　　　　　　40

④借：递延所得税资产 ［（200-120）×25%］20
　　贷：年初未分配利润 20
⑤借：所得税费用 （40×25%）10
　　贷：递延所得税资产 10

（5）2024年年末（无形资产已被使用5年）编制合并财务报表时，应当编制的抵销分录如下。

①借：年初未分配利润 200
　　贷：无形资产——原价 200
②借：无形资产——累计摊销 160
　　贷：年初未分配利润 160
③借：无形资产——累计摊销 40
　　贷：管理费用 40
④借：递延所得税资产 ［（200-160）×25%］10
　　贷：年初未分配利润 10
⑤借：所得税费用 （40×25%）10
　　贷：递延所得税资产 10

第 8 章
内部债权债务的合并处理及合并现金流量表的编制

| 本章导读 |

本章主要介绍企业集团内部成员企业之间的债权债务在合并财务报表中的抵销处理，以及合并现金流量表的编制，其中内部债权债务的抵销是本章的重点内容。

本章的内容和结构如下。

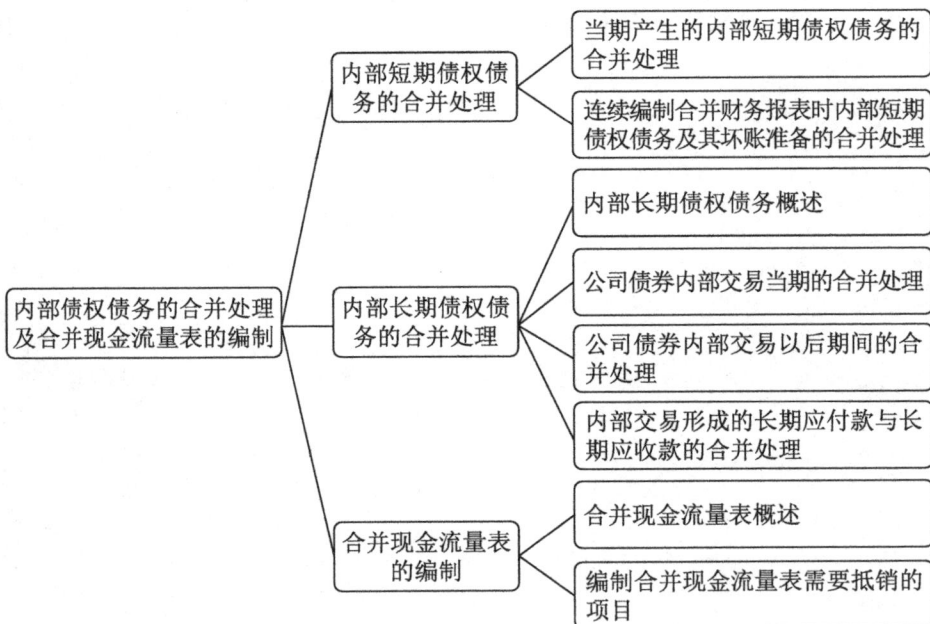

```
                                        ┌─ 当期产生的内部短期债权债务的
                        内部短期债权债     │   合并处理
                        务的合并处理      ┤
                                        └─ 连续编制合并财务报表时内部短期
                                            债权债务及其坏账准备的合并处理

                                        ┌─ 内部长期债权债务概述
                                        │
内部债权债务的合并处理                    ├─ 公司债券内部交易当期的合并处理
及合并现金流量表的编制    内部长期债权债     │
                        务的合并处理      ├─ 公司债券内部交易以后期间的合
                                        │   并处理
                                        │
                                        └─ 内部交易形成的长期应付款与长
                                            期应收款的合并处理

                        合并现金流量表     ┌─ 合并现金流量表概述
                        的编制           ┤
                                        └─ 编制合并现金流量表需要抵销的
                                            项目
```

8.1 内部短期债权债务的合并处理

企业集团的内部成员企业直接发生内部交易时，往往会同时产生内部短期债权债务，比如母公司与子公司之间发生内部商品交易时，如果内部购买方没有立即向内部销售方支付相关货款，则一般会形成内部应收账款和内部应付账款。对于这类内部短期债权债务，在编制合并财务报表时均需要予以抵销。

8.1.1 当期产生的内部短期债权债务的合并处理

内部债权债务，一般是指企业集团内部成员企业之间（企业集团内部母公司与子公司、子公司相互之间）因内部交易（如内部交易库存商品或固定资产、债券的发行与购买等）而形成的债权和债务项目，或者因为子公司宣告发放现金股利等而形成的债权和债务项目。母公司与子公司、子公司相互之间的债权和债务项目通常包括应收账款与应付账款、预付款项与预收款项、应付债券与债权投资、其他应收款（应收股利）与其他应付款（应付股利）等项目。

> **相关链接**
>
> 按照我国财政部会计司于 2019 年 4 月 1 日新发布的一般企业财务报表格式（适用于已执行新金融工具准则、新收入准则和新租赁准则的企业），企业应按"应付利息""应付股利"和"其他应付款"科目的期末余额合计数填列"其他应付款"项目，应按"应收利息""应收股利"和"其他应收款"科目的期末余额合计数填列"其他应收款"项目。即"应付利息""应付股利"科目余额应列示于"其他应付款"项目，"应收利息""应收股利"科目余额应列示于"其他应收款"项目。

按照回收或偿付期限的长短，可将内部债权债务划分为内部短期债权债务和内部长期债权债务。内部短期债权债务一般包括内部应收账款与应付账款、内部预付款项与预收款项，以及内部其他应收款与其他应付款等。内部长期债权债务通常包括应付债券与债权投资等。本小节主要讲解当期产生的内部短期债权债务的合并处理。

1. 内部短期债权债务不涉及坏账准备时的合并处理

企业集团内部母公司与子公司、子公司相互之间形成的内部短期债权债务，在债权方企业的个别资产负债表中表现为一项债权资产的增加，同时表现为另一项资产（比如库存现金、银行存款）或所有者权益（比如未分配利润）的减少；而在债务方企业的个别资产负债表中则表现为一项负债的增加，同时表现为一项资产增加。但是，从母公司和子公司所构成的企业集团来看，发生的内部债权债务只是企业集团内部的资金运动，即资金从集团内的某一成员企业流向另一成员企业，并没有导致经济利益流出企业集团或流入企业集团，不应当增加或减少企业集团的资产和负债。所以，母公司在编制企业集团的合并财务报表时，应当将成员企业个别财务报表中因内部债权债务而重复计列的资产和负债的金额予以抵销。

例如，母公司向子公司销售一批商品，售价为 10 万元，商品成本为 8 万元，母公司尚未收到相关款项，子公司尚未将该批商品对外出售。假定不考虑相关税费等其他因素。

这种情况下，母公司个别财务报表中表现为应收款项增加 10 万元，存货资产减少 8 万元，同时确认损益 2 万元；子公司个别财务报表中表现为应付账款增加 10 万元，存货资产增加 10 万元。而从企业集团合并财务报表的角度来看，该批存货仅仅是移动了一下位置，既不应当因此而增加企业集团的存货价值，也不应当因此而增加企业集团的应收账款和应付账款。所以母公司编制企业集团的合并财务报表时，一方面应当抵销存货价值中所包含的未实现内部销售损益（具体抵销处理见第 6 章的相关讲解），另一方面应当抵销该项内部交易所形成的应收账款 10 万元和应付账款 10 万元。

案例 ●●●●▶▶▶

【例 8-1】2×20 年 1 月 1 日，甲公司以银行存款 6 000 万元作为合并对价，自丙公司处取得乙公司 80% 的股权，取得这部分股权投资后，甲公司能够控制乙公司，将乙公司纳入其合并财务报表合并范围。甲公司和乙公司均为增值税一般纳税人企业，其商品销售业务所适用的增值税税率均为13%。

2×20年7月1日，甲公司向乙公司销售一批库存商品，甲公司向乙公司开具的增值税专用发票上注明的销售价格为700万元，增值税税额为91万元。甲公司该批库存商品的成本为500万元，未计提过存货跌价准备。

截至2×20年12月31日，甲公司尚未收到上述货款。甲公司未对上述应收款项计提坏账准备。

本例中，甲公司向乙公司销售该批商品时，由于乙公司未向甲公司支付相关货款，所以一方面甲公司确认了应收账款791万元，另一方面乙公司确认了应付账款791万元。从企业集团合并财务报表的角度来看，这笔应收账款和应付账款属于企业集团内部债权债务，应当予以抵销，因此甲公司编制合并财务报表时，针对上述应收账款和应付账款应编制如下抵销分录。

借：应付账款   791

 贷：应收账款   791

案例 ▸▸▸▸

【例8-2】2×20年1月1日，甲公司以银行存款7 000万元作为合并对价，自丙公司处取得乙公司70%的股权，取得这部分股权投资后，甲公司能够控制乙公司，将乙公司纳入其合并财务报表合并范围。甲公司和乙公司均为增值税一般纳税人企业，其商品销售业务所适用的增值税税率均为13%。

2×20年10月1日，乙公司向甲公司销售一批库存商品，乙公司向甲公司开具的增值税专用发票上注明的销售价格为80万元，增值税税额为10.4万元。乙公司该批库存商品的成本为65万元，未计提过存货跌价准备。同日，甲公司交来一张面值为90.4万元、期限为6个月、票面年利率为6%的商业承兑汇票，假定按月计提利息。乙公司未对上述应收票据计提坏账准备。

本例中，2×20年10月1日内部交易发生时，甲公司应确认应付票据90.4万元，乙公司应确认应收票据90.4万元。这部分应收票据和应付票据属于企业集团内部债权债务，在2×20年12月31日编制合并财务报表时，应当予以抵销。

由于该商业承兑汇票属于带息汇票，票面年利率为6%，甲公司、乙公司对应收票据和应付票据所计提的利息，应当分别计入"应收票据"科目和"应付票据"科目，所以截至2×20年12月31日，应付票据的余额＝应收票据的余额

$=90.4×（1+6%÷12×3）=91.756（万元）。

甲公司编制合并财务报表时，针对上述应收票据和应付票据应编制如下抵销分录。

借：应付票据   91.756
　　贷：应收票据   91.756

2. 内部短期债权债务涉及坏账准备时的合并处理

应收账款、应收票据等应收款项是企业拥有的金融资产。根据《企业会计准则第22号——金融工具确认和计量》的规定，企业应当在资产负债表日对以公允价值计量且其变动计入当期损益的金融资产以外的金融资产的账面价值进行检查，有客观证据表明该金融资产发生减值的，应当计提减值准备。

应收账款、应收票据等应收款项一般属于按摊余成本计量的金融资产。按摊余成本计量的金融资产发生减值时，应当将该金融资产的账面价值减记至预计未来现金流量（不包括尚未发生的未来信用损失）现值，减记的金额确认为信用减值损失，计入当期损益，即借记"信用减值损失"科目，贷记"坏账准备"科目。

因此，对于内部交易中所形成的内部销售方的应收账款、应收票据等应收款项，内部销售方在个别财务报表中也会对其计提坏账准备。但是从企业集团合并财务报表的角度来看，内部销售方所确认的应收款项与内部购买方所确认的应付账款应当相互抵销，对应的内部购买方因该内部应收款项所计提的坏账准备也应该予以抵销。将内部应收款项抵销时，应按内部应付款项的金额，借记"应付账款""应付票据"等项目，贷记"应收账款""应收票据"等项目；将内部应收款项计提的坏账准备抵销时，按各内部应收款项计提的相应坏账准备期末余额，借记"应收账款——坏账准备""应收票据——坏账准备"等项目，贷记"信用减值损失"项目。

┃案例┃ ····▶▶▶

【例8-3】甲公司持有乙公司80%的股权，能够对乙公司实施控制，将乙公司纳入其合并财务报表合并范围。甲公司和乙公司均为增值税一般纳税人企业，其商品销售业务所适用的增值税税率均为13%。

2×20年9月11日，甲公司向乙公司销售一批库存商品，甲公司向乙公司开具的增值税专用发票上注明的销售价格为 1 000 万元，增值税税额为 130 万元。甲公司该批库存商品的成本为 800 万元，未计提过存货跌价准备。

甲公司将上述交易所产生的应收账款划分为以摊余成本计量的金融资产。截至 2×20 年 12 月 31 日，甲公司尚未收到上述货款。

2×20 年 12 月 31 日，甲公司按照《企业会计准则第 22 号——金融工具确认和计量》的有关规定确定该笔应收账款的未来现金流量现值为 950 万元，因此甲公司在当日对该项应收账款计提了坏账准备 180 万元，即借记"信用减值损失"科目 180 万元，贷记"坏账准备"科目 180 万元。

本例中，从企业集团合并财务报表的角度来看，甲公司向乙公司销售商品业务所形成的应收账款和应付账款属于企业集团内部债权债务。因此甲公司在 2×20 年 12 月 31 日编制合并财务报表时，一方面应当将该项应收账款和应付账款的余额抵销；另一方面，应当将甲公司对该笔应收账款所计提的信用减值损失予以抵销。

因此，甲公司在 2×20 年 12 月 31 日编制合并财务报表时，针对上述应收账款和应付账款应编制如下抵销分录。

借：应付账款　　　　　　　　　　　　　　　　　1 130
　　贷：应收账款　　　　　　　　　　　　　　　　　　1 130
借：应收账款——坏账准备　　　　　　　　　　　　180
　　贷：信用减值损失　　　　　　　　　　　　　　　　　180

3. 内部短期债权债务所涉及的所得税会计的合并处理

企业对应收账款、应收票据等应收款项计提坏账准备后，应收款项的账面价值等于该应收款项的科目余额减去相应的坏账准备的科目余额。由于税法规定，企业预提的坏账准备不允许税前扣除，相关坏账损失在未来实际发生时才允许税前扣除，即应收账款、应收票据等应收款项所计提的坏账准备并不会导致其计税基础发生改变，其计税基础一般等于应收款项的科目余额。因此，应收账款、应收票据等应收款项的坏账准备的计提，会导致应收款项的账面价值小于其计税基础，资产的账面价值小于其计税基础时，产生可抵扣暂时性差异，企业应根据该可抵扣暂时性差异乘以适用的所得税税率确认一项递延所得税资产。

在编制合并财务报表时，随着内部债权债务的抵销，也必须将内部应收账款计提的坏账准备予以抵销。通过对其进行合并抵销处理后，合并财务报表中该内部应收账款已不存在，由内部应收账款账面价值与计税基础之间的差异所形成的暂时性差异也不复存在，因此在母公司编制企业集团的合并财务报表时，对持有该集团内部应收款项的企业因该暂时性差异确认的递延所得税资产需要进行抵销处理，即借记"所得税费用"项目，贷记"递延所得税资产"项目。

案例 ••••▶▶▶

【例8-4】甲公司持有乙公司60%的股权，能够对乙公司实施控制，将乙公司纳入其合并财务报表合并范围。甲公司和乙公司均为增值税一般纳税人企业，其商品销售业务所适用的增值税税率均为13%，所适用的企业所得税税率为25%，均采用资产负债表债务法核算其所得税。

2×20年10月2日，甲公司因向乙公司销售一批库存商品而形成应收账款300万元。甲公司将上述交易所产生的应收账款划分为以摊余成本计量的金融资产。截至2×20年12月31日，甲公司尚未收到上述货款。

2×20年12月31日，甲公司按照《企业会计准则第22号——金融工具确认和计量》的有关规定确定该笔应收账款的未来现金流量现值为260万元，因此甲公司在当日对该项应收账款计提了坏账准备40万元，即借记"信用减值损失"科目40万元，贷记"坏账准备"科目40万元。

甲公司对该项应收账款所计提坏账准备（40万元），导致该项应收账款的账面价值比计税基础少40万元，所以甲公司在2×20年12月31日确认了递延所得税资产10万元，并计入了所得税费用，即借记"递延所得税资产"科目10万元，贷记"所得税费用"科目10万元。

本例中，从企业集团合并财务报表的角度来看，甲公司向乙公司销售商品业务所形成的应收账款和应付账款属于企业集团内部债权债务。因此甲公司在2×20年12月31日编制合并财务报表时，首先应当将该项应收账款和应付账款的余额抵销；其次应当将甲公司对该笔应收账款所计提的信用减值损失予以抵销；最后应当将甲公司对该笔应收账款所确认的递延所得税资产予以抵销。

因此，甲公司在2×20年12月31日编制合并财务报表时，针对上述应收账款和应付账款应编制如下抵销分录。

借：应付账款	300	
贷：应收账款		300
借：应收账款——坏账准备	40	
贷：信用减值损失		40
借：所得税费用	10	
贷：递延所得税资产		10

8.1.2 连续编制合并财务报表时内部短期债权债务及其坏账准备的合并处理

在连续编制合并财务报表进行合并处理时，如果不涉及坏账准备因素，则比较简单，只需要将本期期末的内部短期债权债务的余额抵销即可。如果涉及坏账准备因素，则相对复杂一些，因为上期计提坏账准备时确认了信用减值损失，信用减值损失属于损益类科目，直接影响到本期期初的未分配利润。同时因上期计提坏账准备而产生可抵扣暂时性差异，在上期期末确认了递延所得税资产，并计入了所得税费用，这部分所得税费用也会影响到本期期初的未分配利润。此外，上期期末计提坏账准备后，在本期需要考虑坏账准备的转回、补提等。对于这些因素，在编制合并财务报表时都需要予以考虑。

具体而言,在连续编制合并财务报表进行合并处理时,首先,将内部应收账款、内部应收票据等与内部应付账款、内部应付票据等予以抵销,即按内部应付账款、内部应付票据等的数额,借记"应付账款""应付票据"等项目,贷记"应收账款""应收票据"等项目。其次,应将上期信用减值损失中抵销的各内部应收账款、内部应收票据等计提的相应坏账准备对本期期初未分配利润的影响予以抵销,即按上期信用减值损失项目中抵销的各内部应收账款、内部应收票据等计提的相应坏账准备的数额,借记"应收账款""应收票据"等项目,贷记"期初未分配利润"项目;同时将内部应收账款、内部应收票据等在上期抵销递延所得税资产对本期期初未分配利润的影响予以抵销,即按上期所抵销的递延所得税资产和所得税费用的数额,借记"年初未分配利润"项目,贷记"递延所得税资产"项目。再次,对于本期各内部应收账款、内部应收票据等在个别财务报表中补提或者冲销的相应坏账准备的数额也应予以抵销,即按照本期期末内部应收账款、内部应收票据等在个别资产负债表中补提的坏账准备的数额，借记"应收账款""应收票据"等项目，贷记"信用减值损失"项目；或按照本期期末各内部应收账款、内部应收票据等在个别资产负债表中冲销的相应坏账准备的数额，借记"信用减值损失"项目，贷记"应收账款""应收票据"等项目。

在连续编制合并财务报表进行合并处理时，内部应收、应付款项的抵销思路如图 8-1 所示。

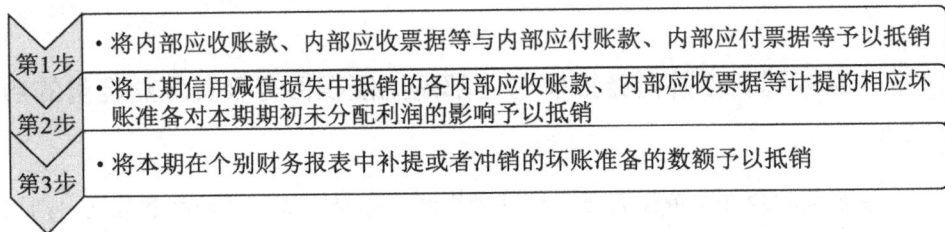

图 8-1　连续编制合并财务报表时内部应收、应付款项的抵销思路

案例 ·····▶▶▶

【例 8-5】接【例 8-4】。2×21 年 9 月 24 日，甲公司再次向乙公司销售一批库存商品而形成应收账款 200 万元。甲公司将上述交易所产生的应收账款划分为以摊余成本计量的金融资产。

截至 2×21 年 12 月 31 日，甲公司应收乙公司的货款均未收回，应收乙公司的货款累计余额为 500 万元。2×21 年 12 月 31 日，甲公司按照《企业会计准则第 22 号——金融工具确认和计量》的有关规定确定上述应收账款的未来现金流量现值为 340 万元。

根据上述资料，在 2×21 年 12 月 31 日，甲公司对应收乙公司的货款总共应计提的坏账准备余额 =500-340=160（万元）。由于上期期末已计提坏账准备 40 万元，所以本期期末甲公司应补提的坏账准备 =160-40=120（万元），即借记"信用减值损失"科目 120 万元，贷记"坏账准备"科目 120 万元。

在 2×21 年 12 月 31 日，甲公司该项应收账款的账面价值 =500-160=340（万元），计税基础等于应收账款的科目余额，即 500 万元。因此该项应收账款在 2×21 年 12 月 31 日的可抵扣暂时性差异余额为 160 万元，对应的确认递延所得税资产期末余额 =160×25%=40（万元），而递延所得税资产期初余额为 10 万元，所以甲公司在 2×21 年 12 月 31 日应确认的递延所得税资产为 30 万元

（40-10），即借记"递延所得税资产"科目30万元，贷记"所得税费用"科目30万元。

从企业集团合并财务报表的角度来看，甲公司向乙公司销售商品业务所形成的应收账款和应付账款属于企业集团内部债权债务。因此甲公司在2×21年12月31日编制合并财务报表时，首先应当将该项应收账款和应付账款的余额抵销；其次应当将上期针对该笔内部应收账款抵销坏账准备和递延所得税资产对本期期初未分配利润的影响予以抵销；再次应当将甲公司在本期期末针对该笔应收账款所计提的信用减值损失予以抵销；最后应当将甲公司在本期期末针对该笔应收账款所确认的递延所得税资产予以抵销。

因此，甲公司在2×21年12月31日编制合并财务报表时，针对上述应收账款和应付账款应编制如下抵销分录。

借：应付账款   500

  贷：应收账款   500

借：应收账款——坏账准备   40

  贷：年初未分配利润   40

借：年初未分配利润   10

  贷：递延所得税资产   10

借：应收账款——坏账准备   120

  贷：信用减值损失   120

借：所得税费用   30

  贷：递延所得税资产   30

【拓展】接【例8-4】。2×21年9月24日，甲公司再次向乙公司销售一批库存商品而形成应收账款200万元。甲公司将上述交易所产生的应收账款划分为以摊余成本计量的金融资产。

截至2×21年12月31日，甲公司已收到乙公司支付的部分货款，应收乙公司的货款累计余额为250万元。2×21年12月31日，甲公司按照《企业会计准则第22号——金融工具确认和计量》的有关规定确定上述应收账款的未来现金流量现值为240万元。

根据上述资料，在2×21年12月31日，甲公司对应收乙公司的货款总共应计提的坏账准备余额=250-240=10（万元）。由于上期期末已计提坏账准备40万元，所以本期期末甲公司应转回的坏账准备=40-10=30（万元），即借记"坏账准备"科目30万元，贷记"信用减值损失"科目30万元。

在2×21年12月31日，甲公司该项应收账款的账面价值=250-10=240（万元），计税基础等于应收账款的科目余额，即250万元。因此该项应收账款在2×21年12月31日的可抵扣暂时性差异余额为10万元，对应的确递延所得税资产期末余额=10×25%=2.5（万元），而递延所得税资产期初余额为10万元，所以甲公司在2×21年12月31日应转回的递延所得税资产为7.5万元（10-2.5），即借记"所得税费用"科目7.5万元，贷记"递延所得税资产"科目7.5万元。

从企业集团合并财务报表的角度来看，甲公司向乙公司销售商品业务所形成的应收账款和应付账款属于企业集团内部债权债务，因此甲公司在2×21年12月31日编制合并财务报表时，首先应当将该项应收账款和应付账款的余额抵销；其次应当将上期针对该笔内部应收账款抵销坏账准备和递延所得税资产对本期期初未分配利润的影响予以抵销；再次应当将甲公司在本期期末针对该笔应收账款所转回的信用减值损失予以抵销；最后应当将甲公司在本期期末针对该笔应收账款所转回的递延所得税资产予以抵销。

因此，甲公司在2×21年12月31日编制合并财务报表时，针对上述应收账款和应付账款应编制如下抵销分录。

借：应付账款　　　　　　　　　　　　　　　　250
　　贷：应收账款　　　　　　　　　　　　　　　　250
借：应收账款——坏账准备　　　　　　　　　　　40
　　贷：年初未分配利润　　　　　　　　　　　　　40
借：年初未分配利润　　　　　　　　　　　　　　10
　　贷：递延所得税资产　　　　　　　　　　　　　10
借：信用减值损失　　　　　　　　　　　　　　　30
　　贷：应收账款——坏账准备　　　　　　　　　　30
借：递延所得税资产　　　　　　　　　　　　　　7.5
　　贷：所得税费用　　　　　　　　　　　　　　　7.5

第三期编制合并财务报表时的合并处理方法与第二期编制合并财务报表

的合并处理方法相同。内部短期债权债务及其坏账准备的合并处理思路的总结如下。

第一步，将应收账款、应付账款予以抵销。

借：应付账款（期末余额）

　　贷：应收账款（期末余额）

不论是第一期还是后续期间，上述分录都是按应收账款/应付账款的期末余额进行抵销，不需要额外编制"应收账款/应付账款期初余额"的抵销分录。因为"期末余额"是在"期初余额"的基础上加减"本期变动额"得到的，所以上面的分录，实际上既抵销了期初余额，也抵销了本期变动额。

第二步，将应收账款坏账准备予以抵销。

借：应收账款——坏账准备（内部应收账款计提的坏账准备期初数）

　　贷：年初未分配利润

借：年初未分配利润

　　贷：递延所得税资产

这两笔分录是将期初的应收账款坏账准备及对应的递延所得税资产抵销，实际上是将上年编制合并财务报表时编制的这两笔抵销分录"照搬"下来（同时将"损益类项目"换成"年初未分配利润"）。如果是在第一期期末编制合并财务报表，则一般不需要编制这两笔分录。

借：应收账款——坏账准备（本期补/计提数）

　　贷：信用减值损失

借：所得税费用

　　贷：递延所得税资产

这两笔分录是将本期期末个别财务报表上补（计）提的坏账准备及对应的递延所得税资产抵销。如果本期期末个别财务报表上是转回坏账准备，则编制相反的抵销分录即可。

这里关于递延所得税资产的处理，是将个别财务报表上因计提坏账准备确认的递延所得税资产予以抵销，不是因合并财务报表层面产生暂时性差异而确认递延所得税，企业应注意将这一点与内部交易存货、固定资产、无形资产等抵销分录中涉及的递延所得税资产的调整相区分。

综上所述，内部短期债权债务及其坏账准备的合并处理思路如图8-2所示。

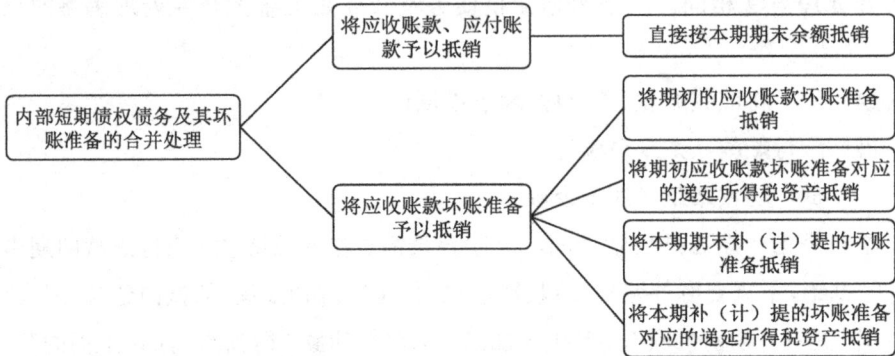

图 8-2 内部短期债权债务及其坏账准备的合并处理思路

8.2 内部长期债权债务的合并处理

内部长期债权债务的合并处理与内部短期债权债务的合并处理的基本原则是一致的，但是由于内部长期债权债务往往涉及利息费用和利息收益的计提，同时内部长期债券的投资方有可能并非直接从内部长期债券的发行方手中取得该项债券投资，所以内部长期债权债务的合并处理比内部短期债权债务的合并处理要复杂一些。

8.2.1 内部长期债权债务概述

出于内部资金管理的需要，企业集团的成员企业相互之间可能会发生内部公司债券交易等资金流动。

1.内部长期债权债务的内容

内部长期债权债务主要是由于企业集团成员企业中，一方发行公司债券，另一方购买并持有其发行的公司债券而形成的。当然，除此之外，内部长期债权债务还包括企业集团成员企业之间的长期应收款和长期应付款等。

内部交易公司债券可分为两种情况：一种情况是企业集团的一个成员企业发行公司债券时，另一个成员企业直接购买该公司债券；另一种情况是企业集团的一个成员企业发行公司债券后，另一个成员企业从企业集团外部第三方（比如从债券二级市场）购入该公司债券。

内部长期应收款和长期应付款，一般情况下是由于企业集团的一个成员企业采用超过正常信用条件的分期付款方式自另一个成员企业手中购入资产等而形成的。

对内部长期债权债务进行合并处理时，除了考虑将内部长期债权债务的余额予以抵销外，一般还涉及相关利息费用和利息收益的抵销等。

2. 企业集团内部成员企业发行债券和购买债券在个别财务报表中的会计核算

（1）内部债券发行方对所发行债券的会计核算。

对于内部债券发行方来说，一般公司债券的发行方式有三种，即面值发行、溢价发行、折价发行。溢价是企业以后各期多付利息而事先得到的补偿；折价是企业以后各期少付利息而预先给投资者的补偿。溢价或折价是发行债券企业在债券存续期内对利息费用的一种调整。

企业发行债券时，按实际收到的款项，借记"银行存款"等科目，按债券票面价值，贷记"应付债券——面值"科目，按实际收到的款项与票面价值之间的差额，贷记或借记"应付债券——利息调整"科目。

应特别注意的是，与发行债券相关的佣金、手续费等应按照《企业会计准则第 22 号——金融工具确认和计量》的规定进行核算，计入债券的初始计量金额中。企业折价发行债券的，该部分费用应增加折价的金额；企业溢价发行债券的，该部分费用应减少溢价的金额。

在会计期间的期末，一般公司债券的发行方应对所发行的债券计提利息，同时将发行时的利息调整（如果有）在债券存续期间内采用实际利率法进行摊销。具体而言，即在资产负债表日，对于分期付息、一次还本的债券，企业应按应付债券的摊余成本和实际利率计算确定的债券利息费用，借记"在建工程""制造费用""财务费用"等科目，按票面利率计算确定的应付未付利息，贷记"应付利息"科目，按借贷方差额，借记或贷记"应付债券——利息调整"科目。对于一次还本付息的债券，应于资产负债表日按摊余成本和实际利率计算确定的债券利息费用，借记"在建工程""制造费用""财务费用"等科目，按票面利率计算确定的应付未付利息，贷记"应付债券——应计利息"科目，按借贷方差额，借记或贷记"应付债券——利息调整"科目。

实际利率与票面利率差异较小的，也可以采用票面利率计算确定利息费用。

一般公司债券到期时，债券发行方应对其进行偿付。企业发行的一般公司债券的偿付方式通常分为到期一次还本付息或一次还本、分期付息两种。采用一次还本付息方式的，企业应于债券到期支付债券本息时，借记"应付债券——面值（或应计利息）"科目，贷记"银行存款"科目。采用一次还本、分期付息方式的，在每期支付利息时，借记"应付利息"科目，贷记"银行存款"科目；债券到期偿还本金并支付最后一期利息时，借记"应付债券——面值""在建工程""财务费用""制造费用"等科目，贷记"银行存款"科目，按借贷方差额，借记或贷记"应付债券——利息调整"科目。

（2）内部债券购买方对所购入债券的会计核算。

对于内部债券购买方（内部债券投资方）来说，其取得债券投资属于金融资产，应当在取得该项金融资产时，按照《企业会计准则第 22 号——金融工具确认和计量》的规定，根据其管理金融资产的业务模式和金融资产的合同现金流量特征对金融资产进行分类。一般情况下，内部债券购买方可以将取得的债券投资划分为以摊余成本计量的金融资产（债权投资）、以公允价值计量且其变动计入其他综合收益的金融资产（其他债权投资）或以公允价值计量且其变动计入当期损益的金融资产（交易性金融资产）。

如果内部债券购买方将购入的债券投资划分为以摊余成本计量的金融资产（债权投资），则在取得该类金融资产时应按取得时的公允价值和支付的相关交易费用之和作为债权投资的初始确认金额，按其面值，借记"债权投资——成本"科目，按支付价款中包含的已到付息期但尚未领取的利息，借记"应收利息"科目，按照实际支付的金额，贷记"银行存款"等科目，按其差额，借记或贷记"债权投资——利息调整"科目。

在后续计量过程中，企业应当在资产负债表日采用实际利率法核算以摊余成本计量的金融资产（债权投资）的利息收入。

相关链接

实际利率法，是指计算金融资产的摊余成本以及将利息收入分摊计入各会计期间的方法。

实际利率，是指将金融资产在预计存续期的估计未来现金流量，折现为该金融资产账面余额所使用的利率。在确定实际利率时，应当在考虑金融资产所有合同条款（如提前还款、展期、看涨期权或其他类似期权等）

的基础上估计预期现金流量，但不应当考虑预期信用损失。

金融资产的摊余成本，应当以该金融资产的初始确认金额经下列调整后确定。

（1）扣除已偿还的本金。

（2）加上或减去采用实际利率法将该初始确认金额与到期日金额之间的差额进行摊销形成的累计摊销额。

金融资产的初始确认金额经过上述（1）和（2）调整后，即为金融资产的账面余额。

（3）扣除累计计提的损失准备（仅适用于金融资产）。

在资产负债表日，以摊余成本计量的金融资产（债权投资）如为分期付息、到期一次还本的金融工具投资，应于资产负债表日按面值和票面利率计算确定的应收未收利息，借记"应收利息"科目，按其账面余额或摊余成本和实际利率计算确定的利息收入，贷记"投资收益"科目，按其差额，借记或贷记"债权投资——利息调整"科目。该类金融资产如为到期一次还本付息的金融工具投资，应收未收的利息应通过"债权投资——应计利息"科目核算。

如果内部债券购买方将购入的债券投资划分为以公允价值计量且其变动计入其他综合收益的金融资产（其他债权投资），则在取得该类金融资产时，企业应按其面值，借记"其他债权投资——成本"科目，按支付的价款中包含的已到付息期但尚未领取的利息，借记"应收利息"科目，按实际支付的金额，贷记"银行存款"等科目，按差额，借记或贷记"其他债权投资——利息调整"科目。

在后续计量过程中，企业应当在资产负债表日采用实际利率法核算以公允价值计量且其变动计入其他综合收益的金融资产（其他债权投资）的利息收入，同时按在持有期间因公允价值变动等所产生的所有利得或损失（减值损失或利得和汇兑损益除外），计入其他综合收益。具体而言，在资产负债表日，如为分期付息、一次还本的金融工具投资，企业应按面值和票面利率计算确定的应收未收利息，借记"应收利息"科目，按其账面余额或摊余成本和实际利率计算的利息收入，贷记"投资收益"科目，按其差额，借记或贷记"其他债权投资——利息调整"科目。如为一次还本付息的金融工具投资，则应在计息时将票面利息计入"其他债权投资——应计利息"科目。

同时，应将减值损失或利得和汇兑损益之外的公允价值变动计入其他综合收益，借记"其他债权投资——公允价值变动"科目，贷记"其他综合收益"科目，或编制相反分录。

处置以公允价值计量且其变动计入其他综合收益的金融资产（其他债权投资）时，企业应按实际收到的金额，借记"银行存款"等科目，按其账面余额，贷记"其他债权投资"科目，差额记入"投资收益"科目，同时，按应从所有者权益中转出的公允价值累计变动额，借记或贷记"其他综合收益"科目，贷记或借记"投资收益"科目。

3. 企业集团内部长期应收款和长期应付款在个别财务报表中的会计核算

（1）内部长期应付款在个别财务报表中的会计核算。

企业集团内部成员企业从另一内部成员企业处购买资产的价款超过正常信用条件延期支付，实质上具有融资性质的，内部购买方应当将未来应付的购买价款总额记入"长期应付款"科目，同时按照购买价款的现值等记入"固定资产""库存商品"等科目，所应支付的购买价款总额与购买价款现值之间的差额，应当记入"未确认融资费用"科目，并在后续期间采用实际利率法进行摊销，该融资费用摊销额实质为借款费用。在后续期间，内部购买方一方面应在分期付款时编制分期付款的会计分录，借记"长期应付款"科目，贷记"银行存款"科目；另一方面应在每期期末对融资费用进行摊销，借记"财务费用"等科目，贷记"未确认融资费用"科目。

（2）内部长期应收款在个别财务报表中的会计核算。

企业集团内部成员企业向另一成员企业销售商品等的合同中存在重大融资成分的，内部销售方应当在销售时按照未来应收款项的总额（合同承诺的对价金额）记入"长期应收款"科目，同时按照假定购买方在取得商品控制权时即以现金支付的应付金额（即现销价格）确定交易价格，记入"主营业务收入"等科目，并将内部销售方确定的交易价格与未来应收款项的总额（合同承诺的对价金额）之间的差额记入"未实现融资收益"科目，并在合同期间内采用实际利率法进行摊销。在后续期间，内部销售方一方面应在分期收款时编制分期收款的会计分录，借记"银行存款"科目，贷记"长期应收款"科目；另一方面应在每期期末对融资收益进行摊销，借记"未实现融资收益"科目，贷记"财务费用"科目。

8.2.2 公司债券内部交易当期的合并处理

公司债券内部交易当期的合并处理包括两种情形：一种是企业集团成员企业在另一个成员企业发行公司债券时直接购入该公司债券的合并处理，另一种是企业集团成员企业从外部第三方购入另一个成员企业所发行的公司债券的合并处理。

1. 企业集团成员企业在另一成员企业发行公司债券时直接购入该公司债券的合并处理

企业集团成员企业在另一成员企业发行债券时直接购入该公司债券，实际上就是指企业集团中的成员企业直接向其他成员企业发行本公司债券。在个别财务报表中，内部发行方将所发行的债券确认为应付债券，按期计提利息；内部购买方将购入的债券作为金融资产，按照《企业会计准则第 22 号——金融工具确认和计量》的规定进行核算。但是从企业集团合并财务报表的角度来看，这种情形实际上属于集团内部的资金周转，所以编制合并财务报表时，需要将内部发行公司债券和购买并持有公司债券的相关项目予以抵销。下文以内部购买方将购买的债券作为债权投资核算和作为其他债权投资核算这两种情形为例，介绍母公司在编制合并财务报表时所应做的抵销处理。

如果内部债券的购买方在购入该债券时根据其管理该类金融资产的业务模式和该类金融资产的合同现金流量特征，将所购入的债券划分为债权投资，则母公司在编制合并财务报表时：首先应当将应付债券与债权投资的余额予以抵销（如果该公司债券为到期一次还本付息的债券，则此处所说的"应付债券与债权投资的余额"包含债券的应计利息金额），具体抵销分录为借记"应付债券"科目，贷记"债权投资"科目；其次，对于分期付息、到期一次还本的公司债券，如果存在截至本资产负债表日应付未付的利息，则应将相关的应收利息与应付利息予以抵销，具体抵销分录为借记"其他应付款——应付利息"科目，贷记"其他应收款——应收利息"科目；最后，将内部发行方因该公司债券而确认的利息费用和内部购买方因持有该债券而确认的投资收益予以抵销，具体抵销分录为借记"投资收益"科目，贷记"财务费用"科目。

【例8-6】甲公司持有乙公司60%的股权，能够对乙公司实施控制，将乙公司纳入其合并财务报表合并范围。

2×19年1月1日，乙公司经批准发行5年期一次还本、分期付息的公司债券，面值为4 000万元，每年的债券利息于次年1月5日支付，2×23年12月31日归还债券本金及最后一期利息费用，票面利率为年利率6%，假定债券发行时的市场利率为5%。

发行当日，甲公司购入乙公司所发行的上述债券，甲公司根据该项债券投资的合同现金流量特征及其管理该项债券投资的业务模式，将其划分为债权投资。

乙公司该批债券的实际发行价格=$240÷(1+5\%)^1+240÷(1+5\%)^2+240÷(1+5\%)^3+240÷(1+5\%)^4+(240+4\,000)÷(1+5\%)^5=4\,173$（万元）。

根据上述资料，乙公司采用实际利率法和摊余成本计算确定的利息费用见表8-1。

表8-1 利息费用一览表

单位：万元

付息日期	支付利息	利息费用	摊销的利息调整	应付债券摊余成本
2×19年1月1日				4 173
2×19年12月31日	240	209	31	4 142
2×20年12月31日	240	207	33	4 109
2×21年12月31日	240	205	35	4 074
2×22年12月31日	240	204	36	4 038
2×23年12月31日	240	202*	38	4 000

注：标注"*"的为尾数调整。

（1）根据表8-1的资料，乙公司在2×19年的相关账务处理如下。

①2×19年1月1日发行上述公司债券时。

借：银行存款　　　　　　　　　　　　　　　　　　　4 173

　　贷：应付债券——面值　　　　　　　　　　　　　　　　4 000

　　　　　　　　——利息调整　　　　　　　　　　　　　　　173

②在2×19年12月31日计算与上述公司债券相关的利息费用。

实际利息费用=$4\,173×5\%=209$（万元）。

应付利息=$4\,000×6\%=240$（万元）。

利息调整摊销额 =240-209=31（万元）。

借：财务费用   209

  应付债券——利息调整   31

   贷：应付利息   240

截至 2×19 年 12 月 31 日，乙公司上述应付债券的科目余额为 4 142 万元。

（2）根据上述资料，甲公司在 2×19 年的相关账务处理如下。

① 2×19 年 1 月 1 日购入上述公司债券时。

借：债权投资——面值   4 000

    ——利息调整   173

   贷：银行存款   4 173

②在 2×19 年 12 月 31 日计算与上述公司债券相关的投资收益。

实际利息收益 =4 173×5%=209（万元）。

应收利息 =4 000×6%=240（万元）。

利息调整摊销额 =240-209=31（万元）。

借：应收利息   240

   贷：投资收益   209

    债权投资——利息调整   31

截至 2×19 年 12 月 31 日，甲公司上述债权投资的科目余额为 4 142 万元。

（3）根据上述资料，母公司（甲公司）在 2×19 年 12 月 31 日编制合并财务报表时，应在合并工作底稿中编制的相关合并抵销分录如下。

①将应付债券和债权投资在 2×19 年 12 月 31 日的余额予以抵销。

借：债权投资   4 142

   贷：应付债券   4 142

②将该项公司债券在 2×19 年 12 月 31 日的相关应收利息和应付利息余额予以抵销。

借：其他应付款——应付利息   240

   贷：其他应收款——应收利息   240

③将该项公司债券在 2×19 年的相关利息费用和利息收益予以抵销。

借：投资收益   209

   贷：财务费用   209

如果内部债券的购买方在购入该债券时根据其管理该类金融资产的业务模式和该类金融资产的合同现金流量特征，将所购入的债券划分为其他债权投资，则母公司在编制合并财务报表时：首先应当将应付债券余额与其他债权投资不含公允价值变动的金额予以抵销（如果该公司债券为到期一次还本付息的债券，则此处所说的"应付债券余额与其他债权投资的金额"包含债券的应计利息金额），具体抵销分录为借记"应付债券"科目，贷记"其他债权投资"科目；其次，将内部购买方在本期针对该项金融资产所确认的公允价值变动予以抵销，具体抵销分录为借记"其他综合收益"项目，贷记"其他债权投资——公允价值变动"项目（假定该项金融资产在本期的公允价值上升），如该项金融资产在本期的公允价值下降，则编制相反的会计分录；再次，对于分期付息、到期一次还本的公司债券，如果存在截至本资产负债表日应付未付的利息，则应将相关的应收利息与应付利息予以抵销，具体抵销分录为借记"其他应付款——应付利息"科目，贷记"其他应收款——应收利息"科目；最后，将内部发行方因该公司债券而确认的利息费用和内部购买方因持有该债券而确认的投资收益予以抵销，具体抵销分录为借记"投资收益"科目，贷记"财务费用"科目。

案例 ••••▶▶▶

【例8-7】沿用【例8-6】的相关资料。假定发行当日，甲公司购入乙公司所发行的上述债券，甲公司根据该项债券投资的合同现金流量特征及其管理该项债券投资的业务模式，将其划分为其他债权投资。该项其他债权投资在2×19年12月31日的公允价值（不含利息）为4 200万元。

（1）根据表8-1的资料，乙公司在2×19年的相关账务处理如下。

①2×19年1月1日发行上述公司债券时。

借：银行存款   4 173

    贷：应付债券——面值   4 000

           ——利息调整   173

②在2×19年12月31日计算与上述公司债券相关的利息费用。

实际利息费用 =4 173×5%=209（万元）。

应付利息 =4 000×6%=240（万元）。

利息调整摊销额 =240-209=31（万元）。

借：财务费用   209

  应付债券——利息调整   31

   贷：应付利息   240

截至2×19年12月31日，乙公司上述应付债券的科目余额为4 142万元。

（2）根据上述资料，甲公司在2×19年的相关账务处理如下。

①2×19年1月1日购入上述公司债券时。

借：其他债权投资——面值   4 000

     ——利息调整   173

   贷：银行存款   4 173

②在2×19年12月31日计算与上述公司债券相关的投资收益。

实际利息收益=4 173×5%=209（万元）。

应收利息=4 000×6%=240（万元）。

利息调整摊销额=240-209=31（万元）。

借：应收利息   240

  贷：投资收益   209

    其他债权投资——利息调整   31

在2×19年12月31日确认其他债权投资公允价值变动之前，甲公司上述其他债权投资的科目余额为4 142万元。

③在2×19年12月31日确认该项其他债权投资的公允价值变动。

甲公司在2×19年12月31日对该项其他债权投资应确认的公允价值变动=4 200-4 142=58（万元）。

借：其他债权投资——公允价值变动   58

  贷：其他综合收益   58

（3）根据上述资料，母公司（甲公司）在2×19年12月31日编制合并财务报表时，应在合并工作底稿中编制的相关合并抵销分录如下。

①将应付债券和其他债权投资在2×19年12月31日的余额予以抵销。

借：其他债权投资   4 142

  贷：应付债券   4 142

②将内部购买方在本期针对该项金融资产所确认的公允价值变动予以抵销。

借：其他综合收益   58

　　　　　贷：其他债权投资——公允价值变动　　　　　　　　　　　　　　58

　　③将该项公司债券在2×19年12月31日的相关应收利息和应付利息余额予以抵销。

　　　　借：其他应付款——应付利息　　　　　　　　　　　　　　240
　　　　　贷：其他应收款——应收利息　　　　　　　　　　　　　　240

　　④将该项公司债券在2×19年的相关利息费用和利息收益予以抵销。

　　　　借：投资收益　　　　　　　　　　　　　　　　　　　　　209
　　　　　贷：财务费用　　　　　　　　　　　　　　　　　　　　209

2.企业集团成员企业从外部第三方购入另一成员企业所发行的公司债券的合并处理

　　企业集团的一个成员企业发行公司债券后，如果另一成员企业从企业集团外部第三方(比如从债券二级市场)购入该公司债券，那么由于第三方买卖价差的存在，该项债券在内部发行方账上所反映的应付债券的金额与该项债券在内部购买方账上所反映的债券投资的金额可能不一致，这一差额实际上是外部第三方所赚取的收益或外部第三方所发生的亏损，这部分差额并不属于未实现内部交易损益。所以，在编制合并财务报表时应通过合并抵销处理，将其转作财务费用处理，即在进行合并抵销处理时，应当按照内部发行方的应付债券的金额，借记"应付债券"科目，按内部购买方的债券投资的金额（不包括其他债权投资的公允价值变动金额），贷记"债权投资"或"其他债权投资"科目等，按照两者之间的差额，借记"投资收益"或贷记"财务费用"科目，将该差额反映在合并利润表中。

　　由于第三方买卖价差的存在，内部发行方的该项应付债券的摊余成本、实际利率，与内部购买方的该项债券投资的摊余成本、实际利率可能不一致，所以导致内部发行方的该项应付债券的实际利息费用与内部购买方的该项债券投资的实际利息收益也不一致，所以在将内部发行方的该项应付债券的实际利息费用与内部购买方的该项债券投资的实际利息收益相抵销时，应当按照内部购买方的该项债券投资的实际利息收益，借记"投资收益"科目，按照内部购买方的该项债券投资的实际利息收益，贷记"财务费用"等科目，同时按照该抵销分录的借方或贷方差额，贷记"财务费用"科目或借记"投资收益"科目。

　　对于内部发行方在资产负债表日尚未支付的应付利息和内部购买方在资产负债表日尚未收到的应收利息，由于都是按照该公司债券的面值和票面利率计算的，所以两者之间不存在差异，直接按照应收利息、应付利息的余额，借记"其他应付款——应付利息"科目，贷记"其他应收款——应收利息"科目即可。

如果内部购买方按所购入的内部公司债券的合同现金流量特征及该公司管理该类债券投资的业务模式，将所购入的内部公司债券投资划分为其他债权投资，则还需要抵销其在个别财务报表中所确认的其他债权投资的公允价值变动，即借记"其他综合收益"科目，贷记"其他债权投资——公允价值变动"科目，或编制相反的会计分录。

案例 ▶▶▶

【例8-8】接【例8-6】。 假定甲公司于2×20年1月6日自二级市场购入乙公司于2×19年1月1日所发行的上述公司债券，买价为4 155万元。甲公司根据该项债券投资的合同现金流量特征及其管理该项债券投资的业务模式，将其划分为债权投资。甲公司确定该项债券投资的实际年利率为4.95%。

（1）根据上述资料，乙公司在2×20年的相关账务处理如下。

①2×20年1月5日支付利息时。

借：应付利息　　　　　　　　　　　　　　　　　　　　　240

　　贷：银行存款　　　　　　　　　　　　　　　　　　　　　240

②在2×20年12月31日计算与上述公司债券相关的利息费用。

实际利息费用 =4 142×5%=207（万元）。

应付利息 =4 000×6%=240（万元）。

利息调整摊销额 =240-207=33（万元）。

借：财务费用　　　　　　　　　　　　　　　　　　　　　207

　　应付债券——利息调整　　　　　　　　　　　　　　　　33

　　贷：应付利息　　　　　　　　　　　　　　　　　　　　240

截至2×20年12月31日，乙公司上述应付债券的科目余额为4 109万元。

（2）根据上述资料，甲公司在2×20年的相关账务处理如下。

①2×20年1月6日购入上述公司债券时。

借：债权投资——面值　　　　　　　　　　　　　　　　4 000

　　　　　　——利息调整　　　　　　　　　　　　　　　155

　　贷：银行存款　　　　　　　　　　　　　　　　　　　4 155

②在 2×20 年 12 月 31 日计算与上述公司债券相关的投资收益。

实际利息收益 =4 155×4.95%=206（万元）。

应收利息 =4 000×6%=240（万元）。

利息调整摊销额 =240-206=34（万元）。

借：应收利息   240
　　贷：投资收益   206
　　　　债权投资——利息调整   34

截至 2×20 年 12 月 31 日，甲公司上述债权投资的科目余额为 4 121 万元。

（3）根据上述资料，母公司（甲公司）在 2×20 年 12 月 31 日编制合并财务报表时，应在合并工作底稿中编制的相关合并抵销分录如下。

①将应付债券和债权投资在 2×20 年 12 月 31 日的余额予以抵销。

借：债权投资   4 121
　　贷：应付债券   4 109
　　　　财务费用   12

②将该项公司债券在 2×20 年 12 月 31 日的相关应收利息和应付利息余额予以抵销。

借：其他应付款——应付利息   240
　　贷：其他应收款——应收利息   240

③将该项公司债券在 2×20 年的相关利息费用和利息收益予以抵销。

借：投资收益   207
　　贷：财务费用   207

8.2.3　公司债券内部交易以后期间的合并处理

在公司债券内部交易以后的会计期间，内部发行方在每个会计期间的期末均需按该项债券的面值和票面利率计算票面利息，按该项债券的摊余成本和实际利率计算实际利息费用，同时摊销该项应付债券的利息调整；内部购买方在每个会计期间的期末均需按该项债券投资的面值和票面利率计算票面利息，按该项债券投资的摊余成本和实际利率计算实际利息收益，同时摊销该项债券投资的利息调整。

从企业集团合并财务报表的角度来讲，首先应当将应付债券的余额与债权投资或其他债权投资的余额（其他债权投资的公允价值变动金额除外）予以抵销，即借记"应付债券"科目，贷记"债权投资"项目或"其他债权投资"科目，借贷方之间存在差额的，应当借记或贷记"年初未分配利润"科目；其次，应当将截至本资产负债表日应付未付的利息予以抵销，即借记"其他应付款——应付利息"科目，贷记"其他应收款——应收利息"科目；最后，将内部发行方因该公司债券而确认的利息费用和内部购买方因持有该债券而确认的投资收益予以抵销，具体抵销分录为借记"投资收益"科目，贷记"财务费用"科目。如果内部购买方按所购入的内部公司债券的合同现金流量特征及该公司管理该类债券投资的业务模式，将所购入的内部公司债券投资划分为其他债权投资，则还需要抵销其在个别财务报表中所确认的其他债权投资的公允价值变动，即借记"其他综合收益"科目，贷记"其他债权投资——公允价值变动"科目，或编制相反的会计分录。

案例 ▷▷▶▶▶

【例8-9】 接【例8-6】。假定截至 2×20 年 12 月 31 日，甲公司仍持有乙公司所发行的上述债券投资。

（1）根据上述资料，乙公司在 2×20 年的相关账务处理如下。

① 2×20 年 1 月 5 日支付利息时。

借：应付利息   240

  贷：银行存款   240

②在 2×20 年 12 月 31 日计算与上述公司债券相关的利息费用。

实际利息费用 $=4\,142×5\%=207$（万元）。

应付利息 $=4\,000×6\%=240$（万元）。

利息调整摊销额 $=240-207=33$（万元）。

借：财务费用   207

  应付债券——利息调整   33

  贷：应付利息   240

截至 2×20 年 12 月 31 日，乙公司上述应付债券的科目余额为 4 109 万元。

（2）根据上述资料，甲公司在 2×20 年的相关账务处理如下。

① 2×20 年 1 月 5 日收到利息时。

借：银行存款   240

  贷：应收利息   240

②在 2×20 年 12 月 31 日计算与上述公司债券相关的投资收益。

实际利息收益 =4 142×5%=207（万元）。

应收利息 =4 000×6%=240（万元）。

利息调整摊销额 =240-207=33（万元）。

借：应收利息	240
贷：投资收益	207
债权投资——利息调整	33

截至 2×20 年 12 月 31 日，甲公司上述债权投资的科目余额为 4 109 万元。

（3）根据上述资料，母公司（甲公司）在 2×20 年 12 月 31 日编制合并财务报表时，应在合并工作底稿中编制的相关合并抵销分录如下。

①将应付债券和债权投资在 2×20 年 12 月 31 日的余额予以抵销。

借：债权投资	4 109
贷：应付债券	4 109

②将该项公司债券在 2×20 年 12 月 31 日的相关应收利息和应付利息余额予以抵销。

借：其他应付款——应付利息	240
贷：其他应收款——应收利息	240

③将该项公司债券在 2×20 年的相关利息费用和利息收益予以抵销。

借：投资收益	207
贷：财务费用	207

8.2.4 内部交易形成的长期应付款与长期应收款的合并处理

对于企业集团内部成员企业从另一内部成员企业处购买资产，且价款超过正常信用条件延期支付、实质上具有融资性质的情形，由于从企业集团合并财务报表的角度来讲，上述内部交易活动属于集团内部资产的调拨，所以母公司在编制合并财务报表时，一方面应当按照内部"长期应付款"科目与内部"长期应收款"科目的余额予以抵销，即借记"长期应付款"科目，贷记"长期应收款"科目；另一方面，应当将内部债务方因摊销未确认融资费用而计入财务费用或在建工程等的金额与内部债权方因摊销未实现融资收益而计入财务费用的金额予以抵销，即借记"财务费用"科目，贷记"财务费用"或"在建工程"等科目。

　　"长期应收款"项目，应根据"长期应收款"科目的期末余额，减去相关的"未实现融资收益"科目的期末余额后的金额填列。

　　"长期应付款"项目，应根据"长期应付款"科目的期末余额，减去相关的"未确认融资费用"科目的期末余额后的金额填列。

8.3　合并现金流量表的编制

　　以母公司和子公司的个别现金流量表为基础编制合并现金流量表时，主要是要将母公司与子公司、子公司相互之间的现金流量予以抵销，从而使合并现金流量表反映出企业集团这一会计主体与企业集团外部各方之间的现金流量信息。

8.3.1　合并现金流量表概述

　　现金流量表，是指反映企业在一定会计期间现金和现金等价物流入和流出的报表。现金流量表按照收付实现制原则编制，将权责发生制下的盈利信息调整为收付实现制下的现金流量信息，便于信息使用者了解企业净利润的质量。

　　现金流量表中所称的"现金"包括现金及现金等价物。其中的现金，是指企业库存现金以及可以随时用于支付的存款，包括库存现金、银行存款和其他货币资金（如外埠存款、银行汇票存款、银行本票存款等）等。其中的现金等价物，则是指企业持有的期限短、流动性强、易于转换为已知金额现金、价值变动风险很小的投资。期限短，一般是指从购买日起三个月以内到期。现金等价物通常包括三个月以内到期的债券投资等。

　　现金流量表被划分为经营活动、投资活动和筹资活动三个部分。

　　经营活动是指企业投资活动和筹资活动以外的所有交易和事项。各类企业由于行业特点不同，对经营活动的认定存在一定差异。对于一般的工商企业而言，经营活动主要包括销售商品、提供劳务、购买商品、接受劳务、支付职工薪酬、支付税费等。需要注意的是，企业实际收到的政府补助，无论是与资产相关还是与收益相关，均在"收到其他与经营活动有关的现金"科目填列。

投资活动是指企业长期资产的购建和不包括在现金等价物范围内的投资及其处置活动。长期资产是指固定资产、无形资产、在建工程、其他资产等持有期限在一年或一个营业周期以上的资产。这里所讲的投资活动，既包括对内投资，也包括对外投资；既包括实物资产投资，也包括金融资产投资。

筹资活动是指导致企业资本及债务规模和构成发生变化的活动。这里所说的资本，既包括实收资本（股本），也包括资本溢价（股本溢价）；这里所说的债务，指对外举债，包括向银行借款、发行债券以及偿还债务等。通常情况下，应付票据、应付账款等商业应付款属于经营活动，不属于筹资活动。

除现金流量表反映的信息外，企业还应在附注中披露将净利润调节为经营活动现金流量、不涉及现金收支的重大投资和筹资活动、现金及现金等价物净变动情况等信息，此即现金流量表补充资料。

编制现金流量表时，列报经营活动现金流量的方法有两种：一是直接法；二是间接法。在直接法下，一般是以利润表中的营业收入为起算点，调节与经营活动有关的项目的增减变动，然后计算出经营活动产生的现金流量。在间接法下，将净利润调节为经营活动现金流量，实际上就是将按权责发生制原则确定的净利润调整为现金净流入，并剔除投资活动和筹资活动对现金流量的影响。

采用直接法编报的现金流量表，便于分析企业经营活动产生的现金流量的来源和用途，预测企业现金流量的未来前景；采用间接法编报的现金流量表，便于将净利润与经营活动产生的现金流量净额进行比较，了解净利润与经营活动产生的现金流量差异的原因，从现金流量的角度分析净利润的质量。所以，我国企业会计准则规定企业应当采用直接法编报现金流量表，同时要求在附注中提供以净利润为基础调节到经营活动现金流量的信息。

合并现金流量表是综合反映母公司及其子公司组成的企业集团在一定会计期间现金流入、现金流出数量以及其增减变动情况的财务报表。

一般情况下，合并现金流量表是以母公司和子公司的个别现金流量表为基础，在抵销母公司与子公司、子公司相互之间发生内部交易对合并现金流量表的影响后，由母公司编制。

合并现金流量表的编制原理、编制方法和编制程序与合并资产负债表、合并利润表的编制原理、编制方法和编制程序相同。即首先编制合并工作底稿，将母公司和所有子公司的个别现金流量表各项目的数据全部过入同一合并工作底稿中；其次根据当期母公司与子公司以及子公司相互之间发生的影响其现金流量增减变动的内部交易，编制相应的抵销分录，通过抵销分录将个别现金流量表中重复反映的现金流入量和现金流出量予以抵销；最后，在此基础上计算出合并现金流量表的各项目的合并金额，并填制合并现金流量表。

合并现金流量表补充资料，既可以以母公司和所有子公司的个别现金流量表为基础，在抵销母公司与子公司、子公司相互之间发生的内部交易对合并现金流量表的影响后进行编制，也可以直接根据合并资产负债表和合并利润表进行编制。

8.3.2 编制合并现金流量表需要抵销的项目

在以母公司和子公司个别现金流量表为基础编制合并现金流量表时，需要进行抵销的内容主要如下。

（1）母公司与子公司、子公司相互之间当期以现金投资或收购股权增加的投资所产生的现金流量应当抵销。当母公司从子公司中购买其持有的其他企业的股票时，由此所产生的现金流量，在购买股权方的母公司的个别现金流量表中，表现为"投资活动产生的现金流量"中的"投资支付的现金"的增加，而在出售股权方的子公司的个别现金流量表中则表现为"投资活动产生的现金流量"中的"收回投资收到的现金"的增加。在母公司对子公司投资的情况下，其所产生的现金流量在母公司的个别现金流量表中表现为"投资活动产生的现金流量"中的"投资支付的现金"的增加，而在接受投资的子公司个别现金流量表中则表现为"筹资活动产生的现金流量"中的"吸收投资收到的现金"的增加。因此，编制合并现金流量表时将其予以抵销。

（2）母公司与子公司、子公司相互之间当期取得投资收益收到的现金，应当与分配股利、利润或偿付利息支付的现金相互抵销。母公司对子公司投资以及子公司之间进行投资分配现金股利或利润时，由此所产生的现金流量，在股利或利润支付方的个别现金流量表中表现为"筹资活动产生的现金流量"中的"分配股利、利润或偿付利息支付的现金"的增加，而在收到股利或利润方的个别现金流量表中则表现为"投资活动产生的现金流量"中的"取得投资收益收到的现金"的增加。所以，在编制合并现金流量表时必须将其予以抵销。

（3）母公司与子公司、子公司相互之间以现金结算债权与债务所产生的现金流量应当抵销。以现金结算内部债权债务，对于债权方来说表现为现金的流入，而对于债务方来说则表现为现金的流出。在现金结算的债权与债务属于母公司与子公司、子公司相互之间内部销售商品和提供劳务所产生的情况下，从其个别现金流量表的角度来说，在债权方的个别现金流量表中表现为"销售商品、提供劳务收到的现金"的增加；而在债务方的个别现金流量表中则表现为"购买商品、接受劳务支付的现金"的增加。在编制合并现金流量表时必须将由此所产生的现金流量予以抵销。在现金结算的债权与债务属于内部往来所产生的情况下，在债权方的个别现金流量表中表现为"收到的其他与经营活动有关的现金"的增加，在债务方的个别现金流量表中表现为"支付的其他与经营活动有关的现金"的增加，在编制合并现金流量表时由此所产生的现金流量也必须将其予以抵销。

（4）母公司与子公司、子公司相互之间当期销售商品所产生的现金流量应当抵销。母公司与子公司、子公司相互之间当期销售商品没有形成固定资产、在建工程、无形资产等资产的情况下，该内部销售商品所产生的现金流量，在销售方的个别现金流量表中表现为"销售商品、提供劳务收到的现金"的增加，而在购买方的个别现金流量表中则表现为"购买商品、接受劳务支付的现金"的增加。而在母公司与子公司、子公司相互之间当期销售商品形成固定资产、工程物资、在建工程、无形资产等资产的情况下，该内部销售商品所产生的现金流量，在购买方的个别现金流量表中表现为"购建固定资产、无形资产和其他长期资产所支付的现金"的增加。为此，在编制合并现金流量表时必须将由此所产生的现金流量予以抵销。

（5）母公司与子公司、子公司相互之间处置固定资产、无形资产和其他长期资产收回的现金净额，应当与购建固定资产、无形资产和其他长期资产支付的现金相互抵销。内部处置固定资产时，由于处置固定资产等所产生的现金流量，对于处置方个别现金流量表来说，表现为"处置固定资产、无形资产和其他长期资产收回的现金净额"的增加；对于购置该资产的接受方来说，在其个别现金流量表中表现为"购置固定资产、无形资产和其他长期资产支付的现金"的增加。所以在编制合并现金流量表时必须将由此所产生的现金流量予以抵销。

（6）母公司与子公司、子公司相互之间当期发生的其他内部交易所产生的现金流量应当抵销。

案例 ····▶▶▶

【**例 8-10**】甲公司持有乙公司 60% 的股权，能够对乙公司实施控制。甲公司和乙公司销售商品业务适用的增值税税率均为 13%。

2020 年 9 月 12 日，甲公司向乙公司出售一项存货，售价为 1 000 万元，已开出增值税专用发票。该项存货的成本为 800 万元，未计提存货跌价准备。

乙公司取得这项存货后，将其作为固定资产管理。

2020 年 9 月 25 日乙公司支付了相关货款。

本例中，从甲公司个别现金流量表的角度来看，甲公司与乙公司之间发生的上述交易所涉及的现金流量，应在"销售商品、提供劳务收到的现金"项目中列示，列示金额为 1 130 万元。

从乙公司个别现金流量表的角度来看，由于乙公司（购买方）将购入的该项货物作为固定资产核算，所以甲公司与乙公司之间发生的上述交易所涉及的现金流量，应在"购建固定资产、无形资产和其他长期资产支付的现金"项目中列示，列示金额为 1 130 万元。

从甲公司和乙公司所组成的企业集团的合并财务报表角度来看，乙公司向甲公司支付的款项，属于本企业集团内部的资金运动，并不是本企业集团与外部第三方之间所发生的现金流入流出，不需要在合并现金流量表中反映，因此应该将上述交易在甲公司和乙公司个别现金流量表中所反映的金额予以抵销，相关抵销分录如下。

借：购建固定资产、无形资产和其他长期资产支付的现金　　　　　1 130

　　贷：销售商品、提供劳务收到的现金　　　　　　　　　　　　　　　1 130

第 9 章
特殊交易在合并财务报表中的会计处理

| 本章导读 |

　　本章主要介绍与企业合并有关的特殊交易（如追加投资形成非同一控制下的企业合并或同一控制下的企业合并、处置部分股权投资而丧失控制权，以及企业集团内成员企业之间的股份支付等）在合并财务报表中的会计处理。其中报告期内增减子公司的会计处理是本章的难点，读者可将这部分知识与本书第 3 章的"3.2　企业合并形成的长期股权投资的计量"相结合进行学习，以加深理解。

　　本章的内容和结构如下。

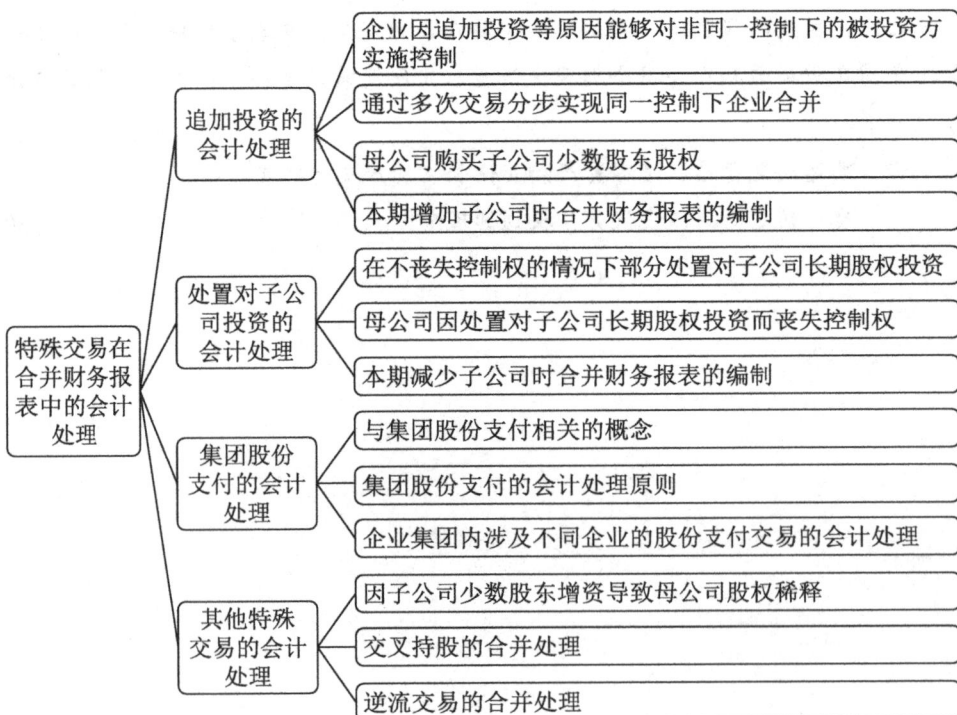

特殊交易在合并财务报表中的会计处理	追加投资的会计处理	企业因追加投资等原因能够对非同一控制下的被投资方实施控制
		通过多次交易分步实现同一控制下企业合并
		母公司购买子公司少数股东股权
		本期增加子公司时合并财务报表的编制
	处置对子公司投资的会计处理	在不丧失控制权的情况下部分处置对子公司长期股权投资
		母公司因处置对子公司长期股权投资而丧失控制权
		本期减少子公司时合并财务报表的编制
	集团股份支付的会计处理	与集团股份支付相关的概念
		集团股份支付的会计处理原则
		企业集团内涉及不同企业的股份支付交易的会计处理
	其他特殊交易的会计处理	因子公司少数股东增资导致母公司股权稀释
		交叉持股的合并处理
		逆流交易的合并处理

9.1 追加投资的会计处理

追加投资的会计处理主要是指投资企业通过多次交易分步实现企业合并的情况下合并财务报表中的相关调整、抵销处理，以及母公司购买子公司少数股东股权时在合并财务报表中的调整处理。

9.1.1 企业因追加投资等原因能够对非同一控制下的被投资方实施控制

企业因追加投资等原因，通过多次交易分步实现非同一控制下企业合并的，在合并财务报表上，应结合分步交易的各个步骤的协议条款，以及各个步骤中所分别取得的股权比例、取得对象、取得方式、取得时点及取得对价等信息来判断分步交易是否属于"一揽子交易"。

各项交易的条款、条件以及经济影响符合以下一种或多种情况的，通常应将多次交易事项作为"一揽子交易"进行会计处理：一是这些交易是同时或者在考虑了彼此影响的情况下订立的；二是这些交易整体才能达成一项完整的商业结果；三是一项交易的发生取决于至少一项其他交易的发生；四是一项交易单独看是不经济的，但是和其他交易一并考虑时是经济的。如果分步取得对子公司股权投资直至取得控制权的各项交易属于"一揽子交易"，应当将各项交易作为一项取得子公司控制权的交易进行会计处理。

如果不属于"一揽子交易"，在合并财务报表中，对于购买日之前持有的被购买方的股权，应当按照该股权在购买日的公允价值进行重新计量，公允价值与其账面价值之间的差额计入当期投资收益。购买日之前持有的被购买方的股权涉及权益法核算下的其他综合收益以及除净损益、其他综合收益和利润分配外的其他所有者权益变动的，与其相关的其他综合收益、其他所有者权益变动应当转为购买日所属当期收益，由于被投资方重新计量设定受益计划净负债或净资产变动而产生的其他综合收益等不能重分类进损益的其他综合收益除外。购买方应当在附注中披露其在购买日之前持有的被购买方的股权在购买日的公允价值、按照公允价值重新计量产生的相关利得或损失的金额。

案例 ····▶▶▶

【例9-1】甲公司对乙公司进行投资的有关资料如下。

2×20年7月1日，甲公司以银行存款3 000万元作为对价，自乙公司的原股东（丙公司）处购买了乙公司20%的股权。甲公司与乙公司的原股东（丙公司）不存在任何关联方关系。

2×20年7月1日，乙公司的可辨认净资产的公允价值和账面价值均为10 000万元，不存在可辨认资产评估增值或减值。

取得这部分股权投资后，甲公司对乙公司具有共同控制或重大影响。甲公司将这部分股权投资作为长期股权投资核算，并采用权益法进行后续计量。

在2×20年7月1日至2×21年7月1日期间，乙公司共实现净利润1 600万元，因持有的其他债权投资公允价值变动而确认其他综合收益税后净额100万元。在此期间，乙公司一直未进行利润分配。

2×21年7月1日，甲公司又以一项投资性房地产、一项交易性金融资产和一项其他债权投资作为对价自乙公司的原股东（丁公司）处购买了乙公司40%的股权。在取得这部分股权投资后，甲公司对乙公司的持股比例上升至60%，从而能够对乙公司实施控制。甲公司和丁公司不存在任何关联方关系。

甲公司在2×21年7月1日作为对价付出的资产的相关资料如下。

投资性房地产，其账面价值为8 000万元（其中，成本为2 000万元、公允价值变动为6 000万元，将该项房地产由自用房地产转换为投资性房地产时产生了其他综合收益1 000万元），公允价值为6 000万元。

交易性金融资产，其账面价值为380万元（其中，成本为340万元、公允价值变动为40万元），公允价值为400万元。

其他债权投资，其账面价值为460万元（其中，成本为400万元、公允价值变动为60万元），公允价值为600万元。

在2×21年7月1日，乙公司的可辨认净资产账面价值总额为11 700万元（其中股本为2 000万元、资本公积为4 000万元、其他综合收益为100万元、盈余公积为560万元、未分配利润为5 040万元），经评估确定的乙公司可辨认净资产公允价值总额为 12 000 万元，其差额（300 万元）为乙公司所持有的一项无形资产发生了评估增值。

在 2×21 年 7 月 1 日，甲公司原来所持有的对乙公司的 20% 股权投资的公允价值为 3 400 万元。

假定上述交易不构成"一揽子交易"；甲公司和乙公司的盈余公积计提比例均为 10%；不考虑相关税费。

根据上述资料，甲公司在个别财务报表中的相关账务处理如下。

（1）在 2×20 年 7 月 1 日，甲公司应按照初始投资成本 3 000 万元确认长期股权投资，并采用权益法进行后续计量。

借：长期股权投资——投资成本　　　　　　　　　　　　　　3 000

　　贷：银行存款　　　　　　　　　　　　　　　　　　　　　　　3 000

在 2×20 年 7 月 1 日至 2×21 年 7 月 1 日期间，甲公司因乙公司所实现的净利润 1 600 万元而应调增长期股权投资 320 万元（1 600×20%），同时计入投资收益，因乙公司的其他综合收益税后净额变动而应调增长期股权投资 20 万元（100×20%），同时计入其他综合收益。

借：长期股权投资——损益调整　　　　　　　　　　　　　　320

　　贷：投资收益　　　　　　　　　　　　　　　　　　　　　　　320

借：长期股权投资——其他综合收益　　　　　　　　　　　　20

　　贷：其他综合收益　　　　　　　　　　　　　　　　　　　　　20

截至 2×21 年 7 月 1 日增资前，甲公司所持有的对乙公司的长期股权投资的账面价值为 3 340 万元，其中"长期股权投资——投资成本"明细科目金额为 3 000 万元，"长期股权投资——损益调整"明细科目金额为 320 万元，"长期股权投资——其他综合收益"明细科目金额为 20 万元。

（2）2×21 年 7 月 1 日追加投资后，甲公司能够控制乙公司，且甲公司与丁公司不存在任何关联方关系，因此，上述企业合并属于非同一控制下的企业合并。甲公司该项对乙公司的长期股权投资在购买日的初始投资成本 = 3 340 + 7 000 = 10 340（万元）。

借：长期股权投资　　　　　　　　　　　　　　　　　　　　7 000

　　其他综合收益　　　　　　　　　　　　　　　　　　　　　60

　　贷：其他业务收入　　　　　　　　　　　　　　　　　　　　6 000

交易性金融资产——成本	340
——公允价值变动	40
其他债权投资——成本	400
——公允价值变动	60
投资收益	220

借：其他业务成本　　　　　　　　　　　　　　　　　　　1 000

公允价值变动损益　　　　　　　　　　　　　　　　　　6 000

其他综合收益　　　　　　　　　　　　　　　　　　　　1 000

贷：投资性房地产——成本　　　　　　　　　　　　　　　2 000

——公允价值变动　　　　　　　　　　　　　　6 000

将原持有的长期股权投资在权益法下的相关明细科目余额转入成本法下的"长期股权投资"科目。

借：长期股权投资　　　　　　　　　　　　　　　　　　　3 340

贷：长期股权投资——投资成本　　　　　　　　　　　　　3 000

——损益调整　　　　　　　　　　　　　　　　320

——其他综合收益　　　　　　　　　　　　　　20

根据上述资料，甲公司在 2×21 年 7 月 1 日编制合并财务报表时，在其合并工作底稿中的相关账务处理如下。

（1）由于上述事项属于通过多次交易分步实现非同一控制下的企业合并，且不属于"一揽子交易"，所以上述企业合并的合并成本＝原持有股权投资的公允价值 3 400＋新增股权所付对价的公允价值 7 000＝10 400（万元）。

（2）合并商誉＝合并成本 10 400-享有被投资方可辨认净资产公允价值份额 12 000×60%＝3 200（万元）。

（3）在 2×21 年 7 月 1 日合并财务报表的合并工作底稿中，针对购买日之前所持有的被购买方的股权，甲公司应按照该股权在购买日的公允价值进行重新计量，购买日之前持有的被购买方的股权涉及其他综合收益的，应在合并工作底稿中作出相应的调整分录。

①对购买日之前所持有的被购买方的股权按照公允价值进行重新计量时，应调增的金额＝3 400-3 340＝60（万元）。

借：长期股权投资　　　　　　　　　　　　　　　　　　　60

　　　　　贷：投资收益　　　　　　　　　　　　　　　　　　　　60

　　②对购买日之前所持有的被购买方的股权涉及的其他综合收益 20 万元，应在合并工作底稿中转入当期投资收益。

　　　　　借：其他综合收益　　　　　　　　　　　　　　　　　20
　　　　　　　贷：投资收益　　　　　　　　　　　　　　　　　　20

　　（4）在合并工作底稿中编制将乙公司账面价值调整为公允价值的调整分录。

　　　　　借：无形资产　　　　　　　　　　　　　　　　　　300
　　　　　　　贷：资本公积　　　　　　　　　　　　　　　　　300

　　（5）在合并工作底稿中编制母公司的长期股权投资与子公司的所有者权益项目的抵销分录。

　　　　　借：股本　　　　　　　　　　　　　　　　　　　2 000
　　　　　　　资本公积　　　　　　　　　　（4 000＋300）4 300
　　　　　　　其他综合收益　　　　　　　　　　　　　　　100
　　　　　　　盈余公积　　　　　　　　　（400＋1 600×10%）560
　　　　　　　未分配利润　　　　　　　（3 600＋1 600×90%）5 040
　　　　　　　商誉　　　　　　　　　（10 400-12 000×60%）3 200
　　　　　　　贷：长期股权投资　　　　　　　　　　　　 10 400
　　　　　　　　少数股东权益　　　　　　　（12000×40%）4 800

9.1.2　通过多次交易分步实现同一控制下企业合并

　　对于分步实现的同一控制下企业合并，在编制合并财务报表时，应视同参与合并的各方在最终控制方开始控制时即以目前的状态存在进行调整，在编制比较报表时，以不早于合并方和被合并方同处于最终控制方的控制之下的时点开始，将被合并方的有关资产、负债并入合并方合并财务报表的比较报表中，并将合并而增加的净资产在比较报表中调整所有者权益项下的相关项目。

　　为避免对被合并方净资产的价值进行重复计算，合并方在取得被合并方控制权之前持有的股权投资，在取得原股权之日与合并方和被合并方同处于同一方最终控制之日孰晚日起至合并日之间已确认有关损益、其他综合收益以及其他净资产变动，应分别冲减比较报表期间的期初留存收益或当期损益。

9.1.3 母公司购买子公司少数股东股权

母公司购买子公司少数股东拥有的子公司股权的，在母公司个别财务报表中，其自子公司少数股东处新取得的长期股权投资应当按照《企业会计准则第2号——长期股权投资》的规定确定其入账价值；在合并财务报表中，子公司的资产、负债应以购买日或合并日所确定的净资产价值开始持续计算的金额反映，因购买少数股权新取得的长期股权投资与按照新增持股比例计算应享有子公司自购买日或合并日开始持续计算的净资产份额之间的差额，应当调整母公司个别财务报表中的资本公积（资本溢价或股本溢价），资本公积不足冲减的，调整留存收益。

案例 ·····▶▶▶

【**例9-2**】2×20年12月19日，甲公司以2 100万元作为对价，自丙公司处取得乙公司60%的股权，能够对乙公司实施控制，甲公司和丙公司不存在任何关联方关系。

2×21年10月15日，甲公司又以一项固定资产作为对价，自乙公司的少数股东处取得乙公司15%的股权。甲公司所付出的该项固定资产的公允价值为600万元、原账面价值为480万元。甲公司与乙公司的少数股东在交易前不存在任何关联方关系。

2×20年12月19日，甲公司在取得乙公司60%股权时，乙公司的可辨认净资产公允价值为2 700万元。

2×21年10月15日，乙公司自购买日开始持续计算的净资产账面价值为3 000万元。

假定不考虑增值税、所得税等其他因素。

本例中，2×21年10月15日，甲公司进一步取得乙公司15%的股权时，甲公司合并财务报表的会计处理如下。

合并财务报表中，乙公司的有关资产、负债按照自购买日开始持续计算的价值进行合并，无须按照公允价值进行重新计量。甲公司按新增持股比例计算应享有自购买日开始持续计算的净资产份额为450万元（3 000×15%），与新增长期股权投资600万元之间的差额为150万元，在合并资产负债表中应调整所有者权益相关项目，首先调整归属于母公司的资本公积（资本溢价或股本溢价）；资本公积不足冲减的，冲减归属于母公司的盈余公积；盈余公积不足冲减的，冲减归属于母公司的未分配利润。

甲公司作为对价的固定资产的公允价值（600万元）与账面价值（480万元）的差异（120万元），应计入甲公司利润表中的资产处置收益。

9.1.4　本期增加子公司时合并财务报表的编制

编制合并资产负债表时，以本期取得的子公司在合并资产负债表日的资产负债表为基础编制。对于本期投资或追加投资取得的子公司，不需要调整合并资产负债表的期初数。但为了提高会计信息的可比性，应当在财务报表附注中披露本期取得的子公司对合并财务报表的财务状况的影响，即披露本期取得的子公司在购买日的资产和负债金额，包括流动资产、长期股权投资、固定资产、无形资产及其他资产和流动负债、长期负债等的金额。

编制合并利润表时，应当以本期取得的子公司自取得控制权日起至本期期末为会计期间的财务报表为基础编制，将本期取得的子公司自取得控制权日起至本期期末的收入、费用和利润通过合并，纳入合并财务报表之中。同时，为了提高会计信息的可比性，应在财务报表附注中披露本期取得的子公司对合并财务报表的经营成果的影响，以及对前期相关金额的影响，即披露本期取得的子公司自取得控制权日至本期期末止的经营成果，包括营业收入、营业利润、利润总额、所得税费用和净利润等。

编制合并现金流量表时，应当将本期取得的子公司自取得控制权日起至本期期末止的现金流量的信息纳入合并现金流量表，并将取得子公司所支付的现金扣除子公司于购买日持有的现金及现金等价物后的净额，在有关投资活动类的"取得子公司及其他营业单位所支付的现金净额"科目反映。

9.2　处置对子公司投资的会计处理

处置对子公司投资的会计处理主要包括母公司在不丧失控制权的情况下部分处置对子公司的长期股权投资、母公司因处置对子公司长期股权投资而丧失控制权等情形。

9.2.1 在不丧失控制权的情况下部分处置对子公司长期股权投资

母公司在不丧失控制权的情况下部分处置对子公司的长期股权投资的，在母公司个别财务报表中作为长期股权投资的处置，确认有关处置损益。即出售股权取得的价款或对价的公允价值与所处置投资账面价值的差额，应作为投资收益或损失计入处置投资当期母公司的个别财务报表；在合并财务报表中，因出售部分股权后，母公司仍能够对被投资单位实施控制，被投资单位应当纳入母公司合并财务报表。因此，在合并财务报表中，处置价款与处置长期股权投资相对应享有子公司自购买日或合并日开始持续计算的净资产份额之间的差额，应当调整资本公积（资本溢价或股本溢价），资本公积不足冲减的，调整留存收益。

9.2.2 母公司因处置对子公司长期股权投资而丧失控制权

母公司因处置对子公司长期股权投资而丧失控制权可分为一次交易处置子公司和多次交易分步处置子公司两种情形。

1. 一次交易处置子公司

母公司因处置部分股权投资或其他原因丧失了对原有子公司控制的，在合并财务报表中，应当进行如下会计处理。

①终止确认相关资产、负债、商誉等的账面价值，并终止确认少数股东权益（包括属于少数股东的其他综合收益）的账面价值。

②按照丧失控制权日的公允价值进行重新计量剩余股权，按剩余股权对被投资方的影响程度，将剩余股权作为长期股权投资或金融工具进行核算。

③处置股权取得的对价与剩余股权的公允价值之和，减去按原持股比例计算应享有原有子公司自购买日开始持续计算的净资产账面价值份额与商誉之和，形成的差额计入丧失控制权当期的投资收益。

④与原有子公司的股权投资相关的其他综合收益、其他所有者权益变动，应当在丧失控制权时转入当期损益，由于被投资方重新计量设定受益计划净负债或净资产变动而产生的其他综合收益等不能重分类进损益的其他综合收益除外。

此外，企业应当在附注中披露处置后的剩余股权在丧失控制权日的公允价值、按照公允价值重新计量产生的相关利得或损失的金额。

【例9-3】2020年1月1日，甲公司支付1 200万元取得乙公司100%的股权，投资当时乙公司可辨认净资产的公允价值为1 000万元，商誉为200万元。2020年1月1日至2021年12月31日，乙公司的净资产增加了150万元，其中按购买日公允价值计算实现的净利润为100万元，持有的作为以公允价值计量且其变动计入其他综合收益的金融资产核算的非交易性权益工具投资的公允价值升值50万元。

2022年1月8日，甲公司转让乙公司60%的股权，售价为960万元，甲公司已收到现金并存入银行。在转让这部分股权投资后，甲公司对乙公司的持股比例为40%，无法再对乙公司实施控制，但能对其施加重大影响。

2022年1月8日，即甲公司丧失对乙公司的控制权日，乙公司剩余40%股权的公允价值为640万元。

假定甲、乙公司提取盈余公积的比例均为10%；假定乙公司未分配现金股利；假定不考虑所得税等其他因素。

本例中，甲公司在其个别财务报表和合并财务报表中的会计处理分别如下。

（1）甲公司个别财务报表的会计处理。

①确认所处置的那部分股权投资的处置收益。

借：银行存款　　　　　　　　　　　　　　　　　　　960
　　贷：长期股权投资　　　　　　　　　　　　（1 200×60%）720
　　　　投资收益　　　　　　　　　　　　　　　　　　240

②对剩余股权改按权益法核算。

借：长期股权投资　　　　　　　　　　　　　　　　　60
　　贷：盈余公积　　　　　　　　　　（100×40%×10%）4
　　　　利润分配——未分配利润　　　（100×40%×90%）36
　　　　其他综合收益　　　　　　　　　　（50×40%）20

经上述调整后，在甲公司的个别财务报表中，剩余股权投资的账面价值为540万元（1 200×40%+60）。

（2）甲公司合并财务报表的会计处理。

合并财务报表中应确认的投资收益为250万元［（960+640）-1 350］。由于个别财务报表中已经确认了 240 万元的投资收益，所以在合并财务报表中应做如下调整。

①对剩余股权按丧失控制权日的公允价值重新计量的调整。

借：长期股权投资　　　　　　　　　　　　　　　　　　640

　　贷：长期股权投资　　　　　　　　　　　（1 350×40%）540

　　　　投资收益　　　　　　　　　　　　　　　　　　100

②对个别财务报表中的部分处置收益的归属期间进行调整。

借：投资收益　　　　　　　　　　　　　　　（150×60%）90

　　贷：盈余公积　　　　　　　　　　　（100×60%×10%）6

　　　　未分配利润　　　　　　　　　　（100×60%×90%）54

　　　　其他综合收益　　　　　　　　　　　（50×60%）30

③由于与子公司股权投资相关的其他综合收益为其持有的非交易性权益工具投资的累计公允价值变动，在子公司终止确认时该其他综合收益应转入留存收益。

借：其他综合收益　　　　　　　　　　　　　　　　　　50

　　贷：盈余公积　　　　　　　　　　　　　　　　　　5

　　　　未分配利润　　　　　　　　　　　　　　　　　45

2. 多次交易分步处置子公司

企业通过多次交易分步处置对子公司股权投资直至丧失控制权，在合并财务报表中，首先应判断分步交易是否属于"一揽子交易"。

如果分步交易不属于"一揽子交易"，则在丧失对子公司控制权以前的各项交易，应按照"9.2.1　在不丧失控制权的情况下部分处置对子公司长期股权投资"的规定进行会计处理。

如果分步交易属于"一揽子交易"，则应将各项交易作为一项处置原有子公司并丧失控制权的交易进行会计处理，其中，对于丧失控制权之前的每一次交易，处置价款与处置投资对应的享有该子公司自购买日开始持续计算的可辨认净资产账面价值的份额之间的差额，在合并财务报表中应当计入其他综合收益，在丧失控制权时一并转入丧失控制权当期的损益。

案例 ·····▶▶▶

【例9-4】甲公司为一家大型企业，拥有电力、油气、航空、医疗、运输、可再生能源、金融等七大业务。因该公司所处的经济环境发生大幅变化，甲公司决定进行大规模的业务重组，计划剥离辅业，重点专注于航空、电力和可再生能源领域业务，以集中力量发展这些优势业务。为此，甲公司计划处置其全资子公司乙公司。乙公司的主营业务范围为运输业。

2×20年10月10日，甲公司与非关联方丙公司签订不可撤销的转让协议，约定甲公司向丙公司转让其持有的乙公司100%股权，对价总额为14 000万元。为保证股权的平稳过渡，双方协议约定：丙公司应在2×20年12月31日之前支付6 000万元，以先取得乙公司40%的股权；丙公司应在2×21年6月30日之前支付8 000万元，以取得乙公司剩余60%股权。

在2×20年12月31日至丙公司支付剩余价款的期间，乙公司仍由甲公司控制，若乙公司在此期间向股东进行利润分配，则后续60%股权的购买对价按甲公司已分得的金额进行相应调整。

2×20年12月31日，丙公司按照协议约定向甲公司支付6 000万元，甲公司将乙公司40%股权转让给丙公司，股权变更手续已于当日完成；当日，乙公司自购买日持续计算的净资产账面价值为10 000万元。

2×21年6月30日，丙公司向甲公司支付8 000万元，甲公司将乙公司剩余60%股权转让给丙公司并办理完毕股权变更手续，自此丙公司取得乙公司的控制权。当日，乙公司自购买日持续计算的净资产账面价值为12 000万元。

2×21年1月1日至2×21年6月30日，乙公司实现净利润2 000万元，无其他净资产变动事项（不考虑所得税等影响）。

本例中，甲公司通过两次交易分步处置其持有的乙公司100%股权：第一次交易处置乙公司40%股权，仍保留对乙公司的控制；第二次交易处置剩余60%股权，并丧失对乙公司的控制权。

首先，需要分析上述两次交易是否属于"一揽子交易"。

（1）甲公司处置乙公司股权是出于战略收缩、集中力量发展优势业务、剥离辅业的考虑，甲公司的目的是全部处置其持有的乙公司股权，两次处置交易结合起来才能达到其商业目的。

（2）两次交易在同一转让协议中同时约定。

（3）在第一次交易中，40%股权的对价为6 000万元，相对于100%股权的对价总额14 000万元而言，单独来看第一次交易对丙公司而言并不经济，和第二次交易一并考虑才能反映真正的经济影响。此外，如果在两次交易期间乙公司进行了利润分配，也将据此调整对价，说明两次交易是在考虑了彼此影响的情况下订立的。

综上所述，在合并财务报表中，两次交易应作为"一揽子交易"，按照分步处置子公司股权至丧失控制权并构成"一揽子交易"的相关规定进行会计处理。

2×20年12月31日，甲公司转让乙公司40%股权，在乙公司中所占股权比例下降至60%，甲公司仍控制乙公司。处置价款6 000万元与处置40%股权对应的乙公司净资产账面价值份额4 000万元（10 000×40%）之间的差额为2 000万元，应在合并财务报表中计入其他综合收益。

借：银行存款   6 000
  贷：少数股东权益   4 000
    其他综合收益   2 000

2×21年1月1日至2×21年6月30日，乙公司作为甲公司持股60%的非全资子公司应纳入甲公司合并财务报表合并范围，乙公司实现的净利润2 000万元中归属于丙公司的份额800万元（2 000×40%），在甲公司合并财务报表中确认少数股东损益800万元，并调整少数股东权益。

2×21年6月30日，甲公司转让乙公司剩余60%股权，丧失对乙公司的控制权，不再将乙公司纳入合并范围。甲公司应终止确认对乙公司的长期股权投资及少数股东权益等，并将处置价款8 000万元与享有的乙公司净资产份额7 200万元（12 000×60%）之间的差额800万元，计入当期损益；同时，将第一次交易计入其他综合收益的2 000万元转入当期损益。

9.2.3 本期减少子公司时合并财务报表的编制

在本期出售转让子公司部分股份或全部股份，丧失对该子公司的控制权而使其成为非子公司的情况下，应当将其排除在合并财务报表的合并范围之外。

在编制合并资产负债表时，不需要对该出售转让股份而成为非子公司的资产负债表进行合并。但为了提高会计信息的可比性，应当在财务报表附注中披露该子公司成为非子公司对合并财务报表财务状况以及对前期相关金额的影响，即披露该子公司在丧失控制权日以及该子公司在上年年末的资产和负债金额，具体包括流动资产、长期股权投资、固定资产、无形资产及其他资产和流动负债、长期负债等。

编制合并利润表时，则应当以该子公司期初至丧失控制权成为非子公司之日止的利润表为基础，将该子公司自期初至丧失控制权之日止的收入、费用、利润纳入合并利润表。同时为提高会计信息的可比性，在财务报表附注中披露该子公司成为非子公司对合并财务报表的经营成果以及对前期相关金额的影响，即披露该子公司自期初至丧失控制权日止的经营成果以及上年度的经营成果，具体包括营业收入、营业利润、利润总额、所得税费用和净利润等。

在编制合并现金流量表时，应将该子公司自期初至丧失控制权之日止的现金流量信息纳入合并现金流量表，并将出售该子公司所收到的现金扣除子公司持有的现金和现金等价物以及相关处置费用后的净额，在有关投资活动类的"处置子公司及其他营业单位所收到的现金"科目反映。

9.3　集团股份支付的会计处理

集团股份支付在实务中比较常见，实际上是一种特殊的内部交易，因此在编制合并财务报表时，一般也应对集团股份支付作相应的抵销处理。

9.3.1　与集团股份支付相关的概念

股份支付是"以股份为基础的支付"的简称，是指企业为获取职工和其他方提供服务而授予权益工具或者承担以权益工具为基础确定的负债的交易。

股份支付具有如下特征：①股份支付是企业与职工或其他方之间发生的交易；②股份支付是以获取职工或其他方服务为目的的交易；③股份支付交易的对价或其定价与企业自身权益工具未来的价值密切相关。

典型的股份支付通常涉及四个主要环节：授予、可行权、行权和出售。

授予日是指股份支付协议获得批准的日期。其中"获得批准"，是指企业与职工或其他方就股份支付的协议条款和条件已达成一致，该协议获得股东大会或类似权力机构的批准。

可行权日是指可行权条件得到满足、职工或其他方具有从企业取得权益工具或现金权利的日期。

行权日是指职工和其他方行使权利、获取现金或权益工具的日期。

出售日是指股票的持有人将行使期权所取得的期权股票出售的日期。按照我国法规规定，用于期权激励的股份支付协议，应在行权日与出售日之间设立禁售期，其中国有控股上市公司的禁售期不得低于两年。

按结算方式的不同，股份支付可分为以权益结算的股份支付和以现金结算的股份支付。

以权益结算的股份支付，是指企业为获取服务而以股份或其他权益工具作为对价进行结算的交易。以权益结算的股份支付最常用的工具有两类：限制性股票和股票期权。

以现金结算的股份支付，是指企业为获取服务而承担的以股份或其他权益工具为基础计算的交付现金或其他资产的义务的交易。以现金结算的股份支付最常用的工具有两类：模拟股票和现金股票增值权。

集团股份支付是指企业集团成员企业之间（母公司与子公司或子公司与子公司之间）发生的股份支付交易，即为获取职工等所提供的服务而由企业集团的成员企业之一向另一成员企业的职工授予集团内某一成员企业的权益工具或者承担以集团内某一成员企业的权益工具为基础确定的负债的交易。

9.3.2 集团股份支付的会计处理原则

企业集团内发生的股份支付交易，应当按照以下规定进行会计处理。

（1）结算企业以其本身权益工具结算的，应当将该股份支付交易作为权益结算的股份支付处理；除此之外，应当作为现金结算的股份支付处理。结算企业是接受服务企业的投资者的，应当按照授予日权益工具的公允价值或应承担负债的公允价值确认为对接受服务企业的长期股权投资，同时确认资本公积（其他资本公积）或负债。

（2）接受服务企业没有结算义务或授予本企业职工的是其本身权益工具的，应当将该股份支付交易作为权益结算的股份支付处理；接受服务企业具有结算义务且授予本企业职工的是企业集团内其他企业权益工具的，应当将该股份支付交易作为现金结算的股份支付处理。

　　（1）在授予日，除了立即可行权的股份支付外，无论是权益结算的股份支付还是现金结算的股份支付，企业在授予日均不做会计处理。

　　（2）在等待期内每个资产负债表日，企业应当在等待期内的每个资产负债表日，将取得职工或其他方提供的服务计入成本费用，同时确认所有者权益或负债。对于附有市场条件的股份支付，只要职工满足了其他所有非市场条件，企业就应当确认已取得的服务。

　　在等待期内，业绩条件为非市场条件的，如果后续信息表明需要调整对可行权情况的估计的，应对前期估计进行修改。在等待期内每个资产负债表日，企业应将取得的职工提供的服务计入成本费用，计入成本费用的金额应当按照权益工具的公允价值计量。

　　对于权益结算的涉及职工的股份支付，应当按照授予日权益工具的公允价值计入成本费用和资本公积（其他资本公积），不确认其后续公允价值变动；对于现金结算的涉及职工的股份支付，应当按照每个资产负债表日权益工具的公允价值重新计量，确定成本费用和应付职工薪酬。对于授予的存在活跃市场的期权等权益工具，应当按照活跃市场中的报价确定其公允价值；对于授予的不存在活跃市场的期权等权益工具，应当采用期权定价模型等估值技术确定其公允价值。

　　在等待期内每个资产负债表日，企业应当根据最新取得的可行权职工人数变动等后续信息作出最佳估计，修正预计可行权的权益工具数量。在可行权日，最终预计可行权权益工具的数量应当与实际可行权工具的数量一致。

　　根据上述权益工具的公允价值和预计可行权的权益工具数量，计算截至当期累计应确认的成本费用金额，再减去前期累计已确认金额，作为当期应确认的成本费用金额。

　　（3）在可行权日之后，对于权益结算的股份支付，在可行权日之后不再对已确认的成本费用和所有者权益总额进行调整。企业应在行权日根据行权情况，确认股本和股本溢价，同时结转等待期内确认的资本公积（其他资本公积）。

　　对于现金结算的股份支付，企业在可行权日之后不再确认成本费用，负债（应付职工薪酬）公允价值的变动应当计入当期损益（公允价值变动损益）。

9.3.3 企业集团内涉及不同企业的股份支付交易的会计处理

企业集团内涉及不同企业的股份支付交易具体包括四种情形，分别为结算企业以自身权益工具结算且结算企业是接受服务企业的投资者的情形、结算企业以现金结算且结算企业是接受服务企业的投资者的情形、结算企业以其他企业股份结算且结算企业是接受服务企业的投资者的情形，以及接受服务企业具有结算义务且授予的是接受服务企业的投资者的权益工具的情形。

1. 结算企业以自身权益工具结算且结算企业是接受服务企业的投资者的情形

结算企业以自身权益工具结算且结算企业是接受服务企业的投资者，常见的主要是母公司向其子公司的职工等授予股份支付，且职工行权时将由母公司以其自身的股票进行结算的情形。

在这种情况下，结算企业（母公司）在其个别财务报表中应作为权益结算的股份支付进行会计处理，一方面计入长期股权投资，另一方面计入资本公积，相关会计分录如下。

借：长期股权投资

　　贷：资本公积——其他资本公积

接受服务企业（子公司）在其个别财务报表中也应作为权益结算的股份支付处理，一方面按相关职工所在岗位的性质等，计入管理费用、销售费用、制造费用等成本费用类科目，另一方面计入资本公积，相关会计分录如下。

借：管理费用 / 销售费用 / 制造费用等

　　贷：资本公积——其他资本公积

从企业集团的角度来看，这相当于企业集团向其职工授予自身的权益工具，属于权益结算的股份支付，一方面应当按职工所在岗位的性质等，计入管理费用、销售费用、制造费用等成本费用类科目，另一方面计入资本公积。

所以母公司在编制合并财务报表时，应在合并工作底稿中针对上述股份支付业务编制如下抵销分录。

借：资本公积——其他资本公积

　　贷：长期股权投资

注意，母公司在编制合并财务报表时，首先应当从合并财务报表的角度重新判断该项股权激励是以权益结算的股份支付，还是以现金结算的股份支付。

案例 ▸▸▸▸

【例9-5】甲公司为一家上市公司，持有乙公司100%的股权，能够对乙公司实施控制。甲公司和乙公司所构成的企业集团发生的附服务年限条件的以权益结算的股份支付的相关资料如下。

2019年1月1日，甲公司经股东大会批准实施了一项股权激励计划，其主要内容为：甲公司向其子公司（乙公司）的100名销售人员每人授予10万份股份期权，这些人员从2019年1月1日起必须在该公司连续服务3年，服务期满时才能以每股9元购买10万股甲公司股票。公司估计该期权在授予日的公允价值为每股54元。

截至2019年12月31日，上述销售人员中有10人已离开乙公司。估计在剩余等待期内，上述销售人员中还有5人将离开乙公司。

在2020年1月1日至2020年12月31日，上述销售人员中有5人已离开乙公司。估计在剩余等待期内，上述销售人员中还有3人将离开乙公司。

根据上述资料，甲公司和乙公司在个别财务报表的相关会计处理，以及合并财务报表的相关抵销分录分别如下。

（1）2019年。

从甲公司个别财务报表的角度来看，由于乙公司职工在未来行权时，甲公司将以自身权益工具与这些职工进行结算，所以对甲公司来说，该股权激励计划属于以权益结算的股份支付。同时，这相当于甲公司是以替乙公司承担股权激励计划的相关成本费用的方式向乙公司进行增资，所以甲公司应当确认长期股权投资，同时计入资本公积。

由于等待期总共为3年，所以甲公司在2019年应确认的金额＝（100-10-5）×10×54×1÷3＝15 300（万元）。相关会计分录如下。

借：长期股权投资 15 300
　　贷：资本公积——其他资本公积 15 300

从乙公司个别财务报表的角度来看，由于甲公司替乙公司承担了该项股份支付的相关成本费用，相当于乙公司接受甲公司以这部分成本费用进行投资，所以对乙公司来说，该项股份支付属于以权益结算的股份支付。乙公司在2019年应确认的金额＝（100-10-5）×10×54×1÷3＝15 300（万元）。相关会计分录如下。

借：销售费用   15 300

    贷：资本公积——其他资本公积   15 300

从企业集团合并财务报表的角度来看，该项股权激励计划属于以权益结算的股份支付，一方面应当确认销售费用，另一方面应当确认资本公积。因此母公司（甲公司）编制合并财务报表时，应当编制如下抵销分录。

借：资本公积——其他资本公积   15 300

    贷：长期股权投资   15 300

（2）2020年。

甲公司在2020年应确认的金额 = （100-10-5-3）×10×54×2÷3-15 300 = 14 220（万元）。相关会计分录如下。

借：长期股权投资   14 220

    贷：资本公积——其他资本公积   14 220

乙公司在2020年应确认的金额 = （100-10-5-3）×10×54×2÷3-15 300 = 14 220（万元）。相关会计分录如下。

借：销售费用   14 220

    贷：资本公积——其他资本公积   14 220

母公司（甲公司）编制合并财务报表时，应当编制如下抵销分录。

借：资本公积——其他资本公积   29 520

    贷：长期股权投资   29 520

2. 结算企业以现金结算且结算企业是接受服务企业的投资者的情形

结算企业以现金结算且结算企业是接受服务企业的投资者，常见的主要是母公司向其子公司的职工等授予股份支付，且职工行权时将由母公司以其现金进行结算的情形。

在这种情况下，由于职工在未来期间行权时，母公司将向职工支付现金而非交付自身权益工具，所以结算企业（母公司）在其个别财务报表中应作为现金结算的股份支付进行会计处理，一方面计入长期股权投资，另一方面计入应付职工薪酬，相关会计分录如下。

借：长期股权投资

    贷：应付职工薪酬

对于接受服务企业来说，由于接受服务企业的投资者替接受服务企业承担了该项股份支付的相关成本费用，相当于接受服务企业接受投资者以这部分成本费用进行投资，所以对接受服务企业来说，该项股份支付属于权益结算的股份支付。接受服务企业一方面按相关职工所在岗位的性质等，计入管理费用、销售费用、制造费用等成本费用类科目，另一方面计入资本公积，相关会计分录如下。

借：管理费用／销售费用／制造费用等

　　贷：资本公积——其他资本公积

从企业集团的角度来看，这相当于企业集团向其职工授予股份支付，且职工在未来期间行权时将获得相应的现金，因此对企业集团来说，这类股份支付属于现金结算的股份支付，一方面应当按职工所在岗位的性质等，计入管理费用、销售费用、制造费用等成本费用类科目，另一方面计入应付职工薪酬。

所以母公司在编制合并财务报表时，应在合并工作底稿中针对上述股份支付业务编制如下抵销分录。

借：资本公积——其他资本公积

　　管理费用／销售费用／制造费用等（如果有差额）

　　贷：长期股权投资

案例 ▶▶▶▶

【例9-6】甲公司为一家上市公司，持有乙公司100%的股权，能够对乙公司实施控制。甲公司和乙公司所构成的企业集团发生的附服务年限条件的股份支付的相关资料如下。

2020年1月1日，甲公司股东大会批准了一项由甲公司进行结算的股份支付协议。该项股份支付协议规定，2020年1月1日甲公司向乙公司的200名管理人员每人授予2万份现金股票增值权，这些职员自2020年1月1日起在乙公司连续服务3年，即可按照当时股价的增长幅度获得现金，该增值权应于2024年12月31日之前行使完毕。乙公司股票在上述股份支付授予日的公允价值为每股10元，乙公司股票的面值为每股1元。

截至2020年12月31日，共有4名管理人员离开了乙公司，预计未来2年内还有16名管理人员离开乙公司。2020年12月31日，甲公司估计该现金股票增值权在2020年12月31日的公允价值为每份8元。乙公司股票在2020年12

月 31 日的公允价值为每股 20 元。

本例中，由于未来期间职工行权时，甲公司交付给这些职工的并不是甲公司自身的权益工具，而是向相关行权人员支付现金，所以甲公司应当将该股权激励计划作为现金结算的股份支付处理。

由于该股权激励计划的实施，甲公司 2020 年度个别财务报表需要分别调增长期股权投资和应付职工薪酬项目 960 万元 [（200-4-16）×2×8×1÷3]。相关会计处理如下。

借：长期股权投资　　　　　　　　　　　　　　　　　　960

　　贷：应付职工薪酬　　　　　　　　　　　　　　　　　　960

乙公司为接受服务企业，没有结算义务。对于接受服务企业（乙公司）来说，由于接受服务企业（乙公司）的投资者（甲公司）替接受服务企业（乙公司）承担了该项股份支付的相关成本费用，相当于接受服务企业（乙公司）接受投资者以这部分成本费用进行投资，所以对接受服务企业（乙公司）来说，应将该股权激励计划作为权益结算的股份支付处理。

假定对于乙公司来说，该项股份支付在 2020 年 1 月 1 日的公允价值为每份 12元。则由于该股权激励计划的实施，乙公司 2020 年度个别财务报表需要分别调增管理费用和资本公积项目 1 440 万元 [（200-4-16）×2×12×1÷3]。相关会计处理如下。

借：管理费用　　　　　　　　　　　　　　　　　　　1 440

　　贷：资本公积——其他资本公积　　　　　　　　　　　1 440

从甲公司和乙公司所构成的企业集团的角度来看，这相当于企业集团向其职工授予股份支付，且职工在未来期间行权时将获得相应的现金，因此对企业集团来说，这类股份支付属于现金结算的股份支付。甲公司在 2020 年 12 月 31 日编制合并财务报表时，在其合并工作底稿中针对上述股份支付应编制的抵销分录如下。

借：资本公积——其他资本公积　　　　　　　　　　　1 440

　　贷：长期股权投资　　　　　　　　　　　　　　　　　960

　　　　管理费用　　　　　　　　　　　　　　　　　　480

3. 结算企业以其他企业股份结算且结算企业是接受服务企业的投资者的情形

结算企业以其他企业股份结算且结算企业是接受服务企业的投资者，常见的主要是母公司向其子公司的职工等授予股份支付，且职工行权时将由母公司以该子公司或其他子公司的股票进行结算的情形。

在这种情况下，由于职工在未来期间行权时，母公司将向职工支付的是子公司的股份，而非交付母公司自身权益工具，所以结算企业（母公司）在其个别财务报表中应作为现金结算的股份支付进行会计处理，一方面计入长期股权投资，另一方面计入应付职工薪酬，相关会计分录如下。

借：长期股权投资
　　贷：应付职工薪酬

对于接受服务企业来说，由于接受服务企业的投资者替接受服务企业承担了该项股份支付的相关成本费用，相当于接受服务企业接受投资者以这部分成本费用进行投资，所以对接受服务企业来说，该项股份支付属于权益结算的股份支付。接受服务企业一方面按相关职工所在岗位的性质等，计入管理费用、销售费用、制造费用等成本费用类科目，另一方面计入资本公积，相关会计分录如下。

借：管理费用/销售费用/制造费用等
　　贷：资本公积——其他资本公积

从企业集团的角度来看，这相当于企业集团向其职工授予股份支付，且职工在未来期间行权时所获得的并非母公司自身的权益工具，因此对企业集团来说，这类股份支付属于现金结算的股份支付，一方面应当按职工所在岗位的性质等，计入管理费用、销售费用、制造费用等成本费用类科目，另一方面计入应付职工薪酬。

所以母公司在编制合并财务报表时，应在合并工作底稿中针对上述股份支付业务编制如下抵销分录。

借：资本公积——其他资本公积
　　管理费用/销售费用/制造费用等（如果有差额）
　　贷：长期股权投资

案例 ▶▶▶▶

【例9-7】甲公司为一家上市公司，持有乙公司100%的股权，能够对乙公司实施控制。甲公司和乙公司所构成的企业集团发生的附服务年限条件的股份支付的相关资料如下。

2020年1月1日，甲公司股东大会批准了一项由甲公司进行结算的股份支付协议。该项股份支付协议规定，自2020年1月1日起，乙公司的100名销售人员在为乙公司连续服务3年后，每人可以在期满时以每股5元的价格从甲公司处购买乙公司股票5 000股。乙公司股票期权在上述股份支付授予日的公允价值为每份10元，乙公司股票的面值为每股1元。

截至2020年12月31日，共有2名销售人员离开了乙公司，预计未来2年内还有8名销售人员离开乙公司。2020年12月31日，甲公司估计该股票期权在2020年12月31日的公允价值为每份8元。

本例中，由于未来期间职工行权时，甲公司交付给这些职工的并不是甲公司自身的权益工具，甲公司授予的是以乙公司股票为标的的期权，职工在未来行权时，甲公司需要购入乙公司股票再交付相关行权人员，所以甲公司应当将该股权激励计划作为现金结算的股份支付处理。

由于该股权激励计划的实施，甲公司2020年度个别财务报表需要分别调增长期股权投资和应付职工薪酬项目120万元［(100-2-8)×0.5×8×1÷3］。相关会计处理如下。

借：长期股权投资　　　　　　　　　　　　　　　　　　　120

　　贷：应付职工薪酬　　　　　　　　　　　　　　　　　　120

乙公司为接受服务企业，没有结算义务。对于接受服务企业（乙公司）来说，由于接受服务企业（乙公司）的投资者（甲公司）替接受服务企业（乙公司）承担了该项股份支付的相关成本费用，相当于接受服务企业（乙公司）接受投资者以这部分成本费用进行投资，所以对接受服务企业（乙公司）来说，应将该股权激励计划作为权益结算的股份支付处理。

由于该股权激励计划的实施，乙公司2020年度个别财务报表需要分别调增销售费用和资本公积项目150万元［(100-2-8)×0.5×10×1÷3］。相关会计处理如下。

借：销售费用　　　　　　　　　　　　　　　　　　　　　150

　　贷：资本公积——其他资本公积　　　　　　　　　　　　150

从甲公司和乙公司所构成的企业集团的角度来看，这相当于企业集团向其职工授予股份支付，且职工在未来期间行权时所获得的并非母公司自身的权益工具，因此对企业集团来说，这类股份支付属于现金结算的股份支付。甲公司在2020年12月31日编制合并财务报表时，在其合并工作底稿中针对上述股份支付应编制的抵销分录如下。

借：资本公积——其他资本公积   150

 贷：长期股权投资   120

  销售费用   30

4. 接受服务企业具有结算义务且授予的是接受服务企业的投资者的权益工具的情形

接受服务企业具有结算义务且授予的是接受服务企业的投资者的权益工具，常见的主要是子公司将母公司的股票授予职工的情形。

此种情况下，母公司不需要做会计处理，同时由于未来期间职工行权时，子公司并未向职工交付自身权益工具，所以子公司应作为现金结算的股份支付进行会计处理，一方面应按职工所在岗位的性质等，计入管理费用、销售费用、制造费用等成本费用类科目，另一方面计入应付职工薪酬，相关会计分录如下。

借：管理费用／销售费用／制造费用等

 贷：应付职工薪酬

从企业集团的角度来看，由于未来期间职工行权时将获得母公司的股票，所以这相当于企业集团向其职工授予自身的权益工具，属于权益结算的股份支付，一方面应当按职工所在岗位的性质等，计入管理费用、销售费用、制造费用等成本费用类科目，另一方面计入资本公积。

所以母公司在编制合并财务报表时，应在合并工作底稿中针对上述股份支付业务编制如下抵销分录。

借：应付职工薪酬

 管理费用／销售费用／制造费用等（如果有差额）

 贷：资本公积——其他资本公积

9.4 其他特殊交易的会计处理

与母子公司相关的其他特殊交易主要包括因子公司少数股东增资导致母公司股权稀释、母子公司之间交叉持股，以及母子公司之间发生的逆流交易等。

9.4.1　因子公司少数股东增资导致母公司股权稀释

如果由于子公司的少数股东对子公司进行增资，导致母公司股权稀释，母公司应当按照增资前的股权比例计算其在增资前子公司账面净资产中的份额，该份额与增资后按母公司持股比例计算的在增资后子公司账面净资产份额之间的差额计入资本公积，资本公积不足冲减的，调整留存收益。

案例 ····▶▶▶

【例9-8】2×20年1月1日，甲公司和乙公司分别出资1 600万元和400万元设立A公司，甲公司、乙公司的持股比例分别为80%和20%。A公司为甲公司的子公司。

2×21年1月1日，乙公司对A公司增资800万元，增资后占A公司股权比例为30%。增资完成后，甲公司仍控制A公司。A公司自成立日至增资前实现净利润2 000万元，除此以外，不存在其他影响A公司净资产变动的事项（不考虑所得税等影响）。

本例中，甲公司持股比例原为80%，由于少数股东乙公司增资而变为70%。增资前，甲公司按照80%的持股比例享有的A公司净资产账面价值为3 200万元（4 000×80%，其中4 000为成立时的净资产2 000万元加上成立日至增资前所实现净利润2 000万元）；增资后，甲公司按照70%持股比例享有的A公司净资产账面价值为3 360万元（4 800×70%），两者之间的差额为160万元，在甲公司合并资产负债表中应调增资本公积。

9.4.2　交叉持股的合并处理

交叉持股，是指在由母公司和子公司组成的企业集团中，母公司持有子公司一定比例股份，能够对其实施控制，同时子公司也持有母公司一定比例股份，即相互持有对方的股份。

母子公司有交互持股情形的，在编制合并财务报表时，对于母公司持有的子公司股权，与通常情况下母公司长期股权投资与子公司所有者权益的合并抵销处理相同。对于子公司持有的母公司股权，应当按照子公司取得母公司股权日所确认的长期股权投资的初始投资成本，将其转为合并财务报表中的库存股，作为所有者权益的减项，在合并资产负债表中所有者权益项目下以"减：库存股"项目列示；对于子公司持有母公司股权所确认的投资收益（如利润分配或现金股利），应当进行抵销处理。子公司将所持有的母公司股权分类为以公允价值计量且其变动计入其他综合收益的金融资产，按照公允价值计量的，同时冲销子公司累计确认的公允价值变动。

子公司相互之间持有的长期股权投资，应当比照母公司对子公司的股权投资的抵销方法，将长期股权投资与其对应的子公司所有者权益中所享有的份额相互抵销。

9.4.3 逆流交易的合并处理

如果母子公司之间发生逆流交易，即子公司向母公司出售资产，则所发生的未实现内部交易损益，应当按照母公司对该子公司的分配比例在"归属于母公司所有者的净利润"和"少数股东损益"之间分配抵销。

案例 ▶▶▶

【例 9-9】乙公司持有甲公司 80% 的股权，能够对甲公司实施控制。

2×18 年 6 月 30 日，甲公司将一批商品出售给乙公司，该批商品成本为 240 万元，不含税售价为 360 万元。乙公司将其作为工程物资，用于一项管理用固定资产的建设。

截至 2×18 年 12 月 31 日，乙公司该项在建工程已领用该批工程物资的 50%。剩余工程物资于 2×19 年全部被该项在建工程领用。该固定资产于 2×19 年 6 月 20 日达到预定可使用状态。

乙公司预计该项固定资产的使用年限为 3 年，采用直线法计提折旧，预计净残值为 0。

假定不考虑所得税等其他因素的影响。

本例中，乙公司是母公司，甲公司是子公司。甲公司向乙公司销售货物，属于逆流交易。因此乙公司在编制 2×18 年合并财务报表时，在合并工作底稿中针对上述内部交易应编制的抵销分录如下。

借：营业收入   360
    贷：营业成本   240

工程物资	60
在建工程	60

借：少数股东权益　　　　　　　　　　　　　　（240×50%×20%）24

　　贷：少数股东损益　　　　　　　　　　　　　　　　　　24

乙公司在编制2×19年合并财务报表时，在合并工作底稿中针对上述内部交易应编制的抵销分录如下。

借：未分配利润——年初　　　　　　　　　　　　　　　　120

　　贷：工程物资　　　　　　　　　　　　　　　　　　　60

　　　　在建工程　　　　　　　　　　　　　　　　　　　60

借：工程物资　　　　　　　　　　　　　　　　　　　　　60

　　贷：在建工程　　　　　　　　　　　　　　　　　　　60

借：在建工程　　　　　　　　　　　　　　　　　　　　　120

　　贷：固定资产——原值　　　　　　　　　　　　　　　120

上述三笔分录也可以合并，具体如下。

借：未分配利润——年初　　　　　　　　　　　　　　　　120

　　贷：固定资产——原值　　　　　　　　　　　　　　　120

同时，将2×19年对上述固定资产多计提的折旧予以抵销。

借：固定资产——累计折旧　　　　　　　　　　　　　　　20

　　贷：管理费用　　　　　　　　　　　　　　　　　　　20

借：少数股东权益　　　　　　　　　　　　　　　　　　　24

　　贷：未分配利润——年初　　　　　　　　　　　　　　24

借：少数股东损益　　　　　　　　　　　　　　　　　　　4

　　贷：少数股东权益　　　　　　　　　　　　　　（20×20%）4

第 10 章
商誉及其减值测试

本章导读

本章主要讲解商誉的概念和分类、商誉的确认和计量，以及商誉减值测试。在现行企业会计准则下，企业所确认的商誉，几乎都源于非同一控制下的企业合并，其初始确认金额是根据"合并成本大于合并中取得的被购买方可辨认净资产公允价值份额的差额"确定的，完全不同于一般的资产，同时商誉不具有可辨认性，因此企业必须严格地按照企业会计准则的有关规定对商誉进行减值测试。

本章的内容和结构如下。

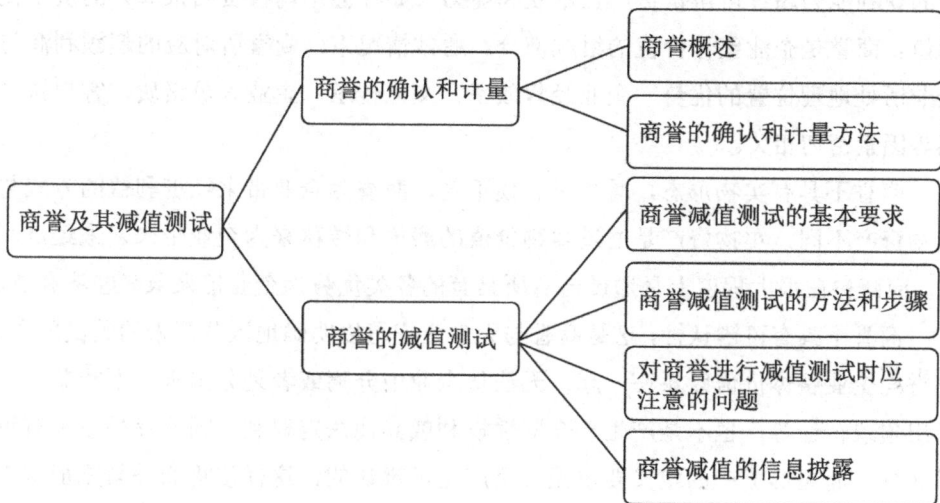

10.1 商誉的确认和计量

在现行企业会计准则下，企业财务报表中所列示的商誉，实际上均来自非同一控制下的企业合并。因此，对于非同一控制下的企业合并，我们应特别关注其合并商誉的确认和计量。

10.1.1 商誉概述

在实务中，商誉与企业合并密切相关，对合并财务报表所反映的财务状况和经营成果等有着非常重要的影响。

1.商誉的概念

商誉，是指企业在同等条件下，能获得高于正常投资报酬率所形成的价值，即商誉是能在未来期间为企业经营带来超额利润的潜在经济价值，或一家企业预期的获利能力超过可辨认资产正常获利能力（如社会平均投资回报率）的资本化价值。商誉是企业整体价值的组成部分。通常情况下，商誉所对应的超额利润与企业所处地理位置的优势、企业经营效率、文化传承、企业人员素质、客户认同感等因素密切相关。

商誉不具有实物形态，看不见、摸不着，商誉为企业带来经济利益的方式与实物资产不同，实物资产是通过实物价值的磨损和转移来为企业带来未来经济利益，而商誉在很大程度上是通过自身所具有的各类优势为企业带来未来经济利益。

商誉不具有可辨认性，这是商誉与无形资产得以明确地区分开来的关键所在。商誉与企业整体价值联系在一起，无法从企业中分离或者划分出来，不能单独用于出售或转让等，也不是产生于合同性权利或其他法定权利，因此商誉不具有可辨认性。而无形资产的定义要求无形资产是可辨认的，这样便将商誉与无形资产清楚地区分开来。比如企业合并中取得的商誉代表了购买方为从不能单独辨认并独立确认的资产中获得预期未来经济利益而付出的代价。这些未来经济利益可能产生于取得的可辨认资产之间的协同作用，也可能产生于购买者在企业合并中准备支付的、但不符合在财务报表上确认条件的资产。商誉代表的是企业未来现金流量大于每一单项资产产生未来现金流量的合计金额，其存在无法与企业自身区分开来，由于不具有可辨认性，虽然商誉也是没有实物形态的非货币性资产，但不构成无形资产。

2. 商誉的分类

按照取得方式的不同，商誉可分为外购商誉和自创商誉。

外购商誉是指由于企业合并采用购买法进行核算而形成的商誉。根据《企业会计准则第 20 号——企业合并》中的相关规定，非同一控制下的企业合并，购买方对合并成本大于合并中取得的被购买方可辨认净资产公允价值份额的差额，应当确认为商誉。通过企业并购方式形成商誉在上市公司中最为常见。以我国的 A 股上市公司蓝帆医疗为例，蓝帆医疗成立于 2002 年并于 2010 年在深交所上市，主要产品包括医疗手套、健康防护手套、急救包以及医用敷料等中低值耗材。根据公开资料显示，该公司是我国最大的 PVC 手套生产企业。自 2013 年起，蓝帆医疗陆续收购了东泽医疗、上海透析、阳和生物等多家公司，产品线扩大至家庭护理箱、便携护理包、公共护理箱等健康防护组合。广受关注的是，该公司在 2018 年对柏盛国际的"蛇吞象"式收购：市值仅 60.26 亿元（重组停牌时）的蓝帆医疗通过一系列资本运作，跨境收购了柏盛国际 93.37% 股权，创下了本土医疗器械行业最大并购规模纪录。这一系列的并购，使蓝帆医疗的商誉剧增 63 亿余元。

除外购商誉以外的其他商誉，即是自创商誉，也可称之为非外购商誉。自创商誉，一般是企业在其生产经营过程中逐渐形成的。比如，茅台酒作为世界三大名酒和中国三大名酒"茅五剑"之一，拥有 800 多年的历史。茅台酒凭借其悠久的酿造历史、独特的酿造工艺、上乘的内在质量、深厚的酿造文化，以及历史上在我国政治、外交、经济生活中发挥的无可比拟的作用、在我国酒业中的传统特殊地位等，被誉为我国的"国酒"。在我国的上市公司中，很少有企业可以像贵州茅台这样每年赚取 50% 的税后利润，特别是茅台的产品周期非常长，须经5 年酿造和储存，但该企业无须负债杠杆经营，且货币资金充裕。这种经营模式所依靠的并非账上应收或厂房等有形资产，而是贵州茅台所拥有的无形资产和商誉——茅台产品的品质和品牌，以及消费者对其品味的认可、依赖和好评。贵州茅台所拥有的这类商誉，就属于自创商誉。

10.1.2 商誉的确认和计量方法

对商誉确认和计量时，应重点关注商誉是否满足确认条件，以及非同一控制下企业合并涉及或有对价时对商誉的影响。

1. 商誉的确认条件

将任何一项资源确认为一项资产，除了需要符合资产的定义外，还需要同时满足资产的两个确认条件。

（1）与该资源有关的经济利益很可能流入企业。

（2）该资源的成本或者价值能够可靠地计量。

商誉也不例外，企业要将商誉确认为一项资产，必须同时满足上述条件，特别是第 2 个条件。财务会计系统是一个确认、计量和报告的系统，其中计量起着枢纽作用，可计量性是所有会计要素确认的重要前提，资产的确认也是如此。只有当有关资源的成本或者价值能够可靠地计量时，资产才能予以确认。在实务中，企业取得的许多资产都是发生了实际成本的。例如，企业购买或者生产的存货、企业购置的厂房或者设备等，对于这些资产，只要实际发生的购买成本或者生产成本能够可靠计量，就视为符合了资产确认的可计量条件。企业的自创商誉，一般是在企业漫长的生产经营过程逐渐形成的，因其成本往往无法可靠计量，所以一般不能在企业账上作为一项资产进行确认。比如，虽然贵州茅台（股票代码：600519）拥有巨大的商誉，且该商誉在贵州茅台的生产经营过程中发挥着至关重要的作用，但是贵州茅台的资产负债表（如 2019 年 12 月 31 日的贵州茅台资产负债表）中没有确认任何商誉。

因此，所谓"商誉的确认和计量"，实际上主要讨论的是外购商誉，即通过非同一控制下的企业合并方式所取得的商誉。

2. 一般情形下外购商誉的确认和计量

按照《企业会计准则第 20 号——企业合并》的规定，在非同一控制下的企业合并中，如果购买方（合并方）的合并成本大于合并中取得的被购买方可辨认净资产公允价值份额，则应将上述两者的差额确认为商誉。如果购买方对合并成本小于合并中取得的被购买方可辨认净资产公允价值份额的差额，则应当按照下列规定处理。

（1）对取得的被购买方各项可辨认资产、负债及或有负债的公允价值以及合并成本的计量进行复核。

（2）经复核后合并成本仍小于合并中取得的被购买方可辨认净资产公允价值份额的，其差额应当计入当期损益（营业外收入）。

相关链接

被购买方可辨认净资产公允价值，是指合并中取得的被购买方可辨认资产的公允价值减去负债及或有负债公允价值后的余额。

因企业合并而确认的商誉，按企业合并方式的不同，可以分为两种：一种是非同一控制下的控股合并所产生的商誉，另一种是非同一控制下的吸收合并所产生的商誉。其中前者是在合并财务报表中确认该商誉，后者是在个别财务报表中确认该商誉。所以在现行企业会计准则下，如果某企业个别财务报表存在商誉，则说明该企业一定进行过非同一控制下的吸收合并。

对于非同一控制下的控股合并，公式如下。

合并商誉＝合并成本－被合并方可辨认净资产公允价值×合并方持股比例

对于非同一控制下的吸收合并，公式如下。

合并商誉＝合并成本－被合并方可辨认净资产公允价值

上述公式中的"合并成本"，需分情况进行确定。

如果是一次交易形成非同一控制下的企业合并，则合并成本的计算公式如下。

合并成本＝合并方所付出对价的公允价值

如果是多次交易分步实现非同一控制下的企业合并，则合并成本的计算公式如下。

合并成本＝合并方原持有股权的公允价值＋增持股权的投资成本（即为增持股权所付出对价的公允价值）

案例 ·····▶▶▶

【例10-1】甲公司是增值税一般纳税人，土地使用权和不动产适用的增值税税率为9%。20×9年3月15日，甲公司以银行存款100万元以及一项公允价值为700万元的投资性房地产（建筑物）和一项公允价值为200万元的无形资产（土地使用权）为对价取得丙公司持有的乙公司60%的股权。取得上述股权后，甲公司能够控制乙公司的生产经营决策。

在合并当日，甲公司作为合并对价的投资性房地产是甲公司在20×8年1月1日由自有房地产转换的，转换日账面价值为500万元，公允价值为600万元，采用公允价值模式进行后续计量。20×8年年末，该投资性房地产的公允价值为650万元；无形资产的账面原价为300万元，已经计提摊销60万元，没有计提减值准备。

在合并当日，乙公司的可辨认净资产的账面价值为1 200万元，除下列项目外，其他可辨认资产、负债的公允价值与其账面价值相同。

（1）乙公司持有的一栋办公楼，其原价为300万元，已累计折旧200万元，未计提固定资产减值准备。甲公司经评估确定该项资产在合并当日的公允价值为230万元。

（2）乙公司持有的一批存货，其成本为80万元，未计提存货跌价准备。甲公司经评估确定该项资产在合并当日的公允价值为100万元。

甲公司为进行该企业合并发生的法律、审计、评估咨询等费用共计20万元。

在甲公司取得乙公司上述股权之前，甲公司和乙公司之间没有任何关联方关系。

本例中，由于在甲公司取得乙公司上述股权之前，甲公司和乙公司之间没有任何关联方关系，所以该项企业合并属于非同一控制下的企业合并。

在该项企业合并中，甲公司的合并成本＝（200+700）×（1+9%）＋100=1 081（万元）。

乙公司在购买日的可辨认净资产公允价值=1 200+[230-（300-200）]+（100-80）=1 350（万元）。

合并商誉=1 081-1 350×60%=271（万元）。

由于上述企业合并属于控股合并，所以该合并商誉在甲公司的个别财务报表中不予以反映，在甲公司编制的合并财务报表中才予以反映。

甲公司个别财务报表中的会计分录如下。

借：长期股权投资——投资成本   1 081

    累计摊销   60

    资产处置损益   40

    管理费用   20

    贷：银行存款   120

       其他业务收入   700

       无形资产   300

       应交税费——应交增值税（销项税额）（200×9% + 700×9%）81

借：其他业务成本   500

    其他综合收益   100

    公允价值变动损益   50

    贷：投资性房地产——成本   600

           ——公允价值变动   50

3. 非同一控制下企业合并涉及或有对价时对商誉的影响

按照《企业会计准则第 20 号——企业合并》的规定，在非同一控制下的企业合并中，企业合并各方在某些情况下可能在合并协议中约定，根据未来一项或多项或有事项的发生，购买方通过发行额外证券、支付额外现金或其他资产等方式追加合并对价，或者要求返还之前已经支付的对价，这将导致产生企业合并的或有对价问题。会计准则规定，购买方应当将合并协议约定的或有对价作为企业合并转移对价的一部分，按照其在购买日的公允价值计入企业合并成本。或有对价符合权益工具和金融负债定义的，购买方应当将支付或有对价的义务确认为一项权益或负债；符合资产定义并满足资产确认条件的，购买方应当将符合合并协议约定条件的、可收回部分已支付合并对价的权利确认为一项资产。同时规定，购买日后 12 个月内出现对购买日已存在情况的新的或进一步证据需要调整或有对价的，应当予以确认并对原计入合并商誉的金额进行调整。其他情况下发生的或有对价变化或调整，应当区分情况进行会计处理：或有对价为权益性质的，不进行会计处理；或有对价为资产或负债性质的，如果属于会计准则规定的金融工具，应当按照以公允价值计量且其变动计入当期损益进行会计处理，不得指定为以公允价值计量且其变动计入其他综合收益的金融资产。

案例 ····▶▶▶

【例10-2】甲上市公司2019年1月2日以现金3亿元自丙公司购买其持有的乙公司100%股权，并于当日向乙公司董事会派出成员，主导其财务和生产经营决策。股权转让协议约定，丙公司就乙公司在收购时的一项未决诉讼对甲公司作出承诺：如果乙公司在该项未决诉讼中败诉，则丙公司将在有合理证据表明乙公司将败诉时以现金方式对甲公司进行补偿，补偿金额为800万元。

乙公司在购买日的可辨认净资产公允价值为28 000万元。

购买日，甲公司根据乙公司当时所掌握的信息判断，合理预计乙公司败诉的可能性很小。2019年9月30日，甲公司根据其掌握的最新信息，基本确定乙公司将败诉。

本例中，甲上市公司与丙公司在交易前不存在关联关系，该项企业合并应为非同一控制下的企业合并。

购买日为2019年1月2日，当日甲上市公司支付了有关价款3亿元，同时估计乙公司败诉的可能性很小，估计或有对价为0。甲上市公司应当确认对乙公司长期股权投资成本为3亿元。合并商誉＝合并成本－乙公司在购买日的可辨认净资产公允价值×甲公司持股比例=30 000-28 000×100%=2 000（万元）。

2019年9月30日，甲公司基本确定乙公司将败诉，因此甲公司需要估计该或有对价的公允价值并予以确认。因该预期利润未实现的情况是在购买日后12个月内出现对购买日已存在情况的新的或进一步证据，所以本例中有关或有对价的公允价值调整在个别财务报表中应作为对长期股权投资成本的调整，相应的，在合并财务报表中，应相应调整购买日原已确认商誉金额。调整后的合并商誉金额＝（30 000-800）-28 000×100%=1 200（万元）。

4.免税合并对商誉的影响

某项企业合并交易为市场独立主体之间发生，按照会计准则规定属于非同一控制下的企业合并，购买方对于合并中取得的被购买方各项可辨认资产、负债应当按照公允价值确认。该项合并中，如果购买方取得被购买方的股权比例、合并中股权支付额的比例等达到税法中规定的免税合并的条件，则计税时可以作为免税合并处理，即购买方对于交易中取得被购买方各项可辨认资产、负债的计税基础应承继其原有计税基础。比较该项企业合并中取得有关可辨认资产、负债的账面价值与其计税基础会产生暂时性差异。因有关暂时性差异产生于企业合并，且该企业合并为非同一控制下的企业合并，与暂时性差异相关的所得税影响的确认的同时，将影响合并中确认的商誉。

> **案例** ····▶▶▶

【例 10-3】甲公司在 2020 年所发生的对外投资业务的相关资料如下。

（1）2020 年 1 月 10 日，甲公司与乙公司的原股东丙公司签订股权转让合同。合同约定：甲公司向丙公司购买其所持有的乙公司 80% 的股权；以乙公司 2020 年 1 月 31 日经评估确认的净资产价值为基础确定股权转让价格；甲公司以定向增发一定数量的本公司普通股作为对价支付给丙公司；定向增发的普通股数量以甲公司 2020 年 1 月 31 日前 20 天普通股的平均市场价格为基础计算。上述股权转让合同于 2020 年 2 月 15 日分别经甲公司、乙公司和丙公司股东大会批准。

（2）2020 年 3 月 1 日，甲公司向丙公司定向增发本公司 10 000 万股普通股，当日甲公司股票的市场价格为每股 3.05 元。工商变更登记手续亦于 2020 年 7 月 1 日办理完成。交易后，丙公司持有甲公司发行在外的普通股股份的 6%。甲公司为定向增发普通股股票，支付券商佣金及手续费 30 万元；为核查乙公司资产价值，支付资产评估费 20 万元。

（3）2020 年 3 月 1 日，甲公司对乙公司董事会进行改组，改组后的乙公司董事会由 9 名成员组成，其中甲公司派出 6 名。乙公司章程规定，其财务和经营决策经董事会半数以上成员通过即可实施。甲公司与丙公司在交易前不存在任何关联方关系。

（4）2020 年 3 月 1 日，乙公司可辨认净资产的账面价值为 29 500 万元（其中：股本 10 000 万元、资本公积 9 000 万元、其他综合收益 1 000 万元、盈余公积 500 万元、未分配利润 9 000 万元）。乙公司可辨认净资产公允价值与账面价值不等，其差额系由以下两项资产所致：一项管理用固定资产，成本为 20 000 万元，已计提折旧 16 000 万元，公允价值为 8 000 万元；一项管理用软件，成本为

10 000 万元，已摊销 7 000 万元，公允价值为 7 000 万元。上述管理用固定资产的预计使用年限为 50 年，已使用 40 年，预计净残值为零，采用年限平均法计提折旧；上述管理用软件的预计使用年限为 15 年，已使用 10 年，预计净残值为零，采用直线法摊销。甲公司投资后，上述两项资产的预计使用年限不变。该项企业合并符合免税合并的相关条件，上述资产计税基础与按历史成本计算的账面价值相同。

自甲公司取得乙公司股权后，乙公司未分配现金股利。除实现净损益外，乙公司未发生其他所有者权益项目的变动。各公司适用的所得税税率均为 25%，均按照净利润的 10% 计提法定盈余公积，不提取任意盈余公积。

根据上述资料，2020 年 3 月 1 日，甲公司取得乙公司 80% 股权时在个别财务报表中应编制的会计分录如下。

借：长期股权投资 （10 000×3.05）30 500
　　管理费用 20
　　贷：股本 10 000
　　　　资本公积——股本溢价 （20 500-30）20 470
　　　　银行存款 50

甲公司在购买日编制合并财务报表时，经评估确定的乙公司可辨认净资产的公允价值 =29 500+ [8 000-（20 000-16 000）+7 000-（10 000-7 000）]×（1-25%）= 35 500（万元）。相关调整分录如下。

借：固定资产 4 000
　　无形资产 4 000
　　贷：递延所得税负债 （8 000×25%）2 000
　　　　资本公积 6 000

甲公司在合并财务报表中应确认的商誉 ＝ 30 500-35 500×80% ＝ 2 100（万元）。

甲公司在购买日编制合并财务报表时应编制的抵销分录如下（合并商誉的确认即体现在本会计分录中）。

借：股本 10 000
　　资本公积 （9 000＋6 000）15 000
　　其他综合收益 1 000
　　盈余公积 500
　　未分配利润 9 000

商誉	2 100
贷：长期股权投资	30 500
少数股东权益	（35 500×20%）7 100

在免税合并中所产生的商誉，其计税基础为零，其账面价值与计税基础会形成应纳税暂时性差异，企业会计准则中规定不确认与该应纳税暂时性差异相关的递延所得税负债。

10.2　商誉的减值测试

本节主要介绍商誉减值测试的基本要求、商誉减值测试的方法和步骤、对商誉进行减值测试时应注意的问题，以及商誉减值的信息披露。在实务中，是否严格地按照企业会计准则的要求进行商誉减值测试，对合并财务报表所反映的会计信息的质量有非常重大的影响。

10.2.1　商誉减值测试的基本要求

商誉是一种非常特殊的资产，因此《企业会计准则第 8 号——资产减值》中关于商誉减值测试的规定非常明确、非常具体。

1. 企业应及时对商誉进行减值测试

在对企业合并所形成的商誉进行初始确认后，企业应当以该商誉的成本扣除累计减值准备后的金额计量。商誉的减值准备的计提适用《企业会计准则第 8 号——资产减值》。

相关链接

《企业会计准则第 8 号——资产减值》所规范的资产通常属于企业非流动资产，具体包括：（1）对子公司、联营企业和合营企业的长期股权投资；（2）采用成本模式进行后续计量的投资性房地产；（3）固定资产；（4）生产性生物资产；（5）无形资产；（6）商誉；（7）探明石油天然气矿区权益和井及相关设施。

对于因企业合并而形成的商誉，企业应按企业会计准则的相关规定及时进行商誉减值测试。

（1）对因企业合并所形成的商誉，不论其是否存在减值迹象，都应当至少在每年年度终了进行减值测试。

（2）企业应结合可获取的内部与外部信息，合理判断并识别商誉减值迹象。当商誉所在资产组或资产组组合出现特定减值迹象时，企业应及时进行商誉减值测试，并恰当考虑该减值迹象的影响。

与商誉减值相关的前述特定减值迹象包括但不限于：①现金流或经营利润持续恶化或明显低于形成商誉时的预期，特别是被收购方未实现承诺的业绩；②所处行业产能过剩，相关产业政策、产品与服务的市场状况或市场竞争程度发生明显不利变化；③相关业务技术壁垒较低或技术快速进步，产品与服务易被模仿或已升级换代，盈利现状难以维持；④核心团队发生明显不利变化，且短期内难以恢复；⑤与特定行政许可、特许经营资格、特定合同项目等资质存在密切关联的商誉，相关资质的市场惯例已发生变化，如放开经营资质的行政许可、特许经营或特定合同到期无法接续等；⑥客观环境的变化导致市场投资报酬率在当期已经明显提高，且没有证据表明短期内会下降；⑦经营所处国家或地区的风险突出，如面临外汇管制、恶性通货膨胀、宏观经济恶化等。

（3）企业应合理区分并分别处理商誉减值事项和并购重组相关方的业绩补偿事项，不得以业绩补偿承诺为由，不进行商誉减值测试。

2.企业应将商誉分摊至资产组或资产组组合以进行减值测试

由于商誉难以独立产生现金流量，所以商誉应当结合与其相关的资产组（或者资产组组合）进行减值测试。为此，企业应当自购买日起将商誉的账面价值按照合理的方法分摊到与之相关的资产组；难以分摊至相关的资产组的，应当将商誉分摊至相关的资产组组合。在将商誉的账面价值分摊至相关的资产组组合时，应当按照各资产组的公允价值占相关资产组公允价值总额的比例进行分摊。公允价值难以可靠计量的，按照各资产组的账面价值占相关资产组账面价值总额的比例进行分摊。

企业在将商誉分摊至资产组或资产组组合进行减值测试时，应注意避免出现以下问题。

（1）对资产组的认定不符合资产组的概念，未充分考虑资产组产生现金流入的独立性。

相关链接

　　资产组是企业可以认定的最小资产组合，其产生的现金流入应当基本上独立于其他资产或者资产组。资产组应当由创造现金流入相关的资产组成。

　　资产组的认定，应当以资产组产生的主要现金流入是否独立于其他资产或者资产组的现金流入为依据。因此，资产组能否独立产生现金流入是认定资产组的最关键因素。比如，企业的某一生产线、营业网点、业务部门等，如果能够独立于其他部门或者单位等创造收入、产生现金流，或者其创造的收入和现金流入绝大部分独立于其他部门或者单位的，并且属于可认定的最小的资产组合的，通常应将该生产线、营业网点、业务部门等认定为一个资产组。

（2）未充分辨识与商誉相关的资产组或资产组组合，未充分考虑企业合并所产生的协同效应，简单将形成商誉时收购的子公司股权作为商誉减值测试对象。

相关链接

　　资产组组合，是指由若干个资产组组成的最小资产组组合，包括资产组或者资产组组合，以及按合理方法分摊的总部资产部分。

（3）未合理对商誉账面价值进行分摊，相关分摊基础（如公允价值）的确定缺乏合理依据。

（4）未将归属于少数股东的商誉调整计入相关资产组或资产组组合账面价值。

（5）因重组等原因导致商誉所在资产组或资产组组合的构成发生改变时，未重新认定相关资产组或资产组组合并重新对商誉账面价值进行合理分摊。

（6）无合理理由随意变更商誉所在资产组或资产组组合，如商誉减值测试时的资产组或资产组组合与商誉初始确认时的不一致，或前后会计期间将商誉分摊至不同资产组或资产组组合。

企业在认定商誉所在资产组或资产组组合时，应充分考虑管理层对生产经营活动的管理或监控方式和对资产的持续使用或处置的决策方式，认定的资产组或资产组组合应能够独立产生现金流量。需要特别说明的是，一个会计核算主体并不简单等同于一个资产组。

企业在认定商誉所在资产组或资产组组合时，不应包括与商誉无关的不应纳入资产组的单独资产及负债。值得注意的是，当形成商誉时收购的子公司包含不止一个资产组或资产组组合时，应事先明确其中与形成商誉相关的资产组或资产组组合。

企业应在充分考虑能够受益于企业合并的协同效应的资产组或资产组组合基础上，将商誉账面价值按各资产组或资产组组合的公允价值所占比例进行分摊。在确定各资产组或资产组组合的公允价值时，应根据《企业会计准则第39号——公允价值计量》的有关要求执行。如果公允价值难以可靠计量，可以按各资产组或资产组组合的账面价值所占比例进行分摊。

企业在将商誉分摊至相关资产组或资产组组合时，应充分关注归属于少数股东的商誉，先将归属于母公司股东的商誉账面价值调整为全部商誉账面价值，再合理分摊至相关资产组或资产组组合。

因重组等原因，企业经营组成部分发生变化，继而影响到已分摊商誉所在的资产组或资产组组合构成的，应将商誉账面价值重新分摊至受影响的资产组或资产组组合，并充分披露相关理由及依据。

企业应在购买日将商誉分摊至相关资产组或资产组组合，并在后续会计期间保持一致。当形成商誉时收购的子公司后续存在再并购、再投资、处置重要资产等情形时，除符合上述第（5）点的条件外，不应随意扩大或缩小商誉所在资产组或资产组组合。

10.2.2　商誉减值测试的方法和步骤

企业对包含商誉的相关资产组进行减值测试的相关步骤如下。

（1）判断不包含商誉的资产组是否存在减值迹象，如果不包含商誉的资产组存在减值迹象，先对不包含商誉的资产组进行减值测试，确认相应的减值损失。

按照《企业会计准则第8号——资产减值》的有关规定，企业对资产或资产组等进行减值测试时，应当估计资产或资产组等的可收回金额，然后将所估计的资产或资产组等的可收回金额与其账面价值相比较。如果所估计的资产或资产组等的可收回金额小于其账面价值，则说明该项资产或资产组发生了减值，需要计提资产减值准备，并确认相应的减值损失；如果所估计的资产或资产组等的可收回金额大于其账面价值，则说明该项资产或资产组没有发生减值，不需要计提资产减值准备。

资产或资产组可收回金额的估计，应当根据其公允价值减去处置费用后的净额与资产或资产组预计未来现金流量的现值两者之间较高者确定。因此，要估计资产或资产组的可收回金额，通常需要同时估计该资产或资产组的公允价值减去处置费用后的净额和资产或资产组预计未来现金流量的现值。

资产或资产组的公允价值减去处置费用后的净额，通常反映的是资产或资产组如果被出售或者处置时可以收回的净现金收入。其中，公允价值是指市场参与者在计量日发生的有序交易中，出售一项资产所能收到或者转移一项负债所需支付的价格；处置费用是指可以直接归属于资产或资产组处置的增量成本，包括与资产或资产组处置有关的法律费用、相关税费、搬运费以及为使资产或资产组达到可销售状态所发生的直接费用等，但是，财务费用和所得税费用等不包括在内。

资产或资产组预计未来现金流量的现值，应当按照资产或资产组在持续使用过程中和最终处置时所产生的预计未来现金流量，选择恰当的折现率对其进行折现后的金额加以确定。因此，预计资产或资产组未来现金流量的现值，主要应当综合考虑以下因素：①资产或资产组的预计未来现金流量；②资产或资产组中的各项资产的使用寿命；③折现率。

资产或资产组的未来现金流量应当包括下列各项：①资产或资产组持续使用过程中预计产生的现金流入；②为实现资产或资产组持续使用过程中产生的现金流入所必需的预计现金流出（包括为使资产或资产组达到预定可使用状态所发生的现金流出）；③资产或资产组使用寿命结束时，处置资产所收到或者支付的净现金流量。企业应当以资产或资产组的当前状况为基础预计资产未来现金流量，预计的资产或资产组的未来现金流量不应当包括筹资活动和所得税收付产生的现金流量，对通货膨胀因素的考虑应当和折现率相一致，涉及的内部转移价格应当予以调整。

企业对资产或资产组的未来现金流量进行折现时，所使用的折现率应当是反映当前市场货币时间价值和资产特定风险的税前利率。折现率的确定，应当首先以该资产的市场利率为依据。如果该资产的利率无法从市场获得，可以使用替代利率估计。在估计替代利率时，企业应当充分考虑资产剩余寿命期间的货币时间价值和其他相关因素。

（2）对包含商誉的资产组或者资产组组合进行减值测试，比较这些相关资产组或者资产组组合的账面价值（包括所分摊的商誉的账面价值部分）与其可收回金额，如相关资产组或者资产组组合的可收回金额低于其账面价值的，即为包含商誉的资产组的减值损失。

（3）对包含商誉的资产组的减值损失按如下顺序进行分摊：首先抵减分摊至资产组或者资产组组合中商誉的账面价值；然后，根据资产组或者资产组组合中除商誉之外的其他各项资产的账面价值所占比重，按比例抵减其他各项资产的账面价值。与资产减值测试的处理一样，以上资产账面价值的抵减，也都应当作为各单项资产（包括商誉）的减值损失处理，计入当期损益。

抵减后的各资产的账面价值不得低于以下三者之中最高者：该资产的公允价值减去处置费用后的净额（如可确定的）、该资产预计未来现金流量的现值（如可确定的）和零。因此而导致的未能分摊的减值损失金额，应当按照相关资产组或者资产组组合中其他各项资产的账面价值所占比重进行分摊。

综上所述，对包含商誉的相关资产组进行减值测试的相关步骤如图 10-1 所示。

需要注意的是，企业在合并财务报表上对商誉进行减值测试时，由于相关资产组的可收回金额的预计包括归属于少数股东权益的商誉价值部分，为使减值测试建立在一致的基础上，企业应当调整资产组的账面价值，将归属于少数股东权益的商誉包括在内，然后根据调整后的资产组账面价值与其可收回金额进行比较，以确定资产组（包含商誉）是否发生了减值。

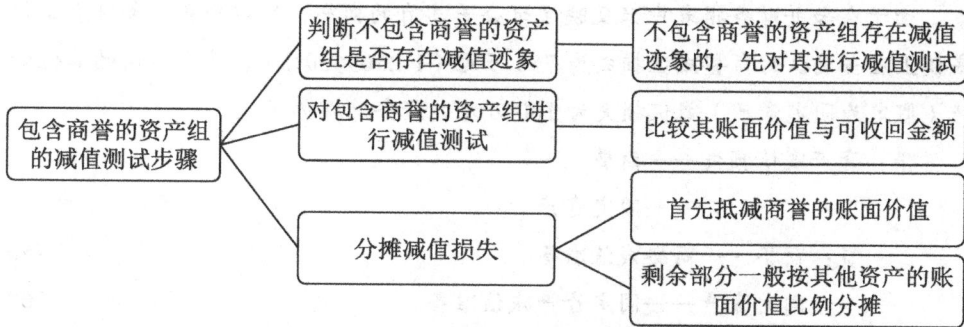

图 10-1 对包含商誉的相关资产组进行减值测试的相关步骤

上述资产组如果发生了减值，企业应当首先抵减商誉的账面价值。但是，由于根据上述方法计算的商誉减值损失包括了应由少数股东权益承担的部分，而少数股东权益拥有的商誉价值及其减值损失均不在合并财务报表中反映，合并财务报表只反映归属于母公司的商誉减值损失，所以，应当将商誉减值损失在可归属于母公司和少数股东权益部分之间按比例进行分摊，以确认归属于母公司的商誉减值损失，并将其反映在合并财务报表中。

案例 ▸▸▸▸

【例 10-4】2020 年 1 月 1 日，甲公司以银行存款 2 700 万元作为对价取得了乙公司 60% 的股权。在该项企业合并发生前，甲公司和乙公司不具有关联方关系。

2020 年 1 月 1 日，乙公司的可辨认资产的公允价值为 3 250 万元，假定乙公司没有负债和或有负债，且其所有资产被认定为一个资产组。

甲公司在 2020 年 1 月 1 日确认的合并商誉为 750 万元（2 700-3 250×60%）。

2020 年年末，甲公司在合并财务报表工作底稿上对该合并商誉进行减值测试时，确定该资产组的可收回金额为 1 500 万元，可辨认净资产的账面价值为 1 600 万元。

不考虑其他因素，甲公司在合并财务报表工作底稿上进行减值测试的相关会计处理如下。

归属于少数股东权益的商誉价值=（2 700÷60%-3 250）×40%=500（万元）。

因此，包含全部商誉的资产组的账面价值=1 600+750+500=2 850（万元）。

应确认的资产减值损失=2 850-1 500=1 350（万元）。

相关资产减值损失（1 350 万元）首先应当冲减商誉账面价值（1 250 万元），剩余部分（100 万元）应确认为可辨认资产（如固定资产等）的减值损失。

由于在合并财务报表中只反映了母公司享有的商誉，所以合并财务报表工作底稿上应当确认的商誉减值损失为 750 万元（1 250×60%），应当确认的其他资产（假定为固定资产）减值损失为 100 万元，账务处理如下。

借：资产减值损失——商誉　　　　　　　　　　　　　　　　750

　　　　　　　　——固定资产　　　　　　　　　　　　　　100

　　贷：商誉——商誉减值准备　　　　　　　　　　　　　　　750

　　　　固定资产——固定资产减值准备　　　　　　　　　　　100

此外，如果不是专门对商誉进行减值测试，而是因为企业某项资产组出现减值迹象而需要进行减值测试，那么根据减值测试的结果，资产组的可收回金额如低于其账面价值的，应当确认相应的减值损失。此种情况下，如果该资产组包含商誉，那么减值损失金额应当按照以下顺序进行分摊。

（1）抵减分摊至资产组中商誉的账面价值。

（2）根据资产组中除商誉之外的其他各项资产的账面价值所占比重，按比例抵减其他各项资产的账面价值。

10.2.3　对商誉进行减值测试时应注意的问题

对商誉进行减值测试时应注意的问题如下。

（1）企业应严格按照《企业会计准则第 8 号——资产减值》的规定进行商誉减值测试，不得忽略或错误地实施减值测试程序。若商誉所在资产组或资产组组合存在减值，应分别抵减商誉的账面价值及资产组或资产组组合中其他各项资产的账面价值，并合理确定归属于母公司股东的商誉和归属于少数股东的商誉的减值金额。

（2）采用公允价值减去处置费用后的净额估计可收回金额时，企业应恰当选用交易案例或估值技术确定商誉所在资产组或资产组组合的公允价值，合理分析并确定相关处置费用，从而确定可收回金额。

需要注意的是，当商誉所在资产组或资产组组合包含土地使用权、房屋建筑物等资产时，企业应合理确定相关资产组或资产组组合的公允价值，不应通过扭曲土地使用权或房屋建筑物的公允价值的方式规避商誉减值。

（3）采用预计未来现金净流量的现值估计可收回金额时，企业应正确运用现金流量折现模型，充分考虑减值迹象等不利事项对未来现金净流量、折现率、预测期等关键参数的影响，合理确定可收回金额。

①资产组或资产组组合的可收回金额与其账面价值的确定基础应保持一致，即二者应包括相同的资产和负债，且应按照与资产组或资产组组合内资产和负债一致的基础预测未来现金流量；对未来现金净流量预测时，应以资产的当前状况为基础，以税前口径为预测依据，并确保所选取的关键参数（包括但不限于销量、价格、成本、费用、预测期增长率、稳定期增长率）有可靠的数据来源，与历史数据、运营计划、商业机会、行业数据、行业研究报告、宏观经济运行状况相符；确保与此相关的重大假设与可获取的内部、外部信息相符，在不符时应有合理理由支持。

②对折现率预测时，应与相应的宏观、行业、地域、特定市场、特定市场主体的风险因素相匹配，与未来现金净流量均一致采用税前口径。

③在确定未来现金净流量的预测期时，应建立在经管理层批准的最近财务预算或预测数据基础上，原则上最多涵盖 5 年。在确定相关资产组或资产组组合的未来现金净流量的预测期时，还应考虑相关资产组或资产组组合所包含的主要固定资产、无形资产的剩余可使用年限，不应存在显著差异。

需要注意的是，若以前期间对商誉进行减值测试时，有关预测参数与期后实际情况存在重大偏差的，企业应识别出导致偏差的主要因素，在本期商誉减值测试时应充分考虑相关因素的影响，并适当调整预测思路。

（4）利用资产评估机构的工作辅助开展商誉减值测试时，企业应聘请具有证券期货相关业务资格的资产评估机构，明确约定该工作用于商誉减值测试。

案例 ▸▸▸▸

【例 10-5】四川绵阳富临精工机械股份有限公司（A 股上市公司，股票代码：300432.SZ，以下简称富临精工）于 2019 年 4 月发布的 2018 年年度财务报告显示，该公司在 2018 年年末对其所持有的合并商誉计提了高达 15.5 亿元的巨额商誉减值损失。富临精工在其 2018 年年度财务报告中对相关商誉进行减值测试的相关信息及操作要点如下。

（1）商誉所在资产组或资产组组合的相关信息。

①商誉减值的资产组或资产组组合的构成情况。

湖南升华科技有限公司（以下简称升华科技）资产组范围包括组成资产组的固定资产、无形资产等长期资产及其他相关经营性资产。

②资产组预计未来现金流量现值（可收回金额）的评估结果。

升华科技资产组预计未来现金流量现值（可收回金额）利用了中同华（北京）资产评估有限公司2019年4月25日出具的《绵阳富临精工机械股份有限公司以财务报告为目的所涉及的并购湖南升华科技有限公司形成的与商誉相关资产组可收回金额评估项目资产评估报告》（中同华评报字〔2019〕第010355号）的评估结果。

（2）说明商誉减值测试过程、关键参数（如预计未来现金流量现值时的预测期增长率、稳定期增长率、利润率、折现率、预测期等）及商誉减值损失的确认方法。

①评估对象和范围。

本次商誉减值测试评估对象为富临精工并购升华科技形成的与商誉相关的资产组价值。

商誉属于不可辨识无形资产，因此无法直接对其进行估算，需要通过间接的方式，即通过对资产组的价值估算来实现对商誉价值的间接估算。

评估范围包括与组成资产组相关的固定资产、无形资产、长期待摊费用、其他非流动资产，不含期初营运资金，经审计后资产组账面价值（公允价值）为34 384.54万元。

本次评估对象和评估范围由企业管理层确定，资产评估专业人员对评估对象和评估范围的确定原则进行了必要的关注。

a.商誉形成的历史沿革。

富临精工根据2016年5月17日第二届董事会第三十次会议、2016年6月6日第二次临时股东大会、2016年8月5日第二届董事会第三十一次会议、2016年8月17日第二届董事会第三十二次会议及2016年9月1日第二届董事会第三十三次会议的决议，并经中国证券监督管理委员会证监许可〔2016〕2848号文《关于核准绵阳富临精工机械股份有限公司向彭澎等发行股份购买资产并募集配套资金的批复》核准，作价人民币2 100 000 000.00元通过发行股份并支付现金的方式收购升华科技100%股权。

该并购为控股型并购，富临精工在合并升华科技（合并日：2016年12月31

日）时形成的商誉为 1 562 920 445.24 元。

富临精工在 2017 年度的会计报告日对该商誉进行了减值测试，并根据测试结果对商誉计提减值 1 217.62 万元。截至本次评估基准日，委托人富临精工在合并财务报表中形成归属收购方的并购商誉余额为 155 074.24 万元。

b. 资产组的识别与界定。

在评估人员与管理层、审计人员充分沟通、协商后，资产组组成范围的识别认定由管理层在考虑生产经营活动的管理或监控方式和资产的持续使用或处置的决策方式等因素后最终确定，评估人员的责任是对商誉资产组的可收回金额发表专业意见。

富临精工拟进行商誉减值测试涉及的资产组的识别认定是企业管理层在考虑生产经营活动的管理和资产的持续使用的决策方式等因素确定的。2017 年 8 月，富临精工和升华科技共同出资设立湖南升华新材料科技有限公司，认缴出资额分别为 490 万元和 510 万元，持股比例分别为 49% 和 51%。截至评估基准日，升华科技实际出资额为 186 万元。根据管理层判断，新设立的长期股权投资单位主要从事正极材料的研发工作，拟建的研发楼尚处于在建状态，属于与商誉初始确认无关的资产，按照《企业会计准则第 8 号——资产减值》的相关规定，该项长期股权投资不符合与商誉相关资产组的认定，属于与商誉资产组无关的资产。与商誉无关的其他资产及负债净额的确定由企业管理层负责，该部分资产及负债不属于本次评估范围。

截至本次评估基准日，经审计后与商誉相关资产组账面价值及类型组成如表 10-1 所示。

表 10-1　经审计后与商誉相关资产组账面价值及类型组成

单位：万元

序号	科目名称	账面价值	调整后账面价值（公允价值）
1	固定资产	27 564.86	27 884.84
2	无形资产	3 243.99	6 240.93
3	长期待摊费用	159.28	159.28
4	其他非流动资产	99.49	99.49
5	资产组合计	31 067.62	34 384.54

注：上述财务状况已经立信会计师事务所（特殊普通合伙）审计。

委托人暨产权持有人已承诺委托评估对象和评估范围与经济行为所涉及的评估对象和评估范围一致。

c.资产组涵盖业务内涵的一致性确认。

根据管理层的介绍，上述资产组与商誉的初始确认及以前年度进行减值测试时认定的资产组业务内涵相同，保持了一致性。

②价值类型。

a.价值类型的选择。

根据《企业会计准则第8号——资产减值》的相关规定，本次评估需要测算资产组的可收回金额，因此本次评估选择的价值类型为可收回金额。

根据《企业会计准则第8号——资产减值》的相关规定，可收回金额是公允价值减去处置费用后的净额与资产预计未来现金流量的现值两者之间较高者。即：

可收回金额=Max（公允价值-处置费用，预计未来现金流量的现值）

公允价值，是指市场参与者在计量日发生的有序交易中，出售一项资产所能收到或者转移一项负债所需支付的价格。

处置费用，是指与资产处置有关的法律费用、相关税费、搬运费以及为使资产达到可销售状态所发生的直接费用。

资产预计未来现金流的现值，是指资产组在现有会计主体按照现有的经营模式持续经营该资产组的前提下，未来现金流的现值。

根据《资产评估价值类型指导意见》的规定，在用价值是指将评估对象作为企业组成部分或者要素资产按其正在使用方式和程度及其对所属企业的贡献的价值估计数额。资产对所属企业或资产组的贡献的价值一般是采用其未来贡献的现金流来计量的，因此这里的"资产预计未来现金流的现值"实质就是资产的"在用价值"。因此，在本报告中，除非另有说明，我们将"资产预计未来现金流的现值"等同于"在用价值"。

因此：

可收回金额=Max（公允价值-处置费用，在用价值）

b.主要市场（最有利市场）的确定。

本次评估测算涉及"公允价值"，根据《企业会计准则第39号——公允价值计量》中关于主要市场或者最有利市场的规定。根据评估人员与管理层、审计师的沟通，管理层确定本次减值测试中所涉及的公允价值的主要市场，除非特别说明，是指中国（大陆地区）的相关产权交易市场。

本次资产评估中所采用的相关市场参数、交易数据以及成交案例等均是上述主要市场上或者最有利市场上的有效数据或交易案例。

③评估基准日。

本项目评估基准日是 2018 年 12 月 31 日，是委托人根据财务报告日确定的。

a.权属依据。

房屋所有权证。

国有土地使用证。

机动车行驶证。

专利、商标等证书。

有关资产购置合同、发票。

其他产权证明材料。

b.取价依据。

绵阳富临精工机械股份有限公司关于《湖南升华科技有限公司 2019 年经营计划及未来经营规划》会议纪要（绵富精纪要〔2019〕1 号）。

被评估单位提供的有关协议、合同、发票等财务、经营资料。

委托人和被评估单位提供的盈利预测及相关资料。

评估基准日银行存贷款基准利率。

国家宏观、行业统计分析资料。

可比上市公司的相关资料。

Wind 数据库。

评估人员现场勘察记录及收集的其他相关估价信息资料。

c.其他依据。

被评估单位提供的各类《评估申报明细表》。

委托人与中同华签订的《评估委托合同》。

被评估单位相关人员访谈记录。

被评估单位提供的其他有关资料。

④评估方法。

a.评估方法的选择。

商誉是不可辨认无形资产，因此对于商誉的减值测试需要估算与商誉相关的资产组的可收回金额来间接实现，通过估算该资产组的预计未来现金流量的现值或公允价值扣除处置费用来实现。

公允价值扣除处置费用的评估原则。

被评估资产组市场价值（公允价值）减去处置费用后的净额的确定有三种途径。

一是根据公平交易中资产组的销售协议价格减去可直接归属于该资产组处置费用后的金额确定。

二是不存在销售协议但存在资产组交易活跃市场的，应当按照该资产组的市场价格减去处置费用后的金额确定，资产组的市场价格通常应当根据资产组的买方出价确定。

三是在不存在资产组销售协议和资产组交易活跃市场的情况下，应当以可获取的最佳信息为基础，估计资产的公允价值减去处置费用后的净额。

通常情形下，商誉所在资产组或资产组组合公允价值的确定参考同行业类似资产的最近交易价格进行计算，即资产评估三种基本评估方法之一的市场法。市场法通常包括交易案例法和可比上市公司法，资产评估师应选取三个以上交易案例或可比上市公司，并考虑资料获取程度、技术指标调整等条件，确定市场法的适用性。

本次资产评估对商誉所在资产组或资产组组合可收回价值进行计算，市场法评估不具备可参考的交易案例或可比的上市公司，因此无法可靠估计商誉所在资产组或资产组组合的公允价值。

根据《企业会计准则第8号——资产减值》（2006）第八条规定，无法可靠估计资产的公允价值减去处置费用后的净额的，应当以该资产预计未来现金流量的现值作为其可收回金额。

本次资产评估中，我们取得了企业提供的经管理层批准的未来预测资料，并对其预测数据的可靠性进行了核实，因此，本次评估以预计未来现金流量现值法作为资产组可回收金额的评估方法。

b.预计未来现金流量的现值（在用价值VIU）评估的原则及方法。

资产在使用过程中所创造的收益会受到使用方式、使用者经验、能力等方面的因素影响。不同的使用方式，不同的使用者，可能在使用同样资产时产生不同的收益。因此，对于同样的资产，不同的使用方式或使用者会有不同的在用价值。

本次估算在用价值，对于未来收益的预测完全是基于被并购方会计主体现状使用资产组的方式、力度以及使用能力等方面的因素，即按照目前状态及使用、管理水平使用资产组可以获取的预测收益，采用收益途径方法进行测算。

收益途径是指将预期收益资本化或者折现，确定评估对象价值的评估方法。

对于资产或资产组的收益法常用的具体方法为全投资自由现金流折现法或称企业自由现金流折现法。

全投资自由现金流折现法中的现金流口径为归属于整体资产或资产组现金流，对应的折现率为加权平均资本成本，评估值内涵为整体资产或资产组的价值。

本次评估选用企业税前自由现金流折现模型。

根据《企业会计准则第8号——资产减值》的规定，商誉所在资产组预计未来现金流量现值计算中，"折现率的确定应与未来现金流量税前口径一致采用税前折现率"。

根据《企业会计准则第8号——资产减值》应用指南的规定，"折现率的确定通常应当以该资产的市场利率为依据。无法从市场获得的，可以使用替代利率估计折现率。替代利率可以根据加权平均资金成本、增量借款利率或者其他相关市场借款利率作适当调整后确定"。

根据国际会计准则 IAS36——BCZ85 的列示，"理论上，只要税前折现率是以税后折现率为基础加以调整得出，以反映未来纳税现金流量的时间和特定金额，采用税后折现率折现税后现金流量的结果与采用税前折现率折现税前现金流量的结果应当是相同的。税前折现率并不总是等于以标准所得税率调整税后折现率所得出的利率"。

据此，本次资产组评估税前折现率的计算，先计算委估资产组的税后自由现金流、税后折现率及资产组税前自由现金流，再采用迭代法计算税前折现率指标值。

其中，税后折现率采用加权平均资本成本（Weighted Average Cost of Capital，WACC）确定。

⑤评估程序实施过程和情况。

a. 评估准备阶段。

与委托人洽谈，明确评估业务基本事项，对自身专业胜任能力、独立性和业务风险进行综合分析和评价，订立资产评估委托合同；确定项目负责人，组成评估项目组，编制资产评估计划；辅导被评估单位填报资产评估申报表，准备评估所需资料。

b.现场调查及收集评估资料阶段。

根据此次评估业务的具体情况，按照评估程序准则和其他相关规定的要求，评估人员通过询问、访谈、核对、监盘、勘查等方式对评估对象涉及的资产和负债进行了必要的清查核实，对被评估单位的经营管理状况等进行了必要的尽职调查，从各种可能的途径获取评估资料，核实评估范围，了解评估对象现状，关注评估对象法律权属。

c.评定估算和编制初步评估报告阶段。

项目组评估专业人员对收集的评估资料进行必要分析、归纳和整理，形成评定估算的依据和底稿；根据评估对象、价值类型、评估资料收集情况等相关条件，选择适用的评估方法，选取相应的公式和参数进行分析、计算和判断，形成各专业及各类资产的初步测算结果和评估说明。

审核确认项目组成员提交的各专业及各类资产的初步测算结果和评估说明准确无误，在评估工作没有发生重复和遗漏情况的基础上，进行资产评估汇总分析，编制初步评估报告。

d.评估报告内审和提交资产评估报告阶段。

本公司按照法律、行政法规、资产评估准则和资产评估机构内部质量控制制度，对初步资产评估报告进行内部审核，形成评估结论；与委托人或者委托人许可的相关当事方就资产评估报告有关内容进行必要沟通；按资产评估委托合同的要求向委托人提交正式资产评估报告。

⑥评估假设。

a.有序交易假设：有序交易，是指在计量日前一段时期内相关资产或负债具有惯常市场活动的交易。

b.持续经营假设：持续经营假设是指假设委估资产/资产组按基准日的用途和使用的方式等情况正常持续使用，不会出现不可预见的因素导致其无法持续经营，相应确定估值方法、参数和依据。

c.持续使用假设：该假设首先设定被评估资产正处于使用状态，包括正在使用中的资产和备用的资产；其次根据有关数据和信息，推断这些处于使用状态的资产还将继续在原址使用下去。在持续使用假设条件下，没有考虑资产用途转换或者最佳利用条件。

d. 国家现行的有关法律法规、国家宏观经济形势无重大变化，赋税基准及税率、政策性征收费用等外部经济环境不会发生不可预见的重大变化。

e. 假设公司在现有的管理方式和管理水平的基础上，无其他人力不可抗拒因素及不可预见因素对企业造成重大不利影响。

f. 委托人和被评估单位提供的相关基础资料和财务资料真实、准确、完整。

g. 评估人员所依据的对比公司的财务报告、交易数据等均真实可靠。

h. 评估范围仅以委托人及被并购方提供的评估申报表为准。

i. 被评估单位完全遵守所有相关的法律法规，其管理层是负责的、稳定的，且有能力担当其职务。

j. 假定升华科技（含子公司）目前存在的诉讼、抵押、质押、查封等法律诉讼事项以及产权瑕疵事项不影响资产组的持续使用、不发生额外需要追加的成本。

k. 升华科技（含子公司）主要从事锂电新材料的研发、生产业务，根据管理层判断，已获取的高新技术企业认证到期后能继续申请一期高新技术企业认证，即基准日至 2022 年所得税税率为 15%，2023 年及以后年度所得税税率为 25%。

l. 本次评估假设评估对象于年度内均匀获得净现金流。

当出现与上述假设条件不一致的事项发生时，本评估结果一般会失效。

⑦商誉减值测试的关键参数如表 10-2 所示。

表 10-2　商誉减值测试的关键参数

项目	关键参数					
	预测期	预测期增长率	稳定期	稳定期增长率	利润率	折现率
湖南升华科技有限公司资产组	2019—2023 年	注	永续期	稳定增长	根据预测的收入、成本、税费等计算	税前加权平均资本成本 13.17%

注：受沃特玛危机影响，2018 年升华科技暂停向原主要客户沃特玛供货后，同时新客户开发未取得实质性突破，导致其产销不达预期，升华科技目前尚处于停产状态。升华科技未来现金流量基于管理层批准的 2019—2023 年的财务预测确定，2019—2023 年的营业收入增长率分别为：352.88%、70.64%、8.49%、9.01% 和 6.99%，2023 年度以后各年的营业收入稳定在 2023 年水平。

⑧评估结论。

本次评估的与商誉相关资产组账面价值组成如表 10-1 所示。

经过评估人员测算，与商誉相关资产组可收回金额为 34 300.00 万元。

⑨减值测试计算结果。

公司期末对其全资子公司升华科技的资产组进行了减值测试，首先调整各资产组的账面价值，然后将包含整体商誉的资产组账面价值与其可收回金额进行比较，以确定各资产组（包括商誉）是否发生了减值。商誉减值测试情况如表 10-3 所示。

表 10-3　商誉减值测试情况

项目	湖南升华科技有限公司
商誉的账面价值①	1 550 744 238.96
资产组的账面价值②	343 845 353.83
包含整体商誉的资产组的账面价值③＝①＋②	1 894 589 592.79
资产组预计未来现金流量现值（可收回金额）④	343 000 000.00
商誉减值损失（以商誉账面价值为限）⑤＝③－④	1 550 744 238.96
归属于母公司商誉减值损失⑥	1 550 744 238.96

（3）商誉减值测试的影响。

经测试，升华科技资产组的可收回金额低于账面价值，商誉出现减值迹象，计提商誉减值 1 550 744 238.96 元，确认资产减值损失 1 550 744 238.96 元。

10.2.4　商誉减值的信息披露

按照《企业会计准则》等法律法规的相关规定，企业应在财务报告中详细披露与商誉减值相关的、对财务报表使用者作出决策有用的所有重要信息。

为确保企业充分、准确、如实、及时地披露与商誉减值相关的重要信息，企业应严格按照如下具体要求进行披露。

（1）企业应在财务报告（包括年度报告、半年度报告、季度报告）中披露与商誉减值相关的且便于财务报表使用者理解和使用财务报告的所有重要、关键信息。

①企业应充分披露商誉所在资产组或资产组组合的相关信息，包括该资产组或资产组组合的构成、账面金额、确定方法，并明确说明该资产组或资产组组合是否与购买日、以前年度商誉减值测试时所确定的资产组或资产组组合一致。如果资产组或资产组组合的构成发生变化，应在披露前后会计期间资产组或资产组

组合构成的同时，充分披露导致其变化的主要事实与依据。

②企业应在披露商誉减值金额的同时，详细披露商誉减值测试的过程与方法，包括但不限于可收回金额的确定方法、重要假设及其合理理由、关键参数（如预计未来现金流量现值时的预测期增长率、稳定期增长率、利润率、折现率、预测期等）及其确定依据等信息。如果前述信息与形成商誉时或以前年度商誉减值测试时的信息、公司历史经验或外部信息明显不一致，还应披露存在的差异及其原因。

③形成商誉时的并购重组相关方有业绩承诺的，应充分披露业绩承诺的完成情况及其对商誉减值测试的影响。

需要强调的是，当商誉源自多个不同资产组或资产组组合时，应分别披露前述信息；当公司基于资产评估机构的评估结果进行商誉减值测试时，应在披露评估结果的同时，充分披露前述信息；当商誉金额重大时，无论商誉是否存在减值，均应详细披露前述信息。

（2）企业应根据商誉减值测试的具体过程，准确、如实披露相关信息，不应有虚假记载、误导性陈述或重大遗漏的情形。

（3）当商誉减值损失构成重大影响时，公司应严格按照公司章程等规定及内部授权，履行商誉减值计提的内部审批流程，及时进行信息披露。

案例 ····▶▶▶

【例 10-6】浙江华策影视股份有限公司（A 股上市公司，股票代码：300133.SZ，以下简称华策影视）于 2020 年 4 月发布的 2019 年年度财务报告显示，该公司在 2019 年年末对其所持有的合并商誉计提了将近 8.5 亿元的商誉减值损失。华策影视在其 2019 年年度财务报告中对商誉减值测试所做的信息披露如下。

（1）商誉账面原值如表 10-4 所示。

表 10-4　商誉账面原值

被投资单位名称或形成商誉的事项	期初余额	本期增加		本期减少		期末余额
		企业合并形成的		处置	其他	
上海克顿文化传媒有限公司及其子公司（以下简称"克顿传媒公司"）	1 123 478 063.44					1 123 478 063.44

被投资单位名称或形成商誉的事项	期初余额	本期增加		本期减少		期末余额
		企业合并形成的		处置	其他	
西安佳韵社数字娱乐发行股份有限公司（以下简称"佳韵社娱乐公司"）	103 066 255.88					103 066 255.88
浙江天映影视传媒有限公司（以下简称"天映传媒公司"）	57 291 951.36			57 291 951.36		
霍尔果斯全景可以传媒有限公司（以下简称"全景可以公司"）	30 000 000.00					30 000 000.00
海宁华凡星之影视文化传播有限公司（以下简称"海宁华凡公司"）	16 918 917.55					16 918 917.55
杭州图尚科技有限公司（以下简称"图尚科技公司"）	1 000 000.00					1 000 000.00
合计	1 331 755 188.23			57 291 951.36		1 274 463 236.87

（2）商誉减值准备如表10-5所示。

表 10-5　商誉减值准备

被投资单位名称或形成商誉的事项	期初余额	本期增加		本期减少		期末余额
		计提	其他转入	处置	其他转出	
克顿传媒公司		786 312 617.51				786 312 617.51
佳韵社娱乐公司	2 347 700.00	46 261 746.39				48 609 446.39
天映传媒公司	8 389 623.92			8 389 623.92		
图尚科技公司	1 000 000.00					1 000 000.00
海宁华凡公司		12 952 917.55				12 952 917.55
合计	11 737 323.92	845 527 281.45		8 389 623.92		848 874 981.45

（3）商誉所在资产组或资产组组合的相关信息。

①与公司收购克顿传媒公司形成商誉相关的资产组或资产组组合。

收购克顿传媒公司形成的商誉所在资产组或资产组组合的相关信息如表 10-6 所示。

表 10-6　收购克顿传媒公司形成的商誉所在资产组或资产组组合的相关信息

资产组或资产组组合的构成	克顿传媒公司及其财务报表合并范围内的子公司的资产和负债
资产组或资产组组合的账面价值	879 374 786.16 元
分摊至本资产组或资产组组合的商誉账面价值及分摊方法	公司持有克顿传媒公司 100% 股权,同时克顿传媒公司因收购上海宽厚文化传媒有限公司 51% 股权产生商誉 257 595.25 元,所以分摊至其资产组的商誉价值为 1 123 725 556.92 元
包含商誉的资产组或资产组组合的账面价值	2 003 100 343.08 元
资产组或资产组组合是否与购买日、以前年度商誉减值测试时所确定的资产组或资产组组合一致	是 *

注:*公司自 2014 年 2 月起将克顿传媒公司纳入合并报表范围后,克顿传媒公司通过再投资设立子公司以及非同一控制下合并新增上海宽厚文化传媒有限公司。考虑到公司管理层对克顿传媒公司的管理和考核方式,公司将克顿传媒公司及其合并范围内子公司作为收购克顿传媒公司形成商誉相关的资产组组合。

②与公司收购佳韵社娱乐公司形成商誉相关的资产组或资产组组合。

收购佳韵社娱乐公司形成的商誉所在资产组或资产组组合的相关信息如表 10-7 所示。

表 10-7　收购佳韵社娱乐公司形成的商誉所在资产组或资产组组合的相关信息

资产组或资产组组合的构成	佳韵社娱乐公司的资产和负债
资产组或资产组组合的账面价值	83 807 619.11 元
分摊至本资产组或资产组组合的商誉账面价值及分摊方法	187 393 192.51 元
包含商誉的资产组或资产组组合的账面价值	271 200 811.62 元
资产组或资产组组合是否与购买日、以前年度商誉减值测试时所确定的资产组或资产组组合一致	是

③与公司收购全景可以公司形成商誉相关的资产组或资产组组合。

收购全景可以公司形成的商誉所在资产组或资产组组合的相关信息如表 10-8 所示。

表 10-8 收购全景可以公司形成的商誉所在资产组或资产组组合的相关信息

资产组或资产组组合的构成	全景可以公司和可以文化公司的资产和负债
资产组或资产组组合的账面价值	−30 177 589.65 元
分摊至本资产组或资产组组合的商誉账面价值及分摊方法	公司持有全景可以公司 51% 股权，分摊至其资产组的商誉价值为 58 823 529.41 元
包含商誉的资产组或资产组组合的账面价值	28 645 939.76 元
资产组或资产组组合是否与购买日、以前年度商誉减值测试时所确定的资产组或资产组组合一致	是 *

注：* 公司自 2016 年 10 月收购全景可以公司后，因公司内部调整，由浙江影视产业国际合作实验区西溪投资管理有限公司（以下简称"西溪投资公司"）和全景可以公司另外两名股东于 2018 年 7 月投资设立可以文化公司，其中西溪投资公司出资比例和表决权比例均为 51%，可以文化公司管理团队和客户资源等均自全景可以公司取得。考虑到公司管理层对全景可以公司的管理和考核方式，公司将全景可以公司和可以文化公司作为收购全景可以公司形成商誉相关的资产组组合。

④与公司收购海宁华凡公司形成商誉相关的资产组或资产组组合。

收购海宁华凡公司形成的商誉所在资产组或资产组组合的相关信息如表 10-9 所示。

表 10-9 收购海宁华凡公司形成的商誉所在资产组或资产组组合的相关信息

资产组或资产组组合的构成	海宁华凡公司的资产和负债
资产组或资产组组合的账面价值	0.00 元
分摊至本资产组或资产组组合的商誉账面价值及分摊方法	28 198 195.91 元
包含商誉的资产组或资产组组合的账面价值	28 198 195.91 元
资产组或资产组组合是否与购买日、以前年度商誉减值测试时所确定的资产组或资产组组合一致	是

（4）说明商誉减值测试过程、关键参数（如预计未来现金流量现值时的预测期增长率、稳定期增长率、利润率、折现率、预测期等）及商誉减值损失的确认方法。

①与公司收购克顿传媒公司形成商誉相关的资产组或资产组组合。

商誉减值测试的过程与方法、结论。

商誉的可收回金额按照预计未来现金流量的现值计算，其预计现金流量根据公司批准的 2020 年期现金流量预测为基础，现金流量预测使用的折现率为 16.66%，预测期以后的现金流量根据增长率 0% 推断得出。

减值测试中采用的其他关键数据包括：产品预计售价、销量、生产成本及其他相关费用。

公司根据历史经验及对市场发展的预测确定上述关键数据。公司采用的折现率是反映当前市场货币时间价值和相关资产组特定风险的税前利率。

根据公司聘请的天源资产评估有限公司出具的《评估报告》（天源评报字〔2020〕第 0098 号），包含商誉的资产组或资产组组合可收回金额为 1 216 787 725.57 元，低于账面价值 2 003 100 343.08 元，本期应确认商誉减值损失 786 312 617.51 元。

②与公司收购佳韵社娱乐公司形成商誉相关的资产组或资产组组合。

商誉减值测试的过程与方法、结论。

商誉的可收回金额按照预计未来现金流量的现值计算，其预计现金流量根据公司批准的 2020 年期现金流量预测为基础，现金流量预测使用的折现率为 16.05%，预测期以后的现金流量根据增长率 0% 推断得出。

减值测试中采用的其他关键数据包括：产品预计售价、销量、生产成本及其他相关费用。

公司根据历史经验及对市场发展的预测确定上述关键数据。公司采用的折现率是反映当前市场货币时间价值和相关资产组特定风险的税前利率。

根据公司聘请的天源资产评估有限公司出具的《评估报告》（天源评报字〔2020〕第 0096 号），包含商誉的资产组可收回金额为 18 282.00 万元，低于账面价值 271 200 811.62 元，截至 2019 年底应确认累计商誉减值损失 88 380 811.62 元，其中归属于本公司应确认的累计商誉减值损失 48 609 446.39 元，本期应确认商誉减值损失 46 261 746.39 元。

③与公司收购全景可以公司形成商誉相关的资产组或资产组组合。

商誉减值测试的过程与方法、结论。

商誉的可收回金额按照预计未来现金流量的现值计算，其预计现金流量根据公司批准的 2020 年期现金流量预测为基础，现金流量预测使用的折现率为 15.44%，预测期以后的现金流量根据增长率 0% 推断得出。

减值测试中采用的其他关键数据包括：产品预计售价、销量、生产成本及其他相关费用。公司根据历史经验及对市场发展的预测确定上述关键数据。公司采用的折现率是反映当前市场货币时间价值和相关资产组特定风险的税前利率。

上述对可收回金额的预计表明商誉并未出现减值损失。

④与公司收购海宁华凡公司形成商誉相关的资产组或资产组组合。

商誉减值测试的过程与方法、结论。

商誉的可收回金额按照预计未来现金流量的现值计算，其预计现金流量根据公司批准的 2020 年期现金流量预测为基础，现金流量预测使用的折现率为 17.15%。由于资产组艺人经纪合约均约定了合作期限，合作期限最晚将于 2027 年 12 月 19 日到期，所以本次评估收益预测期间为自评估基准日起至 2027 年 12 月 19 日止。

减值测试中采用的其他关键数据包括：产品预计售价、销量、生产成本及其他相关费用。公司根据历史经验及对市场发展的预测确定上述关键数据。公司采用的折现率是反映当前市场货币时间价值和相关资产组特定风险的税前利率。

根据公司聘请的天源资产评估有限公司出具的《评估报告》（天源评报字〔2020〕第 0097 号），包含商誉的资产组可收回金额为 661.00 万元，低于账面价值 28 198 195.91 元，本期应确认商誉减值损失 21 588 195.91 元，其中归属于本公司应确认的商誉减值损失 12 952 917.55 元。